Architektur auf den zweiten Blick
Architecture and the Test of Time

Architektur auf den zweiten Blick

Architecture and the Test of Time

Edition DETAIL

Inhalt
Table of contents

Einführung
Introduction

In 50 Jahren hat DETAIL unzählige bemerkenswerte Bauwerke vorgestellt, die alle ihre eigene Geschichte haben. Manche von ihnen stehen nach Jahrzehnten noch da wie am ersten Tag, andere sind bis zur Unkenntlichkeit verändert. Bei vielen hatte die seinerzeit oftmals experimentelle Konstruktion Bestand, bei manchen aber müssen sich Planer und Nutzer nach einem gewissen Zeitraum eingestehen, dass nicht alles so eingetreten ist wie gedacht.
Architektur wird üblicherweise zeitnah zu ihrer Fertigstellung veröffentlicht, wenn es noch kaum Erfahrungswerte dazu gibt. Anlass genug für die Redaktion, zum 50-jährigen Jubiläum der Zeitschrift DETAIL herausragende Bauten aus den vergangenen fünf Jahrzehnten noch einmal kritisch unter die Lupe zu nehmen und in jeder Ausgabe des Jahres 2011 auf jeweils eines davon einen zweiten Blick zu werfen. Wie hat sich ihr Konzept, wie ihre Konstruktion bewährt? Und was wurde aus der Entwicklung, die diese Bauten damals angestoßen haben?
Bei der Auswahl der Projekte – die in ihrer Gesamtheit unvollständig bleiben muss – stand das jeweilige Heftthema im Vordergrund, gleichzeitig haben wir auf Bauwerke geachtet, die eine bestimmte Strömung oder Bewegung verkörpern. Das kann die Renaissance des Sichtbetons sein, für die Tadao Ando mit seiner Kirche des Lichts seinerzeit stand, die Hightech-Architektur eines Nicolas Grimshaw oder Otto Steidles Systembauansatz, das integrative Konzept des Münchener Olympiaparks oder der kongeniale Umgang eines Karljosef Schattners mit historischer Bausubstanz.
So erzählt jeder der hier zusammengestellten Artikel die Geschichte eines fazinierenden – mal weltbekannten und mal eher vergessenen – Bauwerks aus der zweiten Hälfte des 20. Jahrhunderts.

Over the past 50 years, DETAIL has written about countless remarkable buildings, each with a story all its own. Some are still practically in their original state, while others have changed beyond recognition. Some structures that were experimental in their day have stood the test of time; others would probably have to be acknowledged as failures.
Buildings are normally discussed shortly after their completion, when they have not yet had a chance to prove themselves. For this reason, the editors of DETAIL have taken the occasion of the magazine's 50th anniversary to take a second look at outstanding buildings from its past. How have their concept and structure held up? And what has become of the developments that these buildings sparked?
In selecting projects to review, we have focused on buildings that embody a certain architectural current or movement. These include the renaissance of exposed concrete, heralded by Tadao Ando with his Church of Light; the high-tech architecture espoused by Nicholas Grimshaw; Otto Steidle's modular building approach; the integrative concept symbolized by Munich's Olympic Park; and Karljosef Schattner's masterful updating of historical building fabric.
Whether its subject has become a household name or is all but forgotten now, every one of the articles featured here tells the story of a fascinating building from the second half of the 20th century.

Christian Schittich

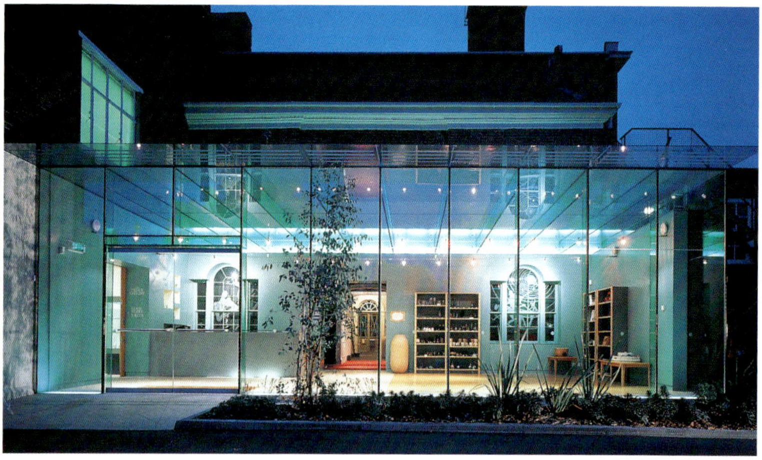

Architekten Architects Design Antenna
Tragwerksplanung Structural engineers Dewhurst Macfarlane & Partners

Glaspavillon am Broadfield House in Kingswinford
Glass Pavilion at Broadfield House in Kingswinford

Christian Schittich

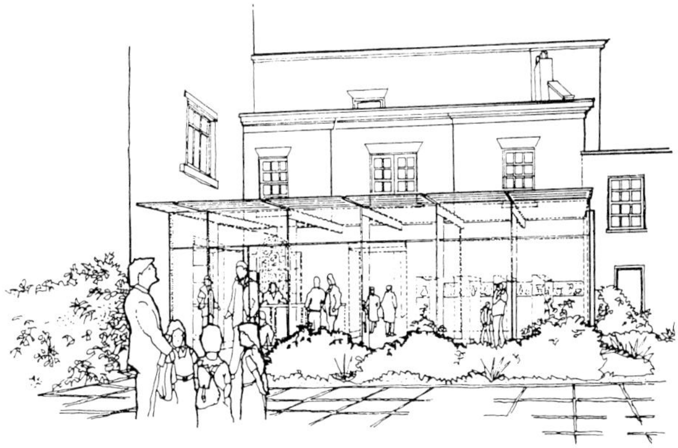

Der 1994 fertiggestellte Museumspavillon in Kingswinford in Westengland ist die bauliche Manifestation eines ewigen Wunschtraums: die Sehnsucht nach der vollkommenen Auflösung der Gebäudehülle und damit der totalen Transparenz. Seit Jahrhunderten ist diese in der Architektur ein Thema, doch spätestens mit dem Beginn der Moderne in den 1920er-Jahren wird sie zum Mythos.
Inspiriert von Dichtern und Philosophen wie dem Berliner Paul Scheerbart, der in einer aufgelösten Bauweise gar das Fundament für eine offene Gesellschaft sieht, entwerfen Architekten der damaligen Avantgarde, darunter Mies van der Rohe und Bruno Taut, gläserne Visionen, die mangels technischer Umsetzbarkeit aber überwiegend auf dem Papier bleiben müssen.
In der zweiten Hälfte des 20. Jahrhunderts jedoch erfährt die Glastechnologie einen enormen Entwicklungsschub und erreicht zu Beginn der 1990er-Jahre einen Stand, der nichts mehr unmöglich erscheinen lässt. Aus dem einst spröden, zerbrechlichen Material ist ein Hochleistungsbaustoff für kühne, filigrane Konstruktionen geworden, der bei Bedarf auch Lasten abtragen und aufgrund raffinierter, weitgehend unsichtbarer Beschichtungen zudem Funktionen der Klimakontrolle übernehmen kann.
Zu dieser Zeit gleicht die Entwicklung der Glasarchitektur einer regelrechten Jagd nach Rekorden. Nach den spektakulären verglasten Netzschalen oder Seilnetzkonstruktionen der späten 1980er-Jahre versuchen nun zahlreiche Protagonisten, auch auf die letzten noch so kleinen Verbindungsteile aus Metall zu verzichten.
Innerhalb kürzester Zeit tauchen die ersten gläsernen Träger oder Stützen auf, zunächst bei kleineren Projekten, aber bald auch bei stark belasteten Dächern und öffentlich genutzten Gebäuden.
Als Höhepunkt dieser Entwicklung geht dann Mitte der 1990er-Jahre der vollkommen aufgelöste Eingangspavillon eines Museums in England durch die Presse und erregt weltweit die Aufmerksamkeit der Fachwelt. Trotz seiner eher bescheidenen Abmessungen von 11 m Länge, 5,70 m Breite und 3,50 m Höhe gilt er nach wie vor als die größte Ganzglaskonstruktion und gleichzeitig die erste bei einem öffentlichen Gebäude. Ganzglaskonstruktion

links at left
Glaspavillon, 1994
Glass pavilion, 1994

rechts at right
Entwurfskizze der Architekten
Conceptual sketch by the architects

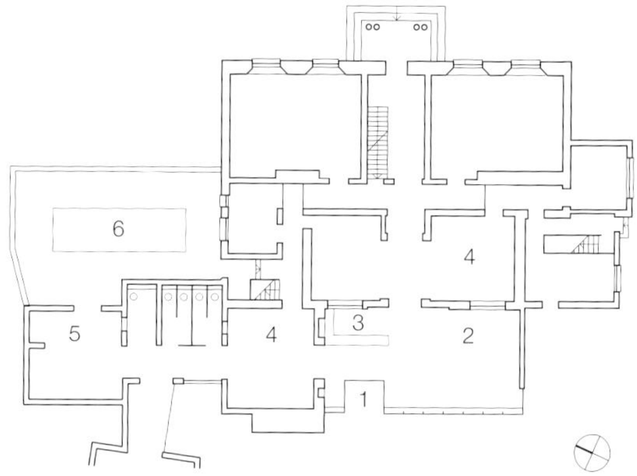

links at left
Grundriss Maßstab 1:500
1 Haupteingang Neubau
2 Museumsladen
3 Informationstheke
4 Ausstellung Altbau
5 Cafeteria
6 Skulpturengarten
Floor plan scale 1:500
1 Main entrance (new extension)
2 Museum shop
3 Information counter
4 Exhibition spaces in existing building
5 Cafeteria
6 Sculpture garden

rechts at right
Zustand 1994
Condition in 1994

meint in diesem Zusammenhang, dass außer dem transparenten Material selbst und den notwendigen Klebern auf alle anderen Baustoffe, vor allem auf Punkthalter oder sonstige Verbindungsteile aus Metall, verzichtet wird.

Metapher auf den Mythos Glas

Ursprünglich nur als temporäre Erweiterung eines Glasmuseums geplant, wollten die Architekten mit dem Pavillon ein modernes Gegenstück zu dem historischen Bauwerk, einer georgianischen Villa, und den dort gezeigten Sammlungen kunsthandwerklicher Gläser aus dem 17. und 18. Jahrhundert schaffen. Gleichzeitig sollte trotz des geringen zur Verfügung stehenden Budgets die Leistungsfähigkeit zeitgenössischer Glastechnologie demonstriert werden. Nach eigener Aussage schwebte den Planern vor, ein technisches Glanzstück und darüber hinaus eine Metapher auf den Mythos Glas zu schaffen. Sie strebten einen vollkommen entmaterialisierten Raum an, in dem – durch die bewusste Manipulation von Licht und Schatten – die Schwerkraft aufgehoben scheint und innen und außen verschmelzen. Dazu griffen Brent Richard und sein Team von Design Antenna auf eine Konstruktion zurück, wie sie die beteiligten Ingenieure Dewhurst Macfarlane (zusammen mit Rick Mather) schon vorher für eine ähnliche, aber kleinere Struktur – einen privaten Wohnhausanbau – entwickelt hatten. Die Stützen und Träger des rückseitig an den Altbau gelehnten Gefüges bestehen aus dreilagigem Verbundglas und sind vor Ort über Schlitz- und Zapfen-Verbindungen zusammengefügt, die anschließend mit Gießharz geschlossen und fixiert wurden.

Vorbild mit Schwächen

Der Glaspavillon am Broadfield House ist die Verwirklichung einer bahnbrechenden Idee, darin sind sich auch heute noch die Experten einig. Nach wie vor gilt er als Schlüsselprojekt im konstruktiven Glasbau, bei dem das Material auch wesentliche tragende Funktionen übernimmt. Gleichzeitig trug der Anbau ganz entschieden dazu bei, die Entwicklung der Klebeverbindungen voranzutreiben – eine Art des Fügens, die dem spröden Material Glas weit mehr entspricht als über Bohrungen befestigte Punkthalter.

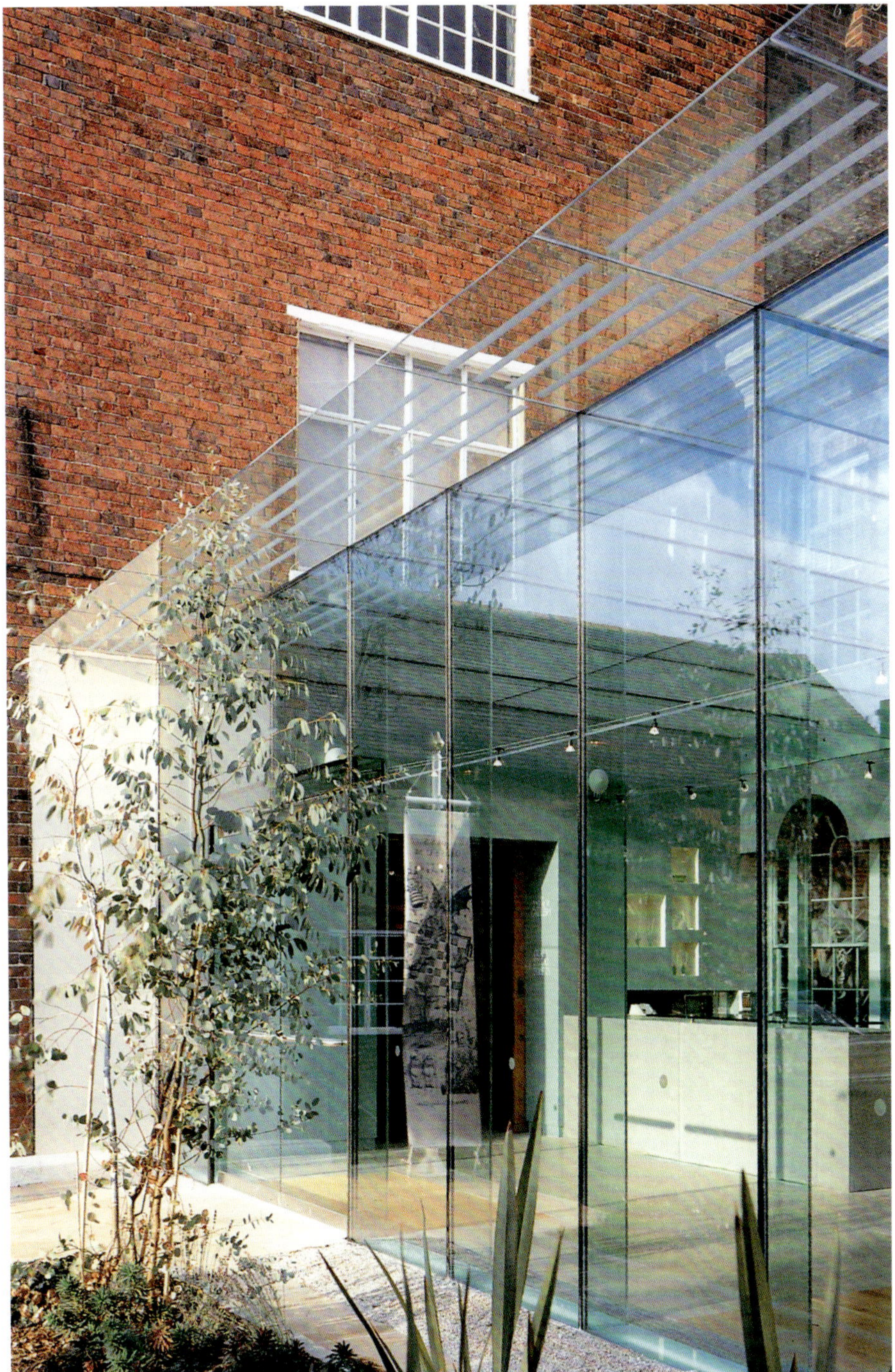

Glass Pavilion at Broadfield House in Kingswinford

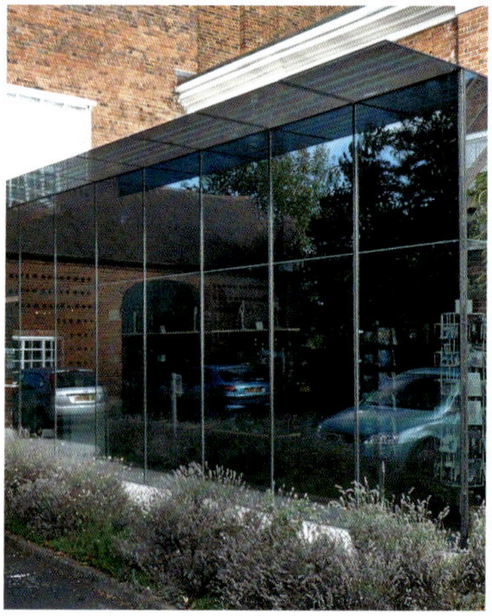

oben above
mit lichtreflektierender Folie beklebte Glasflächen, 2010
Surfaces covered in light-reflecting foil, 2010

unten below
Glasdach im Victoria and Albert Museum, London, 2009, MUMA Architects, Drewhurst Macfarlane & Partners
Glazed roof at the Victoria and Albert Museum, London, 2009, MUMA Architects, Drewhurst Macfarlane & Partners

rechts at right
Zustand 1994
Condition in 1994

Insgesamt hat der Museumspavillon, der damals (und auch noch lange Zeit danach) in Deutschland aus zulassungstechnischer Sicht überhaupt nicht denkbar gewesen wäre, große Fortschritte für den Glasbau bedeutet, indem er eindrucksvoll vor Augen führte, was mit dem Baustoff überhaupt möglich ist. Gleichermaßen als Vorbild beeinflusste er zahlreiche Glaskonstruktionen der nachfolgenden Zeit.
So sieht der Ingenieur Tim Macfarlane auch das 2009 fertiggestellte beeindruckende Dach über der Mittelalter-Abteilung im Londoner Victoria and Albert Museum (Abb. links unten), an dem er ebenfalls beteiligt war, in einer Linie mit dem Bau in Kingswinford und als unmittelbare Weiterentwicklung der damaligen Prinzipien. Denn auch hier greifen die Planer auf die seinerzeit entwickelte Methode zurück, die Lasten aus der Dachhaut direkt über eine Klebeverbindung einzuleiten. Schlanke, kaum sichtbare Metallklammern sind am Victoria and Albert Museum nur notwendig, um die Spannungen zu übertragen, die aus einem relativ neuartigen Verfahren resultieren, mit dem die gekrümmten Scheiben vor Ort in Form gepresst werden.
Wer den Pavillon am Broadfield House aus seinen zahlreichen Veröffentlichungen kennt, ist bei einem ersten Besuch zunächst überrascht von seiner fast unscheinbaren Größe und seiner Lage an der Rückseite des stattlichen ehemaligen Herrschaftshauses. Die (Trag-)Konstruktion selbst hat sich nach übereinstimmender Aussage von Planern und Nutzern über die Jahre bewährt. Auch bei der Inaugenscheinnahme sind kaum Mängel festzustellen, abgesehen von Luftblasen in den geklebten Verbindungen zwischen Stützen und Trägern. Diese bestanden allerdings von Anfang an und sind der seinerzeit ungenügenden Ausführung vor Ort geschuldet.
Als gescheitert muss jedoch die ursprüngliche Vorstellung der Planer bezeichnet werden, das Problem der sommerlichen Überhitzung des südwest-orientierten Innenraums lediglich mit einer Sonnenschutzbeschichtung (innenseitig auf der äußeren Scheibe angebracht) und einem zarten, auf das Glas gedruckten Raster auf dem Dach lösen zu können. Nachdem die Mitarbeiter des Museums jahrelang über viel zu hohe Temperaturen während der warmen Jahreszeit geklagt hatten – der Pavillon ist permanenter Arbeitsplatz für ein bis zwei Personen – ließ die Museumsleitung vor einigen Jahren

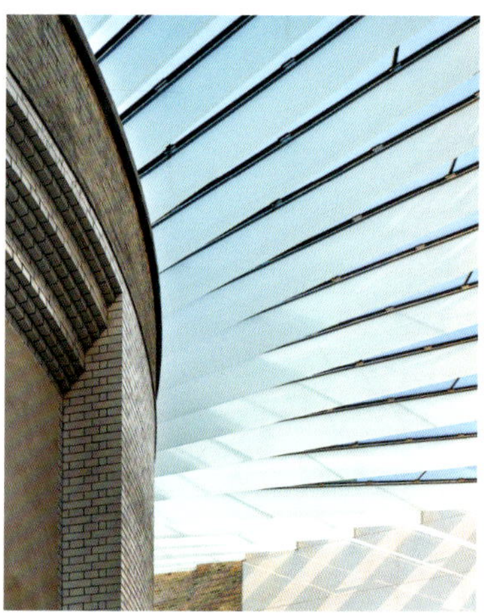

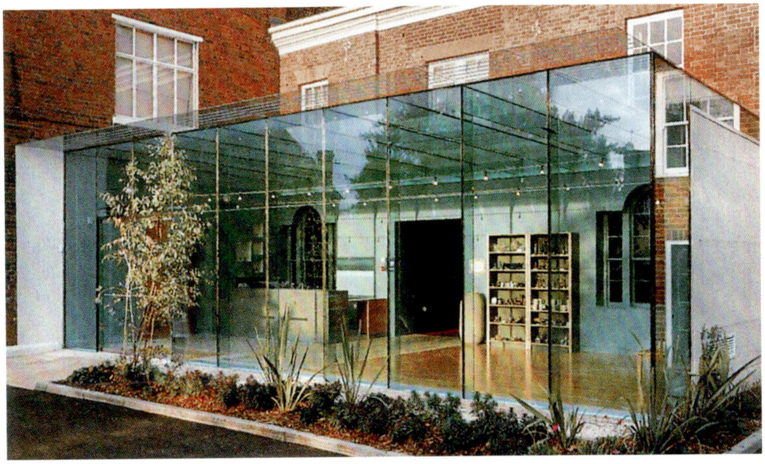

die Innenflächen der Fassade und die Außenflächen des Dachs mit einer lichtreflektierenden Folie bekleben. Leider beeinträchtigt diese Veränderung die beabsichtigte ästhetische Wirkung und damit die Gesamterscheinung enorm. Vor allem von außen wirkt der Anbau bei Tag nun nicht mehr leicht und transparent, sondern dunkel und eher abweisend. Von oben, aus den Fenstern des Altbaus betrachtet, erscheint das Dach wie eine spiegelnde Fläche – es leuchtet ein, dass sich die Angestellten in den direkt darüber angeordneten Büros nun über störende Blendeffekte beklagen.

Gebautes Manifest

Derartige funktionale Mängel leisten aber der Bedeutung dieses faszinierenden Experiments für den Glasbau kaum Abbruch. Als gebautes Manifest hat der Pavillon am Broadfield House zahlreiche Glasprojekte der vergangenen eineinhalb Jahrzehnte direkt oder indirekt beeinflusst oder gar initiiert. Dass er aber trotz der heute deutlich verbesserten technischen Möglichkeiten – von größeren Trägerlängen bis zu leistungsfähigeren Klebern – in seinen Ausmaßen als Ganzglaskonstruktion nicht überboten wurde, lässt Raum für Spekulationen. Fehlt die technische Herausforderung, wenn der Reiz des vollkommen Neuen nicht mehr vorhanden ist? Bestimmt hat jedoch auch die totale Transparenz, einmal erreicht, viel von ihrer ursprünglichen Faszination verloren. Das gilt vor allem für permanent von Menschen genutzte Räume. Schließlich sind vollkommen verglaste Bauwerke klimatisch gesehen nur sehr schwierig und mit hohem technischen Aufwand in den Griff zu bekommen. Darüber hinaus wirkt Glas, bei aller Ausstrahlung, die es haben kann, oft auch abweisend und kalt. In einer Zeit, in der die sinnlichen Qualitäten der Materialien wieder zunehmend an Bedeutung gewinnen, versuchen immer mehr Architekten und Gestalter, den an sich durchsichtigen Baustoff zu materialisieren, indem sie ihn sandstrahlen oder ätzen, beschichten oder einfärben. Auch in dieser Hinsicht zeigt das neue Dach über dem Victoria and Albert Museum eine tatsächliche Weiterentwicklung. Hier brechen die transluzenten Träger das Licht und erzeugen je nach Blickwinkel raffinierte Effekte – schräg von unten betrachtet schließen sie den Raum, während sich bei direkter Aufsicht von unten der Blick zum Himmel öffnet.

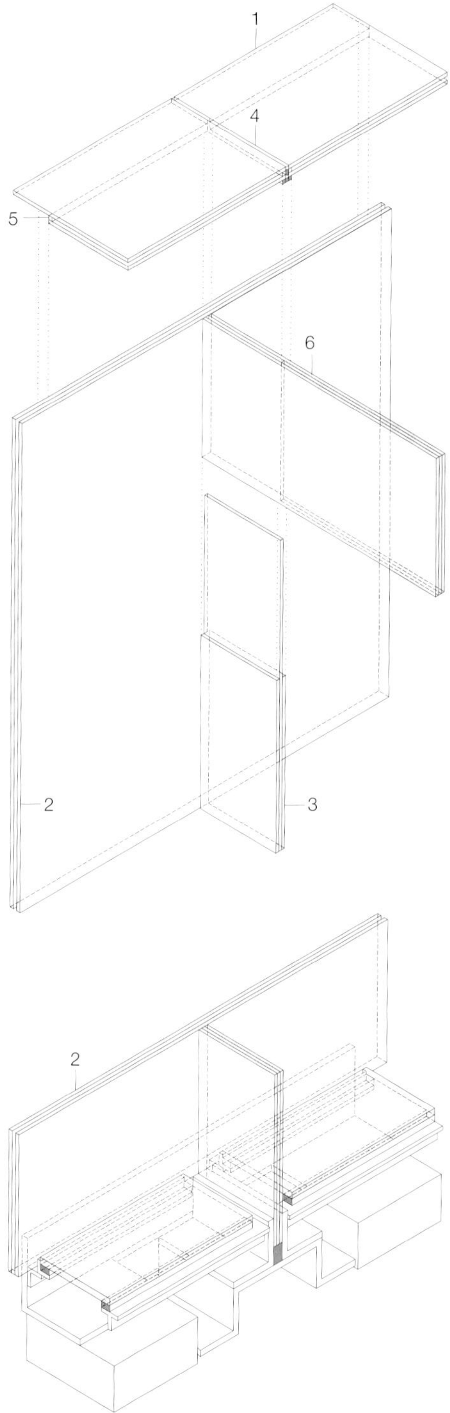

links at left
Konstruktionsschema
1 Isolierverglasung
2 Isolierverglasung
3 Glasstütze
4 Silikonversiegelung
5 Distanzhalter
6 Glasträger Verbundglas
300 × 32 mm
Structural diagram
1 Double glazing
2 Double glazing
3 Glass column
4 Silicone sealant
5 Distancer
6 300/32 mm laminated
glass beams

rechts at right
Innenraum, 1994
Interior, 1994

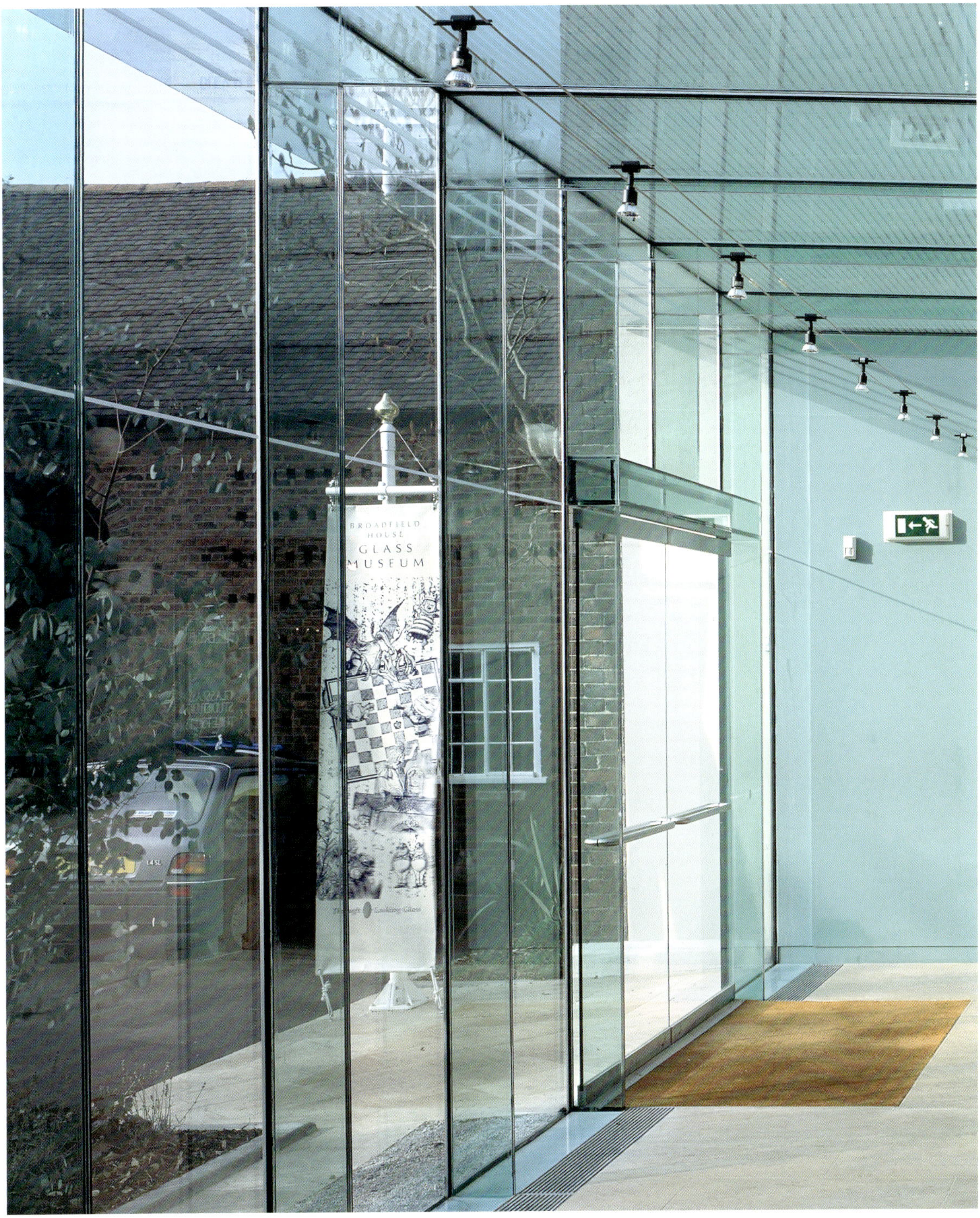

Glass Pavilion at Broadfield House in Kingswinford

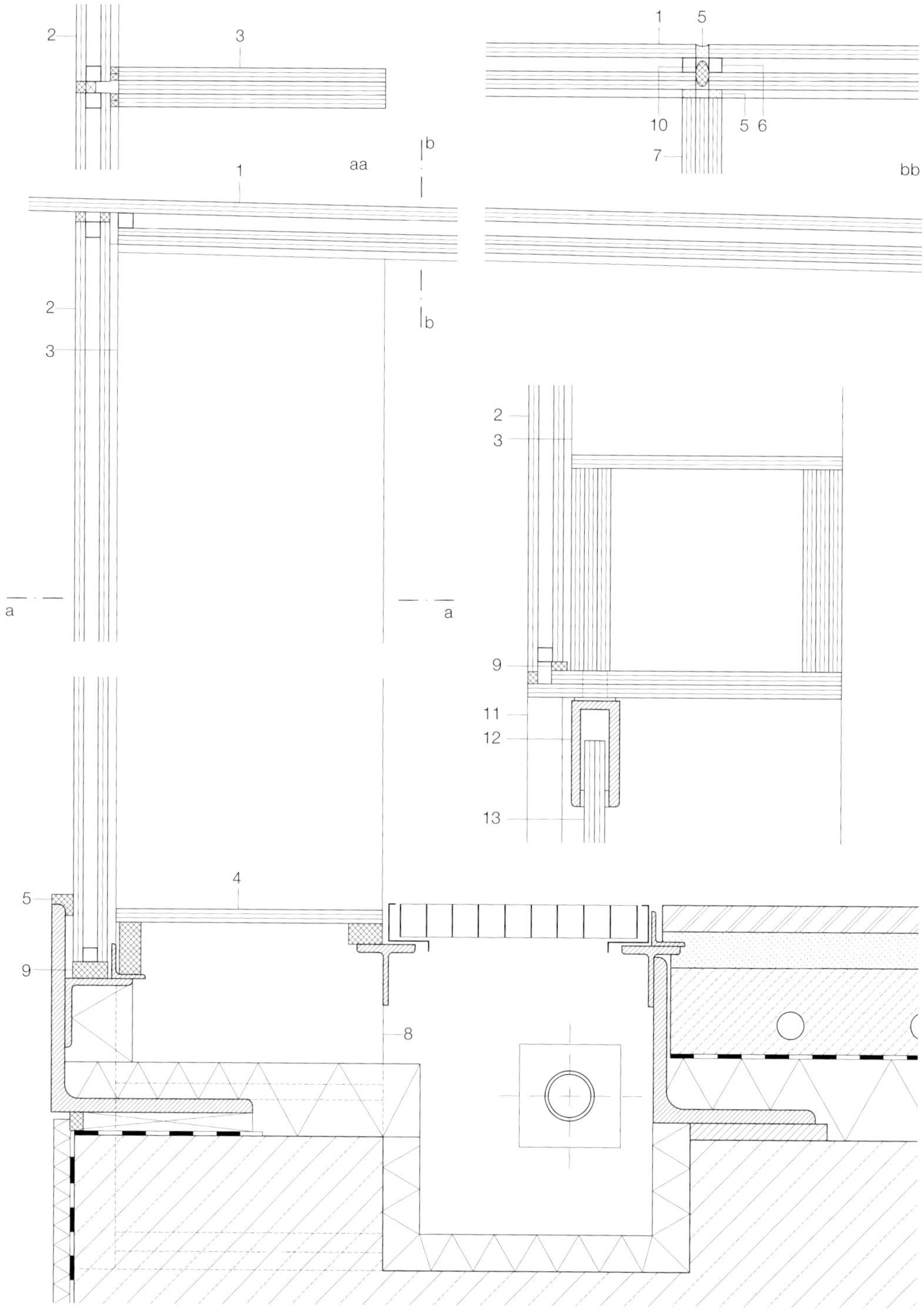

aa
bb
a
b
1
2
3
4
5
6
7
8
9
10
11
12
13

The museum pavilion, completed in 1994, is the physical manifestation of a recurring dream: the desire to completely dissolve the building envelope and thus to achieve total transparency. For centuries this had been a theme in architecture, and by the early 1920s it had become something of a sought-after myth. Inspired by poets and philosophers such as Paul Scheerbart of Berlin, who went so far as to see dematerialized structures as the foundation of an open society, the avant-garde architects of the era – including Mies van der Rohe and Bruno Taut – came up with crystalline designs; for lack of technological support, however, these remained visions on paper.
In the second half of the 20th century, glass technology experienced a tremendous boost in development, and by the early 1990s it had attained a level at which nothing seemed beyond reach. What had once been a brittle, delicate substance had become a high-performance building material for audacious, airy structures – a material that, when necessary, was able to bear loads and, thanks to sophisticated, largely invisible coatings, function as climate control as well.
During this era, the development of glass architecture resembled a race to set records. Following the creation of the spectacular (glazed) grid shells and tensile structures of the late 1980s, many of the leaders in the field sought to do away with every last metal connection component, no matter how small. In no time at all, the first glass beams and columns turned up – first in smaller private projects, but shortly thereafter in roofs subject to greater loads and in buildings accessible to the public.
Then, in the mid-1990s, at the height of this development, the completely dematerialized entrance pavilion at a museum in England made the rounds in the press and attracted the attention of the profession. Despite its modest dimensions (11 by 5.7 by 3.5 metres), the pavilion at Broadfield House in Kingswinford, West Midlands, is to this day the largest all-glass structure – defined as a structure composed of no other building material than glass and the necessary adhesives – ever erected. It was also the first of its kind to be realized for a public building.
Initially planned as a temporary addition to a glass museum – the Broadfield House collection contains items of applied arts made of glass dating back to the 17th and 18th centuries – the pavilion was intended as a modern

Detailschnitte • Detailschnitt
Türsturz Maßstab 1:5

1 Isolierverglasung: ESG-Sonnenschutzglas 10 mm + SZR 10 mm + VSG aus 2× 6 mm ESG
2 Isolierverglasung: ESG-Sonnenschutzglas 8 mm + SZR 10 mm + ESG 8 mm
3 Glasstütze Verbundglas 32 × 200 mm
4 ESG 10 mm
5 Silikonverfugung
6 Distanzhalter
7 Glasträger Verbundglas 300 × 32 mm
8 Acrylglashalterung
9 Silikonprofil
10 Fugenband Extruderschaum
11 Eckprofil Acrylglas
12 Edelstahl-Türbeschlag
13 Glastür 15 mm

Detail • Section through lintel
scale 1:5

1 Insulating unit, 10 mm solar-control toughened safety glass + 10 mm cavity + 2× 6 mm laminated toughened safety glass
2 Insulating unit, 8 mm solar-control toughened safety glass + 10 mm cavity + 8 mm toughened safety glass
3 Glass column, 32 × 200 mm laminated glass
4 Toughened safety glass, 10 mm
5 Silicone seal
6 Spacer
7 Glass beam, 300 x 32 mm laminated glass
8 Perspex bearing
9 Silicone gasket
10 Extruded foam strip
11 Perspex corner protector
12 Stainless steel door hardware
13 Glass door, 15 mm

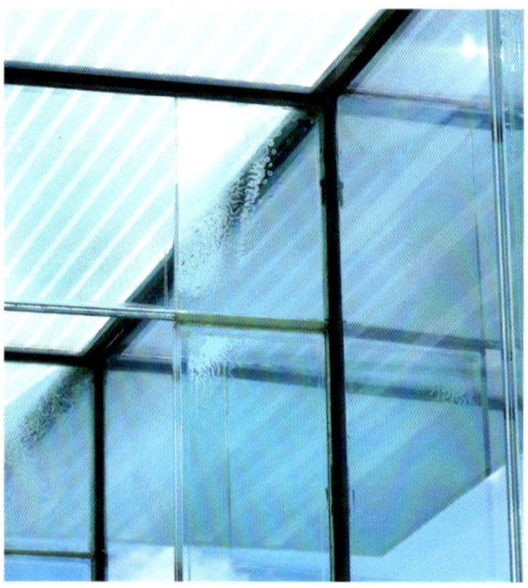

counterweight to the historic building, a Georgian villa. At the same time, despite the limited budget available, the architects and engineers wanted to showcase the possibilities of modern glass technology. They stated that their aim was to create a metaphor for the enduring fascination with glass. They sought to completely dematerialize space – to overcome gravity by manipulating light and shadow. To this end, Brent Richard and his team at Design Antenna drew on the experiences of their engineers – Dewhurst Macfarlane with Rick Mather – in the realization of a similar, but smaller, private residence. The columns and beams of the pavilion, the back of which adjoins the original building and is in part supported by it, are composed of three layers of laminated glass and were assembled on site by means of mortise-and-tenon joints, which were then filled in with casting resin. The glass pavilion at Broadfield House is the embodiment of a path-breaking idea; on this, the experts still agree. It is considered a key work with respect to structural glazing. But it also played a crucial role in spurring the development of adhesive connections, which are much more amenable to glass than are the drilled holes required for point fixing. Seen as a whole, the design of the museum pavilion gave glass construction a significant boost by impressively demonstrating how much potential the material holds. Many buildings drew their inspiration from – or, in some cases, even copied – this prototype.

Tim Macfarlane, who was involved in both the Broadfield House addition and the new impressive roof over the medieval department at London's Victoria and Albert Museum (ill. p. 12 below), sees the latter as the direct continuation of the principles that were prevalent in the 1990s: the planners once again drew on the method in which the glass panels are glued directly to the glass downstand beams. At the Victoria and Albert Museum, only slender, barely visible metal clamps are required to direct the stresses that result from the relatively new procedure in which glass is curved on site. Visiting Broadfield House for the first time, those who have seen some of the many articles on the pavilion will be surprised at its unpretentious scale and its siting at the rear of the stately former residence. According to the planners and occupants, the (load-bearing) structure has successfully withstood the test of time. And upon inspection on site, with the exception

links at left
Detail Glasverbindung
Detail, glass connection

rechts at right
Blick durch die mit lichtreflektierender Folie beklebte Fassade, 2010
View through the facade coated with light-reflecting foil, 2010

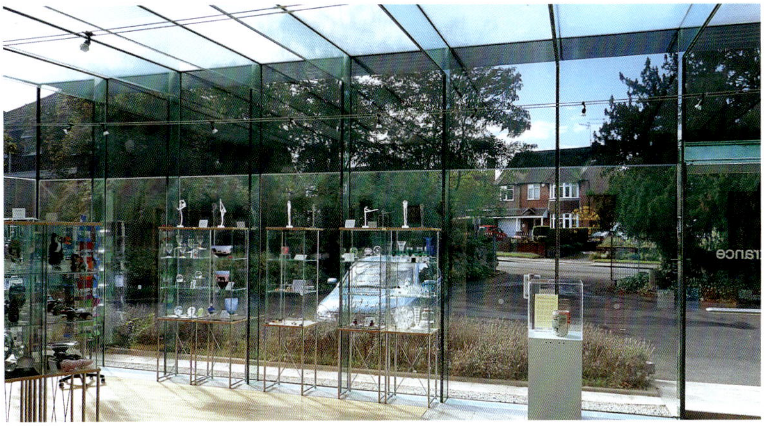

of air bubbles in the adhesive connections – which were present from the very beginning due to poor execution – one is hard-pressed to find defects. The original climate concept, however, which foresaw contending with the summer sun with nothing more than a solar protection coating (on the inner side of the outermost pane) and a delicate dot matrix printed on the glass, must be deemed a failure. Following years of staff complaints regarding the high summer temperatures, the museum's administration decided a number of years ago to add a light-reflecting membrane to the inner surface of the facade and the outer surface of the roof. This alteration compromises the intended aesthetic effect, and, correspondingly, the pavilion's overall appearance. Particularly when viewed from the exterior during the daytime, the addition no longer seems airy and transparent, but dark and forbidding instead. From above – as seen from the villa's windows – the roof appears to have a mirrored surface. It hardly comes as a surprise that employees in the offices directly above it complain of the bothersome glare.

However, such functional shortcomings will hardly bring about the end of this fascinating experiment. The pavilion, as a built manifesto, has directly or indirectly influenced – or even provided the impetus for – many of the glass projects realized in the past 15 years. The fact that the pavilion's dimensions have still not been outdone despite the improved technology, which includes longer beam spans and more affordable adhesives, is grounds for speculation. Could it be that technological advancement is fuelled by the attraction to something altogether new, and that, when the novelty has worn off, the ambition fades away? It is certain that once complete transparency was achieved, the original fascination with it dissipated – particularly with regard to spaces in constant use by people. In completely glazed buildings, it is difficult to get a grip on climate control. Also, despite its allures, glass often seems forbidding and cold. In an era in which sensual qualities are gaining ground, more and more architects and designers are attempting to materialize glass by having it sand-blasted, etched, coated or coloured. The Victoria and Albert Museum takes this development a step further: the translucent beams break the light, creating sophisticated effects, and seen obliquely from below, terminate the space. But when one looks straight up, the view to the sky is unimpeded.

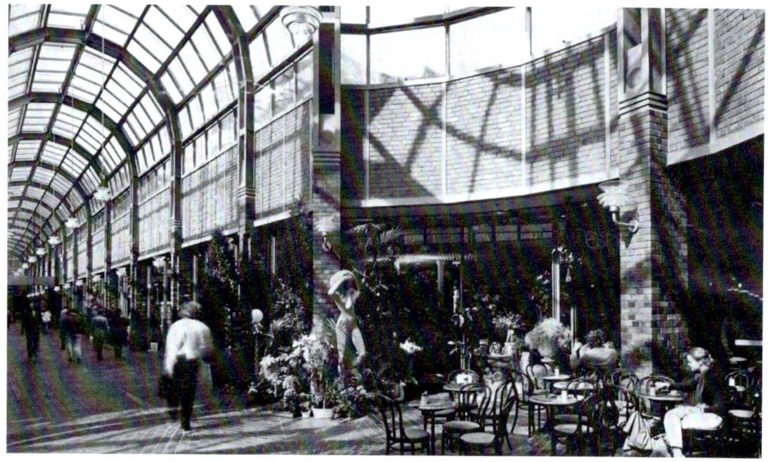

Architekten Architects von Gerkan, Marg und Partner
Tragwerksplanung Structural engineers Schwarz + Dr. Weber

Ladenpassage »Hanse Viertel« in Hamburg
The “Hanse Viertel” Shopping Arcade in Hamburg

Julia Liese

Im Gegensatz zur damals in Deutschland aufkommenden Shopping Mall verfolgten die Architekten von Gerkan, Marg und Partner von Anfang an das Ziel, eine Ladenpassage im klassischen Sinn nach den Vorbildern des 19. Jahrhunderts zu entwickeln, um die vorhandene Stadtstruktur zu bewahren und einen öffentlichen, belebten Raum zu schaffen. Der ursprüngliche Investor, das britische Unternehmen Capital & Counties, hatte jedoch ganz andere Vorstellungen: Er beabsichtigte, ein Einkaufszentrum als Megastruktur in die Innenstadt zu implantieren, was einer Kahlschlagsanierung gleichgekommen wäre. So war es schließlich eine glückliche Fügung, dass wirtschaftliche Gründe das Unternehmen dazu zwangen, seine Grundstücke zu verkaufen. Den neuen Bauherrn, die Allianz, konnten die Architekten nicht zuletzt auch deshalb von ihrer Idee überzeugen, weil nicht alle Grundstücke des Baublocks verkäuflich waren und sich die Baumaßnahme für die Passage im Wesentlichen auf das unbebaute Blockinnere beschränkte. Auf diese Weise war es auch möglich, die bestehende Blockrandbebauung zu erhalten und in das Gesamtkonzept zu integrieren – etwa das 1925/26 von Fritz Höger erbaute Broschek-Verlagshaus oder die Jugendstilkontorhäuser an der Poststraße. Lücken in der Blockrandbebauung wurden durch Neubauten ergänzt und das Blockinnere mit der eigentlichen glasüberdeckten Passage überbaut. Flankiert von rund 60 Läden verbindet sie die Poststraße mit den Großen Bleichen und ist durch insgesamt vier Ein- bzw. Ausgänge erreichbar. Neben den Einzelhandelsflächen in der Passage umfasst der Gebäudekomplex des Hanse Viertels auch ein Hotel, Büros, einige Wohnungen und ein Parkhaus.

links at left
Passage, 1980
Arcade in 1980

rechts oben above right
Lageplan Maßstab 1:7000
Site plan scale 1:7000

rechts unten below right
Luftbild, Situation 1980
Aerial view of site in 1980

Idee Passage

Mit der Passage wählten die Architekten einen Bautyp, der lange Zeit in Vergessenheit geraten war. Im 19. Jahrhundert entwickelt, um tiefe Baublöcke zu erschließen, Wegeverbindungen zu schaffen und wettergeschütztes Flanieren zu ermöglichen, wurde die Passage schließlich Anfang des 20. Jahrhunderts vom Boom der Kaufhäuser abgelöst. Gerade in Hamburg erlebte sie in den 1970er-Jahren jedoch eine regelrechte Renaissance: Bis 1985 entstand in der Hamburger Neustadt ein Netz von acht Ladenpassagen – offensichtlich bot sich dieser Bautyp für die Ansiedlung von Einzelhandel in den relativ tiefen Baublöcken an. Für die bis dahin stark vernachlässigte und durch Kriegsschäden gekennzeichnete westliche Hamburger Innenstadt bedeutete diese Entwicklung einen enormen Impuls. Heute wird das Quartier als Passagenviertel bezeichnet und gilt als exklusive Einkaufsadresse – gemeinsam mit dem Neuen Wall und dem Jungfernstieg bildet es ein zweites Zentrum neben der klassischen Kaufhausstruktur um die Mönckebergstraße. Mit seiner Größe und zentralen Lage innerhalb des Passagenviertels nimmt das Hanse Viertel eine Schlüsselstellung ein und hat damit maßgeblich zu dieser Entwicklung beigetragen.

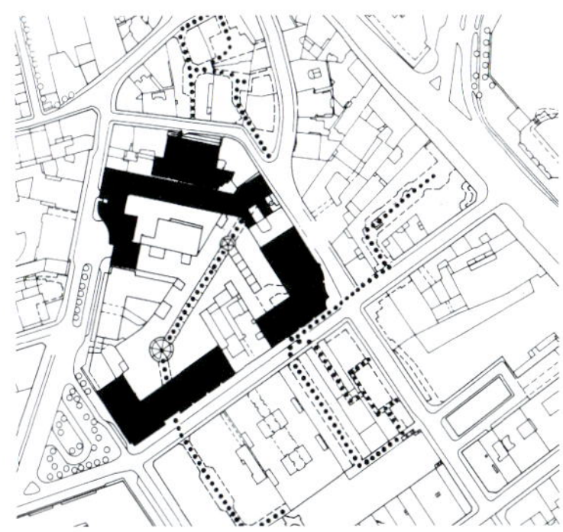

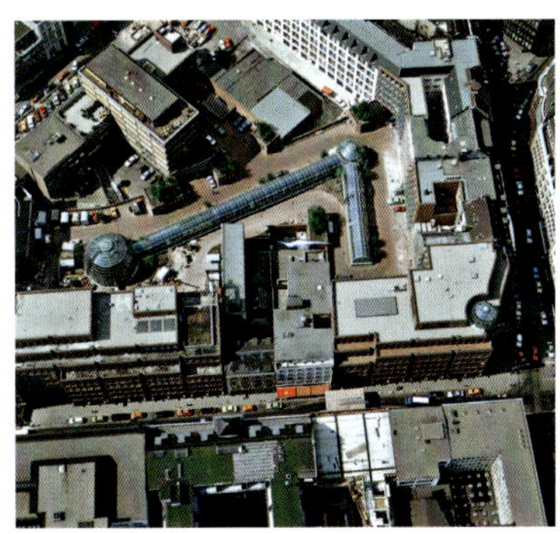

Architektur versus Kommerz

Mit insgesamt ca. 250 m Länge galt das Hanse Viertel zum Zeitpunkt seiner Fertigstellung als längste Passage Europas und entwickelte sich rasch zur beliebten Flanier- und Einkaufsmeile mit durchschnittlich 23 000 Passanten pro Tag; allein zur Eröffnung am 8. November 1980 kamen rund 100 000 Besucher. Auch der wirtschaftliche Erfolg ließ nicht lange auf sich warten:

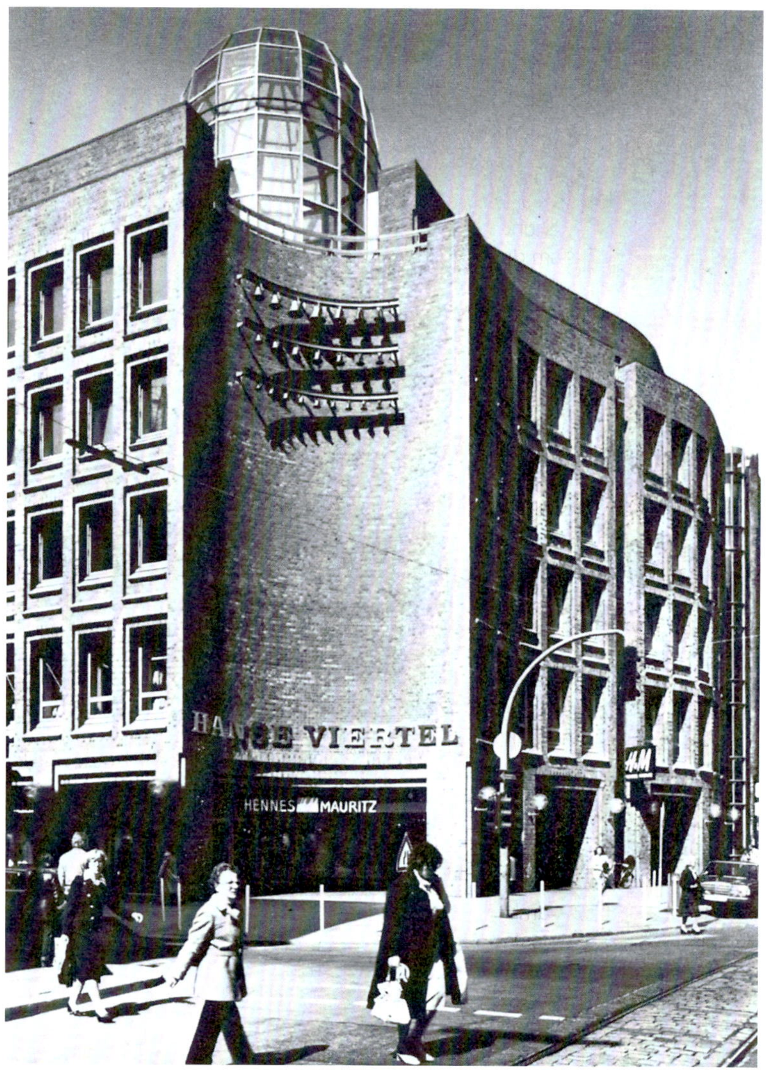

Ladenpassage »Hanse Viertel« in Hamburg

Die Umsätze in den ersten Jahren lagen weit über dem Durchschnitt und übertrafen somit alle Erwartungen.
Wie lässt sich dieser durchschlagende Erfolg erklären? »Wir haben alles anders gemacht, als es damals bei der Planung von Einkaufszentren üblich war«, erklärt der Architekt Volkwin Marg heute. »Wir haben auf die Anziehungskraft der klassischen Passage vertraut und wollten das Gegenteil einer Shopping Mall: keinen Kundenfang allein mit der Leuchtkraft verlockender Schaufenster und keine Verführung der Kunden in einen glitzernden Irrgarten, aus dem die bewusst versteckten Ausgänge nur mühsam zu finden sind. Vielmehr schwebte uns eine Passage im Wortsinn vor – zum Abkürzen der Wege, aber zugleich attraktiv zum Bummeln, ohne beeinflussende Musikberieselung, ohne den Weg verstellende Auslagen und ohne aufdringliche Reklame.«
Tatsächlich wird der Raumeindruck nicht von Schaufenstern, Werbeschildern und Leuchtschriften beherrscht, sondern von dem gläsernen Tonnendach und dem durchgehend verwendeten rotbraunen Klinker geprägt. Damit Werbung dezent im Hintergrund bleibt und keine Auslagen vor den Geschäften stehen, arbeiteten die Architekten eine Gestaltungssatzung aus. Diese schreibt sogar vor, dass die Schaufenster nicht durch feste Einbauten verstellt werden dürfen, damit sich die – mit 5 m sehr schmale – Passage mithilfe des durchgehenden Bodenbelags und der verspiegelten Decke optisch ausweiten kann.
Im Gegensatz zur gängigen Verkaufsstrategie, den Kunden in einem verwinkelten Labyrinth zu fangen, planten die Architekten eine geradlinige Wegeführung mit Blick auf die Ein- und Ausgänge: Mit Ausnahme eines Teilstücks am Haupteingang besteht die Passage aus geraden Achsen, die sich in zwei Kuppelräumen treffen bzw. ihre Richtung ändern; auf Stufen, Treppen, Rampen und Galerien wurde bewusst verzichtet.
Die Architektur kommt gut an: In der Presse wird das Hanse Viertel immer wieder als »Hamburgs schönste Einkaufspassage« oder als »Wahrzeichen Hamburgs« bezeichnet; bei einer 2007 durchgeführten Marktanalyse der Einkaufsmetropole Hamburg schnitt es von allen untersuchten Einkaufsadressen sogar am besten ab. All dies scheint zusammen mit dem wirtschaftlichen Erfolg dem Konzept der Architekten recht zu geben: Offenbar lassen sich Kunden auch ohne großflächige Reklame anziehen.
Natürlich macht nicht die Architektur allein den Erfolg aus; die Art und die Mischung der Geschäfte spielt eine wesentliche Rolle. Wie heute bei aus

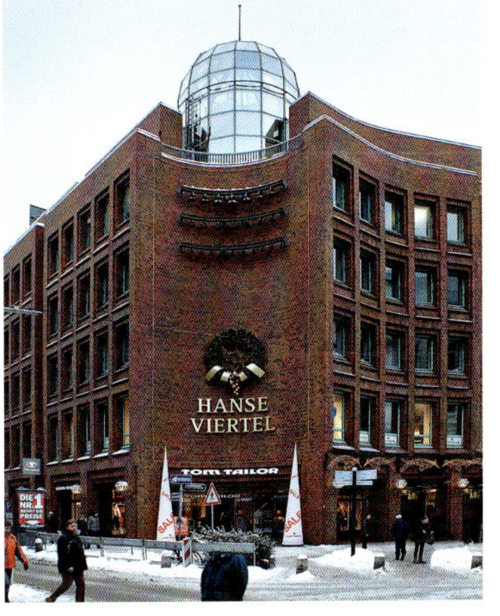

links at left
Fassade mit Haupteingang, 1980
Facade with main entrance in 1980

rechts at right
Fassade mit Haupteingang heute
Facade with main entrance today

einer Hand vermieteten Einzelhandelsflächen üblich, wird auch im Hanse Viertel der Branchenmix nicht dem Zufall überlassen, sondern folgt einem durchdachten Konzept. Von Anfang an wurden hier Geschäfte mit eher gehobenem Preisniveau angesiedelt, gleichzeitig aber viele individuelle, inhabergeführte Läden. Gastronomische Betriebe wurden gezielt in den beiden Kuppeln platziert, um die Räume atmosphärisch zu beleben, ohne sie zu verstellen. Die Flächen in der großen Kuppel liegen ausnahmsweise ein Geschoss tiefer und wurden über 25 Jahre von Mövenpick genutzt. Wohl überlegt war auch die Nutzung des Broschek-Hauses: Zum Hotel umgebaut, sollte es für eine stärkere Belebung an Abenden und Feiertagen sorgen.

Hanse Viertel heute

Betritt man die Passage heute, so ist kaum ein Unterschied zu den nach der Fertigstellung veröffentlichten Fotos festzustellen: Die Komposition aus gläsernem Tonnendach, rotbraunem Klinker und Bronzeintarsien im Boden wirkt geradezu klassisch hanseatisch. Die Schaufenster mit ihren Auslagen treten optisch zurück, sodass das Entwurfskonzept der Gleichwertigkeit von Architektur und Kommerz gewahrt bleibt.

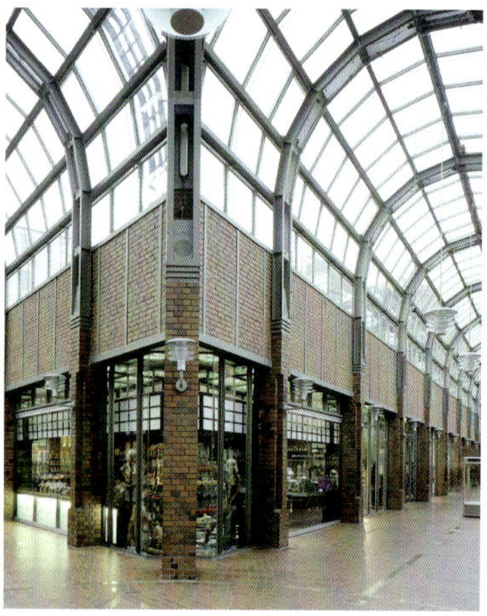

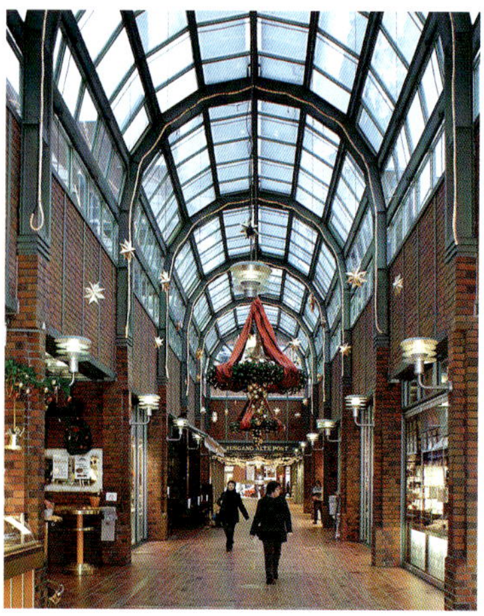

Die baulichen Erneuerungen fallen auf den ersten Blick kaum auf. Als das Glasdach undicht wurde, nutzte man die Gelegenheit und ersetzte das technisch nicht mehr zeitgemäße Drahtspiegelglas der Isolierverglasung durch klares Sicherheitsglas. Auch die markanten Arm- und Hängeleuchten wurden im Lauf der Zeit ausgetauscht, wobei die charakteristische Form weitgehend erhalten blieb. Fragt man jedoch die Architekten, die den Originalzustand kennen und an den Instandsetzungen nicht beteiligt waren, bemängeln sie, dass durch beide Maßnahmen die charakteristische Lichtstimmung verloren ging. Außen an den Ziegelfassaden sind ebenfalls kaum Veränderungen spürbar. Allerdings wirken sie durch die Formensprache und die Farbwahl der inzwischen verblassten, ehemals grünlich-türkisen Fensterrahmen weniger zeitlos als der zurückhaltend elegante Innenraum. Was die Läden betrifft, so gab es im Lauf der 30 Jahre zwangsläufig Wechsel. Zu den alteingesessenen Traditionsgeschäften sind einige Kettenfilialen hinzugekommen. Auch sei die Gestaltungsphilosophie samt der restriktiven Mietverträge teilweise in Vergessenheit geraten, kritisieren die Architekten. Am stärksten fällt auf, dass das tiefer gesetzte Geschoss unter der großen Kuppel leersteht. Seit der gastronomische Magnet fehlt, wirkt der Platz ohne Bestuhlung verödet.

Insgesamt hat das Hanse Viertel jedoch seinen ursprünglichen Charme bewahrt, und der klassische Passagencharakter blieb trotz einiger Veränderungen erhalten. Die Frage ist allein: Wie lange noch? Vor Kurzem hat die ECE, der größte Entwickler von Shopping Malls in Deutschland, die Verwaltung des Hanse Viertels übernommen und plant weitere Erneuerungen.

Zu befürchten ist, dass sie ihr Konzept der austauschbaren Einkaufswelten mit den immergleichen Marken und Filialketten auf das Hanse Viertel überträgt und damit seinem individuellen Charakter schadet. Wenn zugleich die Gestaltungssatzung weiter aufgeweicht wird, könnte es bald vorbei sein mit der harmonischen Balance von Architektur und Kommerz. Das Hanse Viertel war 30 Jahre lang eine gut funktionierende Passage und blickt nun in eine ungewisse Zukunft.

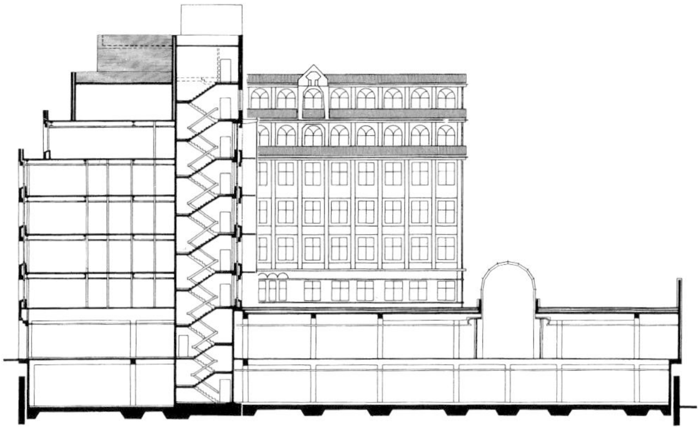

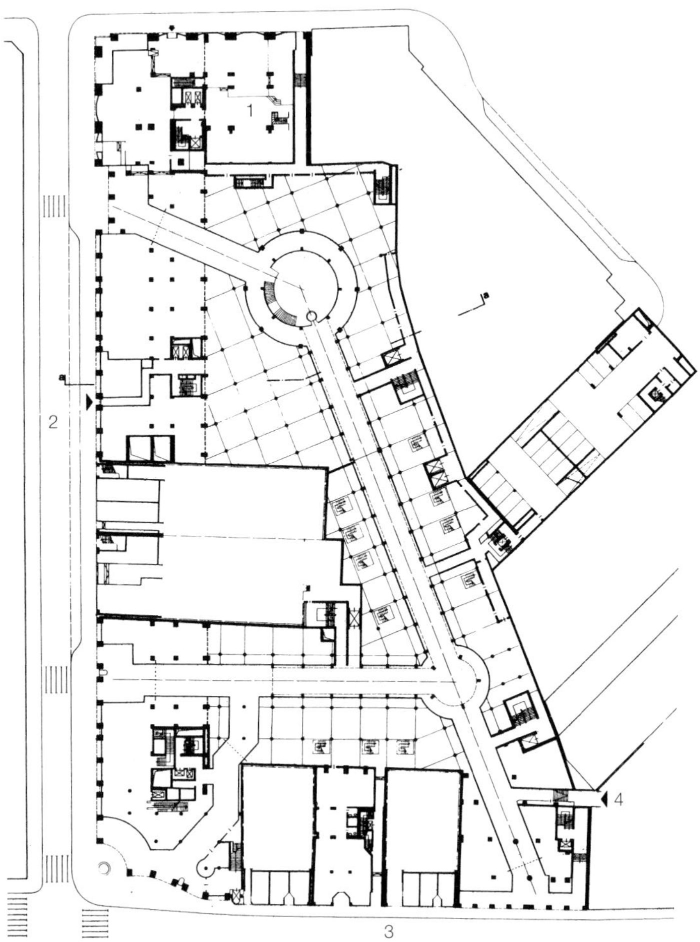

links at left
Passage, 2010
Arcade in 2010

rechts oben above right
Schnitt Maßstab 1:750
Section scale 1:750

rechts unten below right
Grundriss Erdgeschoss
Maßstab 1:1500
1 Hotel im ehemaligen Broschek-Verlagshaus
2 Große Bleichen
3 Poststraße
4 Zugang Parkhaus
Ground floor plan
scale 1:1500
1 Hotel in former Broschek publishing house
2 Grosse Bleichen
3 Poststrasse
4 Access to car park

From the very beginning, the architects von Gerkan, Marg und Partner were interested in designing a classical arcade in order to preserve the existing urban structure of inner-city Hamburg. The proposals were confined mainly to the undeveloped interior of the street block, allowing the existing buildings around the edge to be retained and integrated into the overall concept. Flanked by roughly 60 shops, the arcade has four points of access. In addition to the retail shopping areas, the complex also contains a hotel, offices and a number of dwellings. In 1983, a car park was added.
The arcade as a building type experienced a renaissance in the 1970s and 80s, and especially in Hamburg, as it was an effective way of establishing retail trade in the relatively deep blocks that existed there. With an overall length of approximately 250 metres, the Hanse Viertel arcade on completion was the longest in Europe. Some 100,000 people turned out for its opening on 8 November 1980, and it soon became a popular place to stroll and shop, attracting an average of 23,000 visitors a day. Commercial success soon followed; turnover in the early years exceeded all expectations.

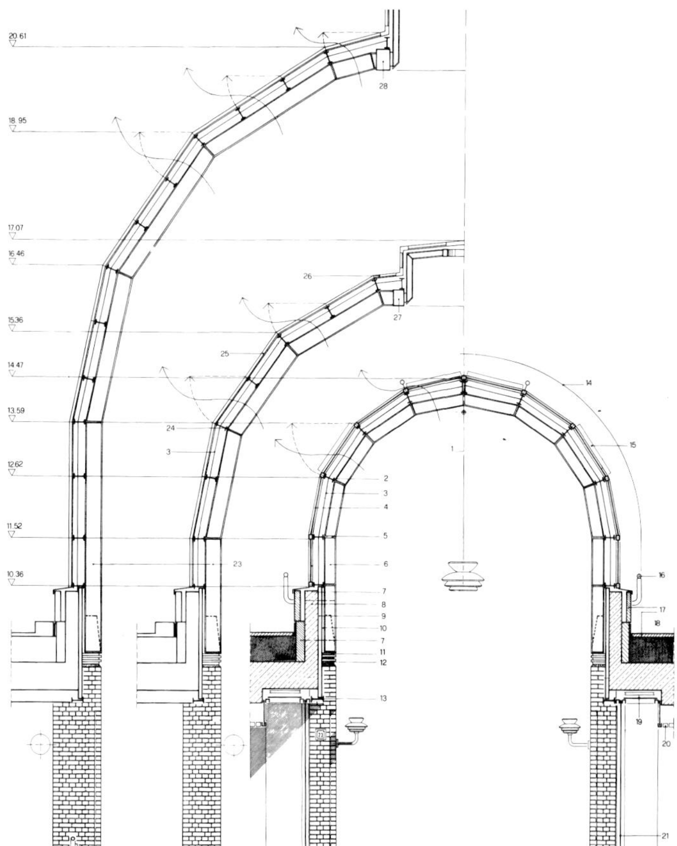

"We wanted to create the very opposite of a shopping mall," the architect Volkwin Marg remarks today. "What we had in mind was an arcade or passage – a short cut between two points, yet at the same time an attractive place to take a stroll, without intrusive background music and advertising." The interior was to be a public space for communication, offering a clear architectural experience that would stand on equal terms alongside the commercial aspects. A design charter ensures that advertising remains discreetly in the background and that no wares are displayed outside the shops. The conditions even stipulate that shop windows may not be blocked by inbuilt elements. In this way, the arcade, with its relatively narrow width of five metres, is visually extended, an effect that is enhanced by the continuous pavings and the reflecting soffit.
Having a clear spatial concept was important to the architects. They planned a direct route where people would always have a view of the exits. The arcade consists of straight axes that intersect and change direction in two domed spaces. The Hanse Viertel is often described in the press as "Hamburg's finest shopping arcade", and in a market analysis of the city carried out in 2007, this development got the best marks of all the retail addresses included in the study. Evidently it is possible to attract customers without large-scale advertising. The success of the arcade is attributable not just to the architecture, of course. A major role is played by the nature and range of the shops. Carefully placed gastronomic facilities are meant to enliven the interior atmospherically without cluttering it up. They are situated in the two domed spaces, and one of them has been operated for more than 25 years by the Mövenpick concern.
Entering the arcade today, there is hardly any difference to be seen from the photos published right after its completion. Consisting basically of a glazed barrel-vault roof, reddish-brown brickwork and floors with bronze inlay work, it is classically Hanseatic in appearance. Constructional renewals are scarcely noticeable. When a leak occurred in the roof, the opportunity was taken to install toughened glass in place of the outmoded wired plate glass. Similarly, when the light fittings were renewed, the distinctive form was largely retained. Externally, there are scarcely any noticeable changes to the brick facades. In terms of the formal language and the choice of colour for the window frames, however, which were once turquoise, but which have faded over the years, the facades have lost some of their timeless quality in comparison with the restrained elegance of the internal spaces.
As far as the retailers are concerned, changes have inevitably occurred over the years. Alongside the traditional firms, the occasional chain store has appeared on the scene. Perhaps the most striking aspect is that the storey set at a lower level beneath the large dome is unoccupied. Without a gastronomic attraction and devoid of chairs, this space now appears somewhat desolate. All in all, though, the Hanse Viertel complex has lost none of its original charm, and its classical arcade character has been maintained. For how long, though? Recently, the ECE, the biggest developer of shopping malls in Germany, took over the administration of the Hanse Viertel, and it is feared that the organization's concept of interchangeable sales worlds featuring the same brands and chains will be applied here, too. Once the design charter is watered down, the harmonious unity of architecture and commerce could soon be a thing of the past.

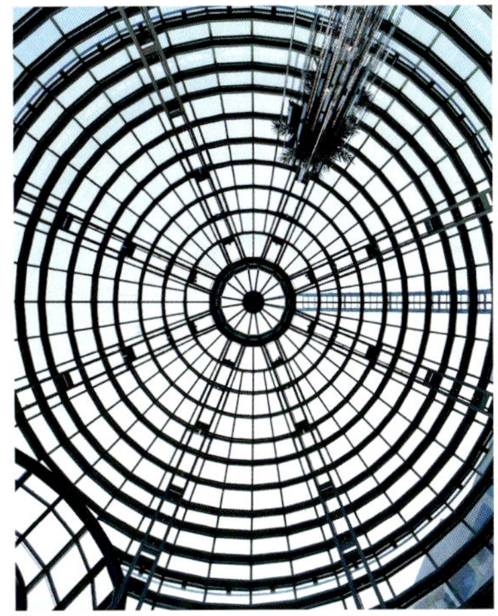

links at left
Schnitte durch große Kuppel, die kleine Kuppel und die Passage
Sections through the large dome, the small dome and the arcade

rechts at right
Blick in die große Glaskuppel
View up to large glass dome

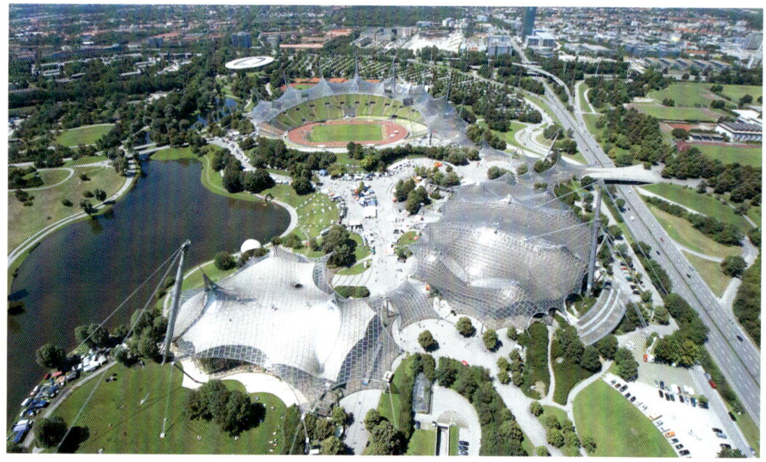

Architekten Architects Behnisch & Partner

Olympiagelände in München
Olympic Ensemble in Munich

Oliver Herwig

Begeisterungsstürme hat das Münchner Olympiagelände von Anfang an ausgelöst, geradezu hymnisches Lob. Leonardo Benevolo etwa beschreibt in seiner dreibändigen Geschichte der Architektur des 19. und 20. Jahrhunderts das Stadion als »Raum von überwältigender Schönheit und Leichtigkeit, der durchsichtig, offen nach Osten, gedeckt, aber durchscheinend nach oben und gefasst von den Tribünenrängen das Sportfeld wie eine leicht geöffnete Schale empfängt«. Wer an den Zeltdächern mit ihren in der Sonne glitzernden Acrylglasplatten vorbeifährt, kann sich dem Zauber dieser Sportarchitektur auch fast 40 Jahre nach den Olympischen Spielen von 1972 schwer entziehen. Architekturhistoriker zählen das Ensemble im Norden von München zu den wichtigsten Bauten des letzten Jahrhunderts und zu den am besten erhaltenen Olympiabauten weltweit. Das liegt nicht allein an der Originalität der Bauten, das liegt vor allem daran, dass es gelungen ist, das Ensemble auch nach Olympia und Fußballweltmeisterschaft 1974 über eine ganze Generation zu nutzen und seine Freiflächen in den Alltag der Anwohner zu integrieren.
Den Olympiapark verstehen, heißt ihn erwandern. Unter dem 60 m hohen Olympiaberg liegt eine 60 ha große Ideallandschaft, deren Höhenlinien mal Hügel und Täler, Seen und Zuflüsse, dann wieder Dächer und Pylonen bilden. Was Besucher des Geländes bis heute anspricht, ist das große Ganze, die Synthese aus Sportbauten und Landschaftspark. Dieses Ensemble war einfach zu stark, als dass einzelne Bauten nach den Olympischen Sommerspielen einfach aufgegeben, überarbeitet oder gar abgerissen werden konnten.

Zeltdach ohne Nutzung?

1974 fand in München das Endspiel der Fußball-WM statt, dennoch blieb das gewaltige, zeltgekrönte Oval ein Leichtathletikstadion und verwandelte sich in keinen modernen Fußball-Hexenkessel. Die geplante WM 2006 und weitere Auflagen der FIFA verschärften die Diskussion über einen möglichen Umbau des Architekturmonuments. Nach einem qualvollen, vor allem quälend langen Streit über diverse Um- und Ausbaumodelle des berühmten Stadions, die dessen Qualitäten ruiniert hätten, feierten Architekturfreunde wie Fußballer die neue Arena im Münchner Norden. FC Bayern München und TSV 1860 München konnten zufrieden sein; am 30. Mai 2005 eröffnete die neue Arena in Fröttmaning. Der Fußball zog endgültig aus dem Olympiapark – und seine Krise begann. Wie sollte man Park und Anlagen angemessen bespielen, sie beleben und zugleich bewahren? Natürlich ist der Olympiapark historischer Grund, eine Art inoffizielles Open-Air-Museum der »heiteren Spiele«, nun aber wurde er zum Zankapfel zwischen Gralshütern der Bewahrung und Vertretern seiner Kommerzialisierung. Rund neun Millionen Euro Betriebskosten verschlingt das Areal im Jahr; ein Stadtratsbeschluss vom 14. Dezember 2005 verlangt, dass die Anlagen einen Teil dieser Kosten selbst wieder erwirtschaften. Darüber mag man lächeln und Vergleiche heranziehen zu anderen Kulturgütern – es ist so. Neun Millionen Euro sind Daseinsgrund der Betreibergesellschaft Olympiapark München GmbH. Sie hat das Monument mit neuen Inhalten zu füllen, es anzupassen, ohne zu verändern, es weiterzudenken ohne großen Plan. Also gibt es Konzerte in der Olympiahalle, Events im Olympiastadion und »Public Viewing« im Park.

Olympiapark München, 2007
Aufsicht auf Schwimmhalle (im Vordergrund), Sporthalle und Stadion
Olympic Park Munich in 2007
View of Olympic Swimming Pool (in foreground), Olympic Hall and Olympic Stadium

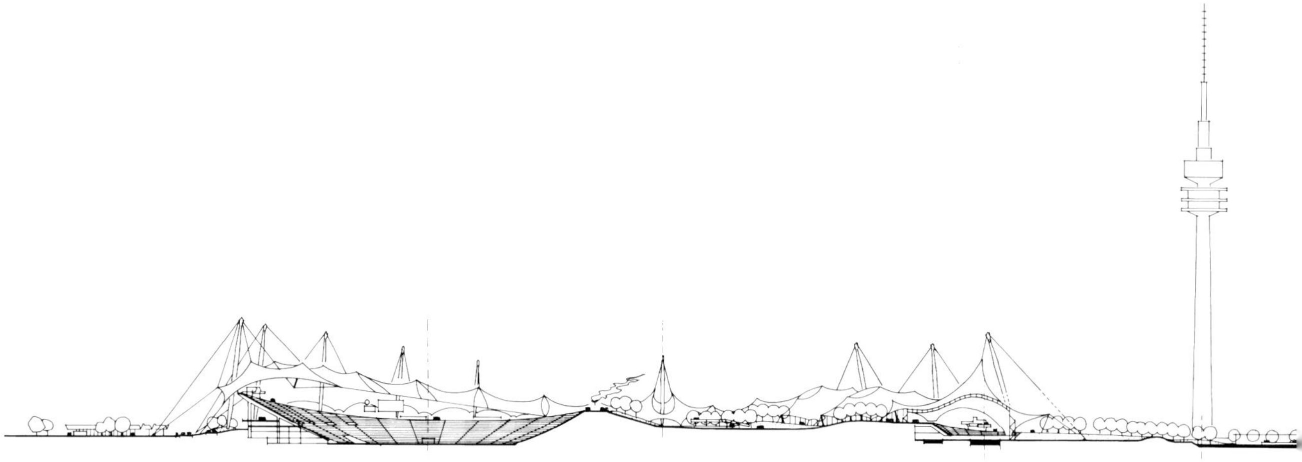

Zubauten, Anbauten, Umbauten

Die Zeit hat Spuren hinterlassen und nicht immer die besten. Als bewegte und bewegende Sportlandschaft war der Olympiapark vor einer Generation angetreten, als Landschaftsarchitekt Günther Grzimek aus den Schuttmassen des Zweiten Weltkriegs eine Moränenlandschaft formte, in die die Gewinner des Ideenwettbewerbs von 1967, Behnisch & Partner und Jürgen Joedicke, zusammen mit Frei Otto und den Ingenieuren von Leonhardt, Andrä und Partner drei elegante Sportstätten betteten. Dabei versenkten sie möglichst viel Baumasse im Boden, darüber aber ließen sie Architektur explodieren. Leichtigkeit, Spannung, Kraft und Erdung – in dieser Reihenfolge lassen sich die Hochbauten beschreiben. Das ist der erste, der offizielle Blick. Tatsächlich aber wuchs auf und vor allem unter dem ehemaligen Militär- und Fluggelände Oberwiesenfeld eine Art architektonischer Eisberg, glitzernd und geheimnisvoll an der Oberfläche mit verborgenen Tiefen, einem Netz aus Kavernen, Hallen, Zulieferungswegen und Korridoren. Daran haben 40 Jahre Geschichte nichts verändert – im Gegenteil. Jedes neue Bauwerk schrieb sich in die Hügellandschaft des Münchner Nordens ein. Ganz wörtlich.

Um Olympiastadion, Olympiahalle und Schwimmhalle lagerten sich im Laufe der Jahre immer mehr Nutzungen an wie Staubflusen im Windschatten der Zeitläufte. Räume für Verwaltung entstanden in einem bogenförmigen Bau an der Nordseite der Olympiahalle, Pförtnerhäuschen wurden abgestellt und Imbissbuden. Auch die Sportstätten blieben nicht verschont und gingen mit der Zeit. 1983 erhielt die Kunsteisbahn an der Nordostecke des Parks eine Überdachung von Kurt Ackermann in Form eines elegant gespannten, PVC-beschichteten Polyestergewebes, 1998 wurde das von der Braunschweiger Architektengruppe Beier, Dahms, Grube, Harden, Laskowski zusammen mit Herbert Schürmann errichtete Radstadion für rund 75 Millionen Mark vollständig entkernt und in eine mittelmäßige Fun-Arena namens »Olympic Spirit« umgebaut, die mangels »Economic Spirit« bald darauf wieder schließen musste. Während bei ihr das Authentische gegen eine voll klimatisierte, sterile Event-Architektur mit 10 000 m² Ausstellungsfläche und eine Mini-Sporthalle mit 500 m², dekoriert mit Original-Requisiten, eingetauscht wurde,

oben above
Schnitt durch Olympiastadion und Schwimmhalle; Fernsehturm in der Ansicht
Section through Olympic Stadium and Swimming Pool with television tower seen in elevation

right at right
Luftaufnahme während der Olympischen Spiele 1972
Aerial view of park during the 1972 Olympic Games

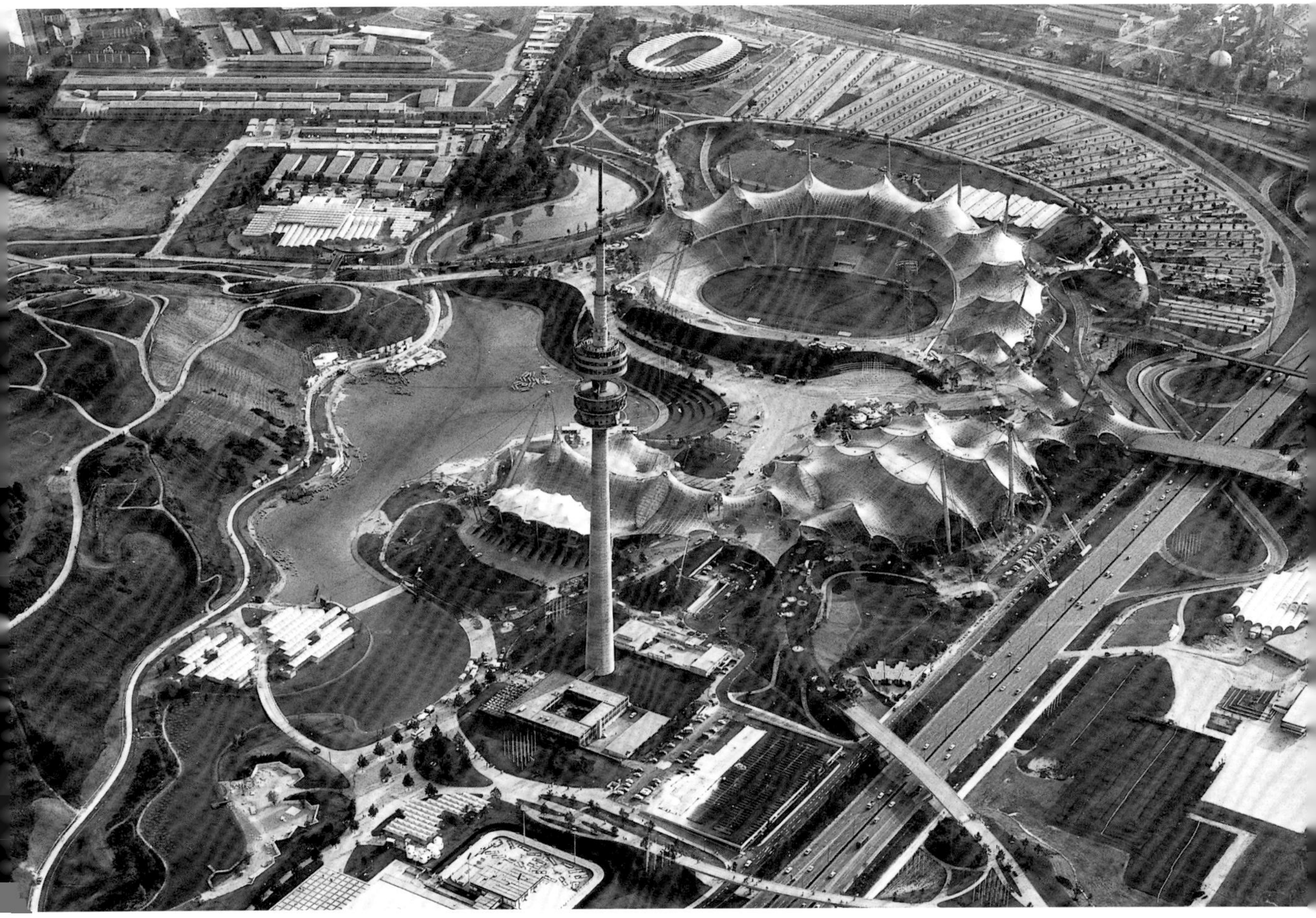

Entwicklungsplan, mahl gebhard konzepte und sauerbruch hutton, 2011
1 Olympia-Eissportzentrum, Rolf Schütze, 1967
2 Olympiaturm, Sebastian Rosenthal, 1968
3 Schwimmhalle, Behnisch & Partner, 1972
4 Olympiahalle, Behnisch & Partner, 1972 Ergänzungen Auer + Weber + Assoziierte, 2011
5 Olympiastadion, Behnisch & Partner, 1972
6 Olympia-Radstadion, Herbert Schürmann, 1972, seit 1998 entkernt zur Event-Arena
7 Eislaufzelt, Ackermann und Partner, 1983, seit 2004 Soccarena
8 Sea Life, Auer + Weber + Assoziierte, 2006
9 BMW Welt, Coop Himmelb(l)au, 2007
10 unterirdische Kleine Olympiahalle, Auer + Weber + Assoziierte, 2011
11 geplanter Standort Olympisches Dorf für Olympia 2018

Development plan for Olympic Park; mahl gebhard konzepte and sauerbruch hutton, 2011
1 Olympic Ice Sports Centre; Rolf Schütze, 1967
2 Olympic Tower; Sebastian Rosenthal, 1968
3 Olympic Swimming Pool; Behnisch & Partner, 1972
4 Olympic Hall; Behnisch & Partner, 1972; additions: Auer + Weber + Associates, 2011
5 Olympic Stadium; Behnisch & Partner, 1972
6 Olympic Cycling Stadium; Herbert Schürmann, 1972; gutted 1998; used as events arena
7 Ice-Skating Tent; Ackermann und Partner, 1983; used as football arena since 2004
8 Sea Life; Auer + Weber + Associates, 2006
9 BMW World; Coop Himmelb(l)au, 2007
10 Small Olympic Hall underground; Auer + Weber + Associates, 2011
11 Planned site of Olympic Village for 2018 Games

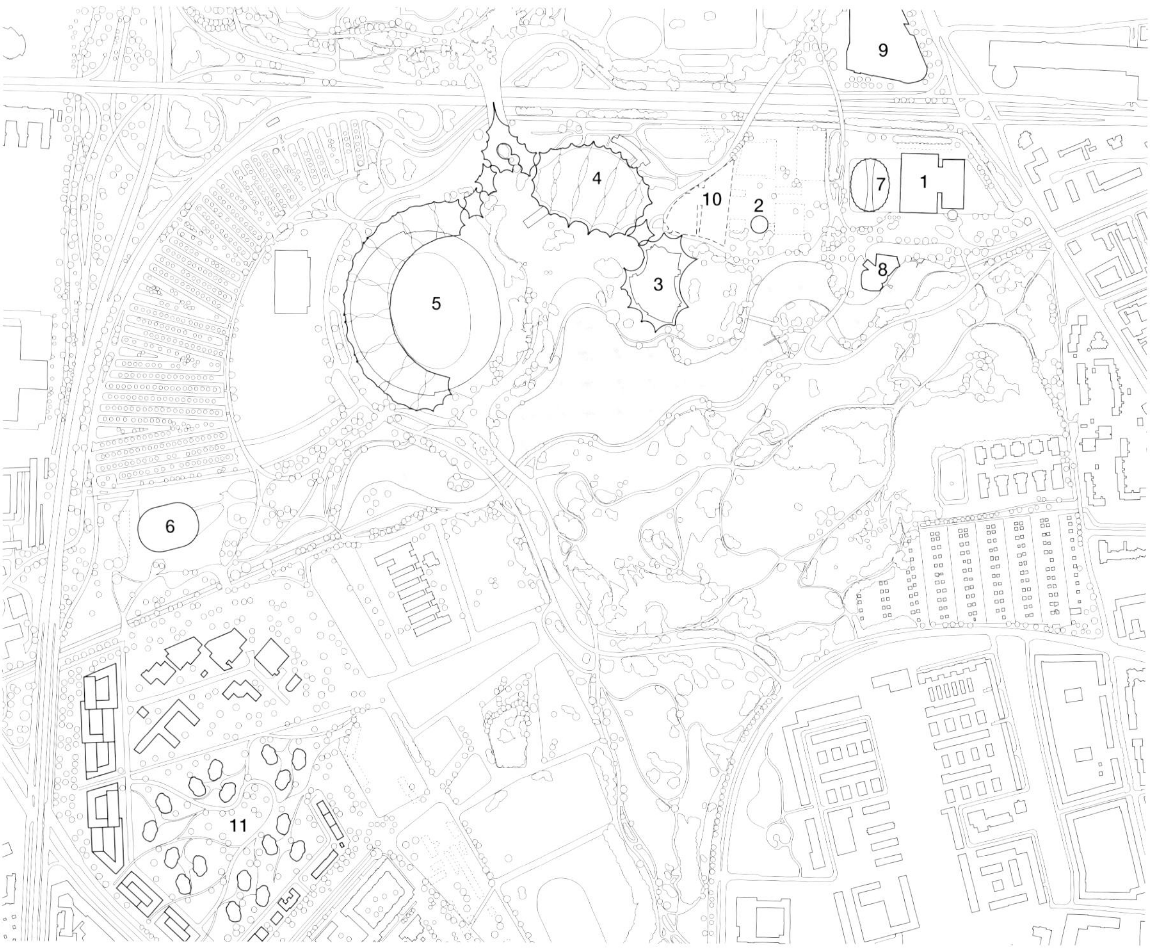

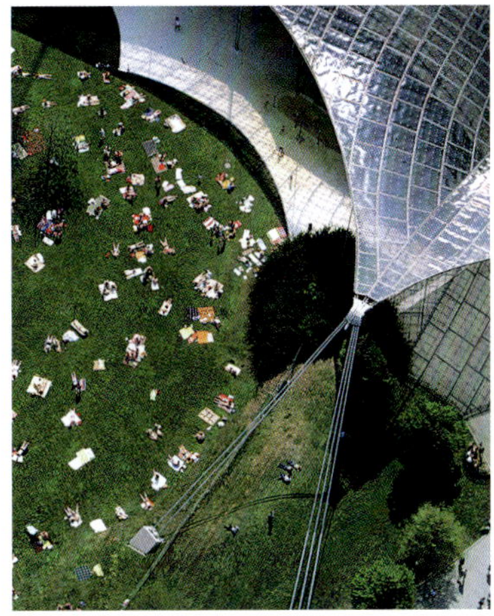

schlug sich das am 6. April 2006 eröffnete »Sea Life« nicht mehr mit historischen Reminiszenzen herum. Die Halle mit 30 Becken und dem 10 m langen Unterwassertunnel aus Acrylglas wurde gleich in den Hang gegraben und so zumindest gnädig versteckt.

Den Park weiterdenken

Wer mit Architekten über das Olympiagelände spricht, hört oft Bemerkungen wie »heute ließe sich ein Bauwerk von solcher Radikalität nicht mehr errichten«, und auch sonst ist die Bedeutung des Ensembles unbestritten. Der Olympiapark ist zum Erkennungszeichen Münchens geworden, einer prosperierenden Metropole, die sich längst neue Symbole zugelegt hat, etwa die gigantische BMW Welt. Nutzt diese dem Park – oder zieht sie nur Aufmerksamkeit ab? Solche Fragen stellen sich vor allem in Grundsatzdebatten, die darum kreisen, was für ein Gelände hier eigentlich bewahrt werden soll. Und mit welchen Vorgaben das Ensemble modernisiert, umgebaut oder vor den Interessen von Betreibern und Zeitgeist geschützt werden soll. Einfache Antworten gibt es darauf viele, begründete eher selten.
Als dann im Februar 2008 endlich eine Podiumsdiskussion mit dem sprechenden Titel »Olympiapark – Zukunft mit Vergangenheit. Neue Pläne für ein Stück architektonische Weltgeschichte« zur Zukunft des Parks anstand, kochten die Emotionen hoch. Ein Baumeister gab sich entsetzt und konnte sich »überhaupt nicht vorstellen, dass man in diesem Ensemble noch weiterbaut«. Ein anderer sprach gar von Barbarei. Tatsächlich wurde seit 1972 an dem Gesamtkunstwerk geflickt und gebastelt. Das lag auch in der Natur der damals recht experimentellen Baustoffe begründet.

Sanierung der Zeltdächer

Bei der Errichtung wurde für die damals neu entwickelte Acrylglasdeckung eine Haltbarkeit von etwa zwölf Jahren veranschlagt. Der Austausch der kompletten Dachfläche von 80 000 m^2 wurde jedoch erst Ende der 1990er-Jahre notwendig, nachdem sich die Brandschutzkomponente in den Acrylglasplatten zersetzt hatte und die transparente Hülle einem Flickenteppich glich. Sowohl über der Schwimmhalle als auch über der Olympiahalle hielt

Details der Dachkonstruktion
Details of the roof construction

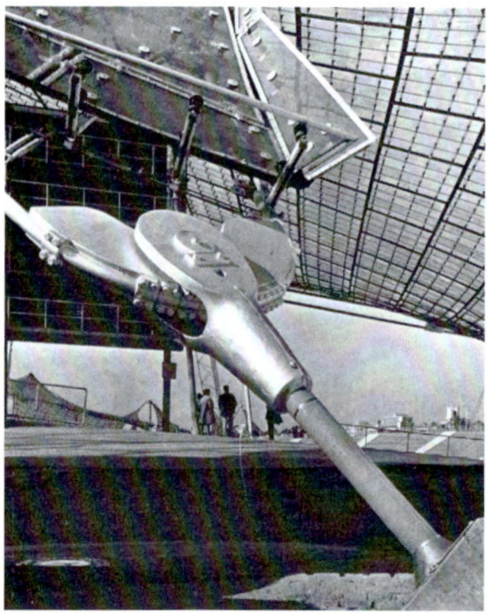

die transluzente Wärmedämmung der solaren Aufheizung innerhalb der PVC-Kissen nicht stand. Bereits zwei Jahre nach den Spielen deckte deshalb eine auf den mehrschichtigen Membranaufbau aufgebrachte Mineralwolleschicht die Verfärbungen am zum Himmel hin offenen Dach ab – auf Kosten der ursprünglichen Transparenz.
Inzwischen macht die 2006 renovierte Schwimmhalle den besten Eindruck aller Bauten (Abb. S. 48). Trotz seiner Masse wirkt sie mit neuer transluzenter Wärmedämmung luftig und leicht – 8250 m² Membranfläche wie ein gewaltiges Stück Textil, das von Riesenhand nach oben gezogen wird. Die Halle verdeutlicht Weite, einen Möglichkeitsraum auch des gesellschaftlichen Aufbruchs der 1970er-Jahre. Sichtbar wurden diese Qualitäten aber erst nach umfangreichen Sanierungsarbeiten durch das Ingenieurbüro Schlaich Bergermann und Partner aus Stuttgart sowie die Architekten Auer + Weber. Bei der neuen abgehängten Decke aus tragender Membran (PVC-beschichtetes Polyestergewebe), Dämmstoff aus Polyestervlies sowie einer Abdichtung aus transparenter ETFE-Folie ging es immer darum, den ursprünglichen Eindruck von 1972 mit neuen Technologien und Werkstoffen nachzuempfinden. Drei Jahre zogen sich die Arbeiten hin. Die Projektleiter Knut Göppert und Sebastian Linden resümieren: »Die Decke erscheint mit der neuen Dachkonstruktion lichtdurchflutet [...] Der durchsichtige Fassadenabschluss trägt zusätzlich zur Leichtigkeit des scheinbar schwebenden Dachs bei. Bleibt zu hoffen, dass den Besuchern die Besonderheit des Orts als Zeugnis der Anfänge moderner, immer noch aktueller Leichtbauarchitektur bewusst wird.«

Erweiterung Olympiahalle

Der Umbau der Olympiahalle hingegen, von der Betreibergesellschaft als »Aufbruch in eine neue Ära« gefeiert, machte deutlich, wo die Grenzen zwischen sinnvoller Bewahrung und notwendiger Modernisierung verlaufen: mitten durch die Herzen der ausführenden Architekten von Auer + Weber. Von Herbst 2007 an wurde die Halle bei laufendem Betrieb umgebaut und modernisiert, das heißt an die Erfordernisse heutiger Spielstätten angepasst – mit neuer Logistik, neuer Bühnentechnik und neuer Bestuhlung nahe der

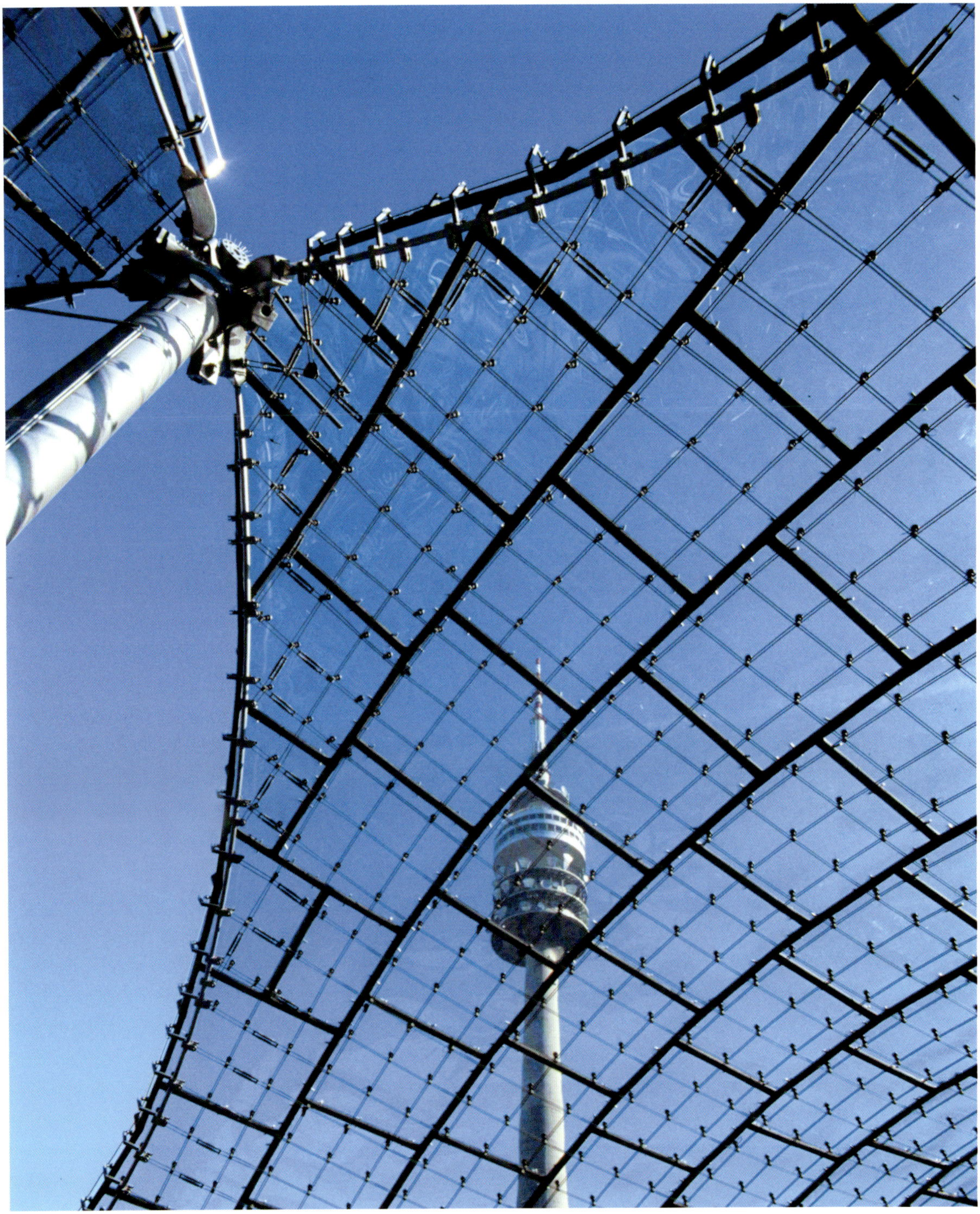

Olympiapark als Naherholungsgebiet
The Olympic Park as a recreational area

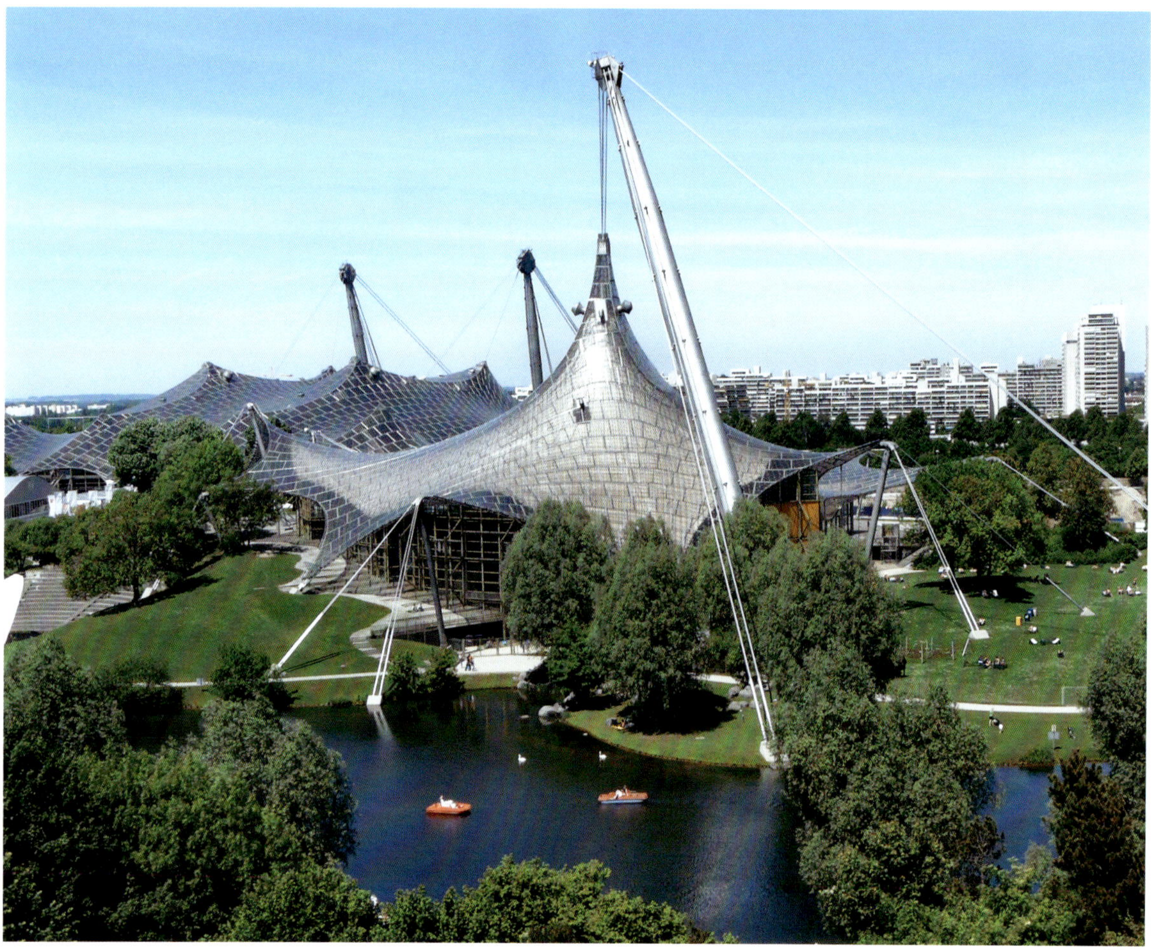

Originalfarbgebung in Maisgelb. So sollte das Flaggschiff des Olympiaparks »fit für die erste Liga« gemacht werden, versprach der damalige Olympiaparkchef Wilfrid Spronk und verteidigte alle Umbauten: »Wenn wir jetzt nicht handeln würden, könnte die Olympiahalle mit der zukünftigen Markt- und Wettbewerbsentwicklung im internationalen Veranstaltungsbereich nicht mithalten. Ein Abstieg wäre unweigerlich.«
Die ursprünglich auf eine maximale Nutzungsdauer von 25 Jahren ausgelegten Bauten sind die zwei größten »Event-Locations« Münchens. Das Olympiastadion fasst bis zu 75 000 Besucher, die Olympiahalle bietet rund 14 000 Plätze und die neue Kleine Olympiahalle, deren Vorgängerin einer neuen Anlieferung und einer Großküche weichen musste, ist für 4000 Gäste ausgelegt. Als Annex für Reitturniere, Motocross- oder 6-Tage-Rennen verbindet nun ein Tunnel den neuen unterirdischen Veranstaltungsort mit der renovierten Olympiahalle. Ähnlich wie beim »Sea Life« ist viel Beton im Boden versenkt. Die Halle ist über einen Einschnitt zwischen zwei Erdschollen und großzügige Freitreppen erreichbar (Abb. S. 46). Roh soll die Kleine Olympiahalle bleiben, eine funktionale Mehrzweckhalle mit einem – man muss es sagen – dramatischen Entree, in München vergleichbar nur mit der Pinakothek der Moderne mit ihrer Treppenanlage. An der Zerstückelung des Parks durch Eventflächen und der additiven Melange der Nutzungen ändert auch dieser Bau wenig.

Beeinträchtigung der Freiräume

Ein gestalterischer Abstieg ist auf dem zentralen Coubertin-Platz zu verzeichnen. Die geforderte Gastronomie mit VIP-Bereichen ließ sich wohl in der Halle nicht mehr vernünftig unterbringen, sodass sich die Architekten gezwungen sahen, Sitzplätze für 200 Gäste in eine aufgeständerte Stahl-Glas-Kiste zu packen, die wie ein gewaltiger Dorn aus der Halle bricht (Abb. S. 44). Man könnte meinen, ein überlanger Truck wäre da in die Luft gestemmt, eine Maschine, die nur während der Events brummt. So will es zumindest der Monopolbetreiber der Gastronomie im Olympiapark. Kubische Klarheit zeichnet den Anbau aus, der damit ein Höchstmaß an Kontrast gegenüber der fließenden Formsprache des Ursprungsbaus bietet.

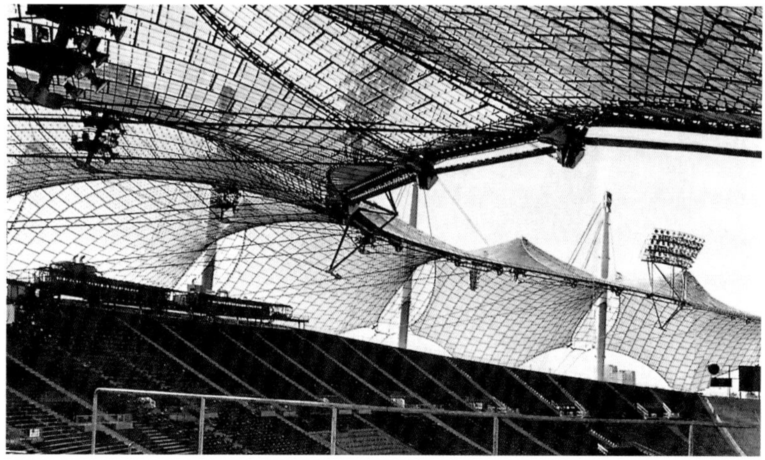

Das ist gewollt – und doch ein schmerzhafter Eingriff in die Wirkung der Halle. Die Intervention wird keineswegs dadurch gemildert, dass sich feine Details und schlanke Profile um jene Leichtigkeit bemühen, welche die Baumasse selbst negiert. Angesichts dieses Bruchs bleibt es fast unerheblich, dass Walter Schwaiger, ehemals Mitglied im Planungsteam von Otl Aicher, das visuelle Erscheinungsbild behutsam weiterentwickelte und klassische Gestaltungsmerkmale bei Schildern und Piktogrammen aufgriff.
Aufräumen, Klarheit schaffen, diese Worte fallen immer wieder, wenn die Architekten von Auer + Weber über die Modernisierung sprechen. Fritz Auer meinte vor zwei Jahren, als ihm Eingriffe in den Bestand an der Nordseite der Olympiahalle vorgeworfen wurden: »Ein Park war das an dieser Stelle nie, wir wollten eine Verbesserung des desolaten Zustands.« Das ist ihnen definitiv gelungen, technisch gesehen.

Olympia 2018
Die Renaissance des Parks sollten die Olympischen Winterspiele 2018 einläuten. Ziel war ein »nachhaltiges Planen und Bauen«, wie es der euphorische Auslobungstext »München 2018 – Planungswettbewerb für das Olympische Dorf und das Mediendorf« formulierte. Es ging darum, »die herausragenden städtebaulichen und landschaftsarchitektonischen Qualitäten der bestehenden Anlagen« fortzuspinnen. Die zukunftsweisenden Entwurfskonzepte mit hoher Energieeffizienz, »bester Gesamtwirtschaftlichkeit, hoher Architekturqualität und städtebaulicher Prägnanz« sollten olympische Maßstäbe setzen. Die Olympischen Winterspiele 2018 gingen freilich an das südkoreanische Pyeongchang. München hatte das Nachsehen. Doch vielleicht ergibt sich eine zweite Chance, die Anlagen von 1972 erneut zu nutzen und weiter zu modernisieren.

Weiterbauen oder Fertig machen?
Wann ist ein Kunstwerk perfekt, wann abgeschlossen? Über das richtige Ende haben sich bildende Künstler, Musiker und Schriftsteller seit je den Kopf zerbrochen, um nicht mit einem letzten kühnen Pinselstrich die Früchte ihrer Arbeit zunichte zu machen. Wie schwer sich Architekten tun, als Gene-

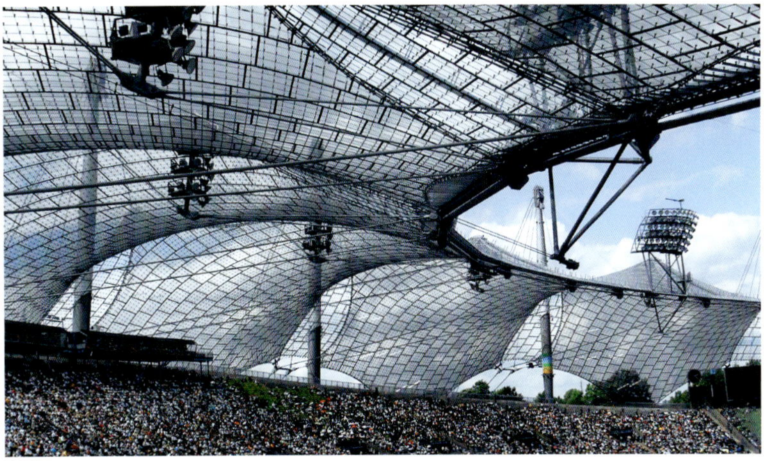

Dach des Olympiastadions
vor und nach der Sanierung
Roof of the Olympic Stadium
before and after refurbishment

ralkonservatoren ihrer eigenen Bauten aufzutreten, zeigt das Coubertin-Restaurant, das den Baumeistern wohl zähneknirschend abgerungen wurde und nun ihr ganzes Werk verunklart.
Der Olympiapark befindet sich am notwendigen Ende einer langen Phase halbherziger An-, Um- und Ausbauten. Ein Gesamtkonzept tut not, eines, das nicht zwangsläufig Olympia heißt. Seit der Fußball auszog, mussten andere Attraktionen das Gelände aufwerten, die gescheiterte Sportshow »Olympic Spirit« etwa oder zuletzt das »Sea Life«. Angesichts der vielen Veränderungen muss sich München langsam von der bequemen Vorstellung verabschieden, den Zustand von 1972 auf ewig zu bewahren. Er existiert ohnehin nicht mehr. Viel wichtiger als ein totes Monument wird das, was Stadtbaurätin Elisabeth Merk mit »Zukunftsbewältigung« umschrieb, die Fähigkeit, widerstreitende Interessen unter einen Hut zu bringen. Das geht aber nur mit klaren Vorgaben für das gesamte Ensemble, das sonst in Stücke zerfällt. Wichtiger als die Frage, was München verhindern kann, wird die Frage sein, was sich München leisten will. Für den Olympiapark kann das nur ein Masterplan beantworten, der das Gesamtkunstwerk in die nächste Generation hievt, als lebendiger Erlebnis- und Erholungsort. Eines wird der Park immer bleiben: ein Monument mit einer untergründigen Geschichte.

From the beginning, the Olympic complex in Munich was widely acclaimed. In his three-volume history of architecture in the 19th and 20th centuries, Leonardo Benevolo describes the stadium as a space of overwhelming beauty and lightness. Driving past the tent roof construction with its acrylic glass sheeting glittering in the sun, it is difficult not to succumb to the magic of this architecture even today, 40 years after the 1972 Olympics. Architectural historians hail the ensemble as one of the most important works of the past century. That is attributable not just to the originality of the buildings, but to the fact that the development has endured long past the Olympics and the football World Cup of 1974, going on to serve an entire generation and becoming an integral part of the everyday lives of local residents. What appeals to visitors even today is the synthesis of sporting

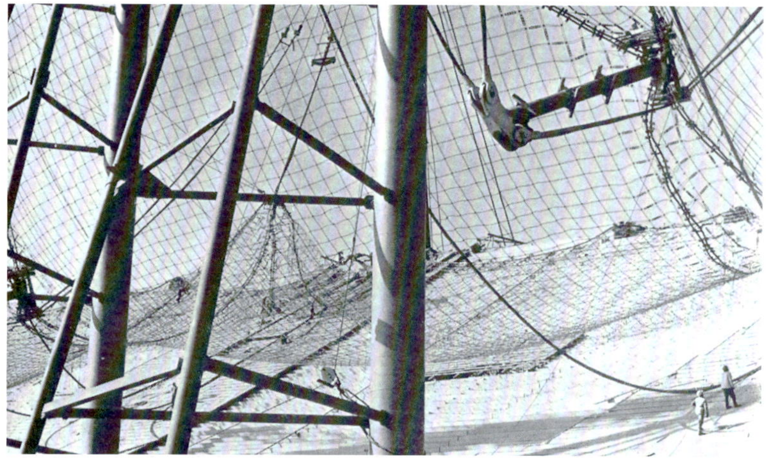

structures and landscaped park. The ensemble as a whole was too powerful for individual elements to be given up, reworked or demolished after the Olympic Games.
In 1974, the final of the World Cup was held in Munich, but at that time, the great oval of the athletics stadium was not transformed into a modern cauldron for football. The preparations for the World Cup in 2006, however, together with stricter FIFA requirements, intensified the discussion about possible changes to this architectural monument. After an agonizing and protracted conflict over various alternative models that would have destroyed the qualities of the stadium, the proponents of architecture and football alike celebrated the erection of a new arena in the north of the city where the two teams, Bayern Munich and TSV 1860 Munich, could play in an appropriate environment. In 2005, football finally moved out of the Olympic Park – and then the crisis began.
How was the park with all its facilities to be used properly? How could it be retained and filled with life? The Olympic Park is, of course, a historical site, a kind of open-air monument to the memory of the "joyful Games". It thus became a bone of contention between the guardians of the status quo, who wished to preserve the ensemble in a form as close to the original as possible, and those who advocated a commercial use.
In view of the running costs of roughly €9 million a year, the city of Munich tasked the operators, Olympiapark München GmbH, with making the complex more self-sustaining. They were to fill it with new purpose – without, however, changing its form or rethinking fundamentals. Concerts, events and public viewings have been the logical result of this approach.
Time has left its marks on the ensemble. The undulating topography that landscape architect Günther Grzimek moulded from the wasteland of the Second World War formed the setting for which the winners of the ideas competition, Behnisch & Partner and Jürgen Joedicke in collaboration with Frei Otto and the engineers of Leonhardt, Andrä and Partners, designed three elegant sporting arenas, burying the bulk of the volumes in the ground. Above it, they created their architectural fireworks. That, at least, is the official view. What was in fact developed on top of the former military grounds

links at left
Montage der Stadionüberdachung
Assembly of the stadium roof structure

rechts at right
Sanierung der Dachflächen
Refurbishment of the roof surfaces

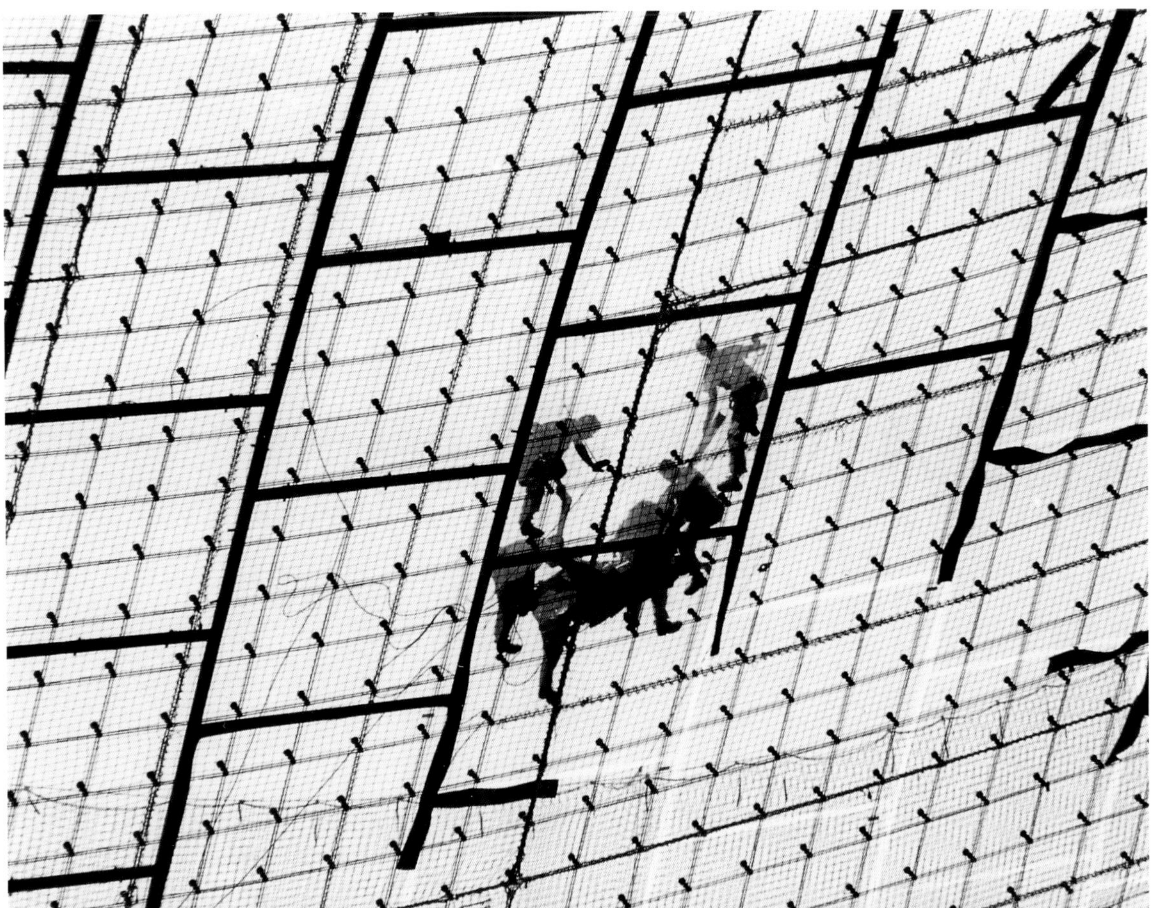

Blick vom Olympiaberg nach Norden, vom Hochhaus Uptown München über die Sportstätten, das Olympische Dorf von 1972, die BMW Welt und den »Vierzylinder«, den Verwaltungsturm von BMW, bis hin zur Allianz Arena in Fröttmaning
View from Olympic Hill looking north over the sporting arenas: from Uptown Munich high-rise block (left), past BMW World and the four cylinders of the BMW administration building to the Allianz Arena in Fröttmaning

and airfield was a kind of architectural iceberg, glittering and mysterious on the surface, but with hidden depths – a network of caverns, halls, delivery routes and corridors to which the past 40 years have only added.
In the course of time, even more functions have come to be established around the Olympic Stadium, the Olympic Hall and the Olympic Swimming Pool. Administrative spaces were created on the northern side of the hall; gatekeepers' lodges and food stalls were set up on the site. Not even the sporting arenas were spared. In 1983, a roof was constructed over the ice rink to a design by Kurt Ackermann – an elegantly spanned, PVC-coated polyester fabric skin. In 1998, the cycling stadium built by the Brunswick architects Beier, Dahms, Grube, Harden, Laskowski in collaboration with Herbert Schürmann was, for DM 75 million, completely gutted and turned into a mediocre fun centre dubbed "Olympic Spirit". In view of its lack of economic spirit, however, this development soon had to close again. The Sea Life hall, which opened in 2006, no longer bothered with historical reminiscences. With its 30 pools and a 10-metre-long underwater tunnel of acrylic glass, it was at least buried in the hillside and graciously hidden.
Talking to architects about the Olympic ensemble, one often hears remarks like: "Nowadays, it would not be possible to erect such a radical structure." The Olympic Park has become a symbol of Munich. But the prosperous metropolis has long since acquired new symbols, such as the gigantic BMW World nearby. Indeed, one must ask whether that complex is of benefit to the park or whether it detracts from it. Questions like this crop up in debates about the fundamentals of the site: in what form should the ensemble be

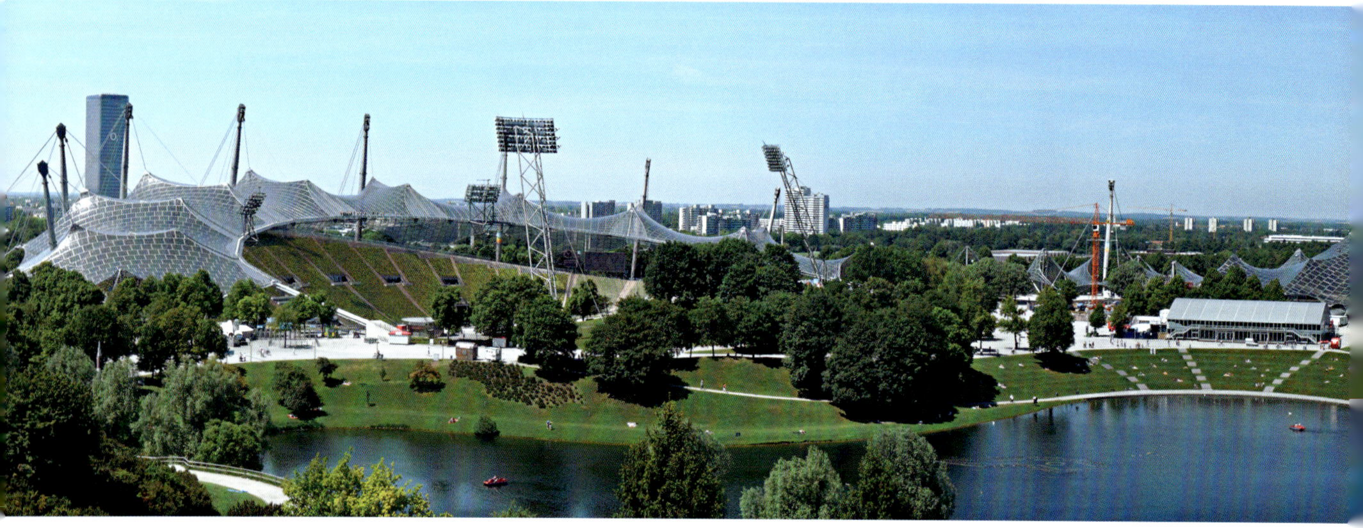

preserved, and according to what principles should it be modernized, altered or protected against the dictates of the operators and the zeitgeist? Many simple answers have been put forward, but few have any validity.
In 2008, a podium discussion took place on the future of the Olympic Park, titled "New Plans for a Piece of World Architectural History". Emotions ran high. One master builder was appalled at the idea that the ensemble could be subjected to further development. Another person spoke of "barbarism". The fact is, however, that people have been patching up and tinkering with this universal work of art since 1972 – partly as a result of the experimental materials that were used in the first place.
When the ensemble was first built, the acrylic glass roof sheeting, then newly developed, was expected to last about 12 years. In fact, the entire roof area of 80,000 square metres held out until the late 1990s, when the decay of the fire-resistant components made the transparent surface look like patchwork. Over the Olympic Swimming Pool and the Olympic Hall, the translucent thermal insulation was unable to withstand the build-up of solar heat in the PVC cushions, becoming discoloured. So a mere two years after the Olympics, a layer of mineral wool had to be laid, obscuring any view of the sky.
Since its rehabilitation in 2006, the Olympic Swimming Pool has made the best impression of all the structures (ill. p. 48). In spite of its great volume, it now seems light and airy, thanks to the new translucent suspended ceiling, an 8,250-square-metre membrane resembling a huge piece of fabric drawn up by a giant hand. The aims of the design – consisting of a bearing

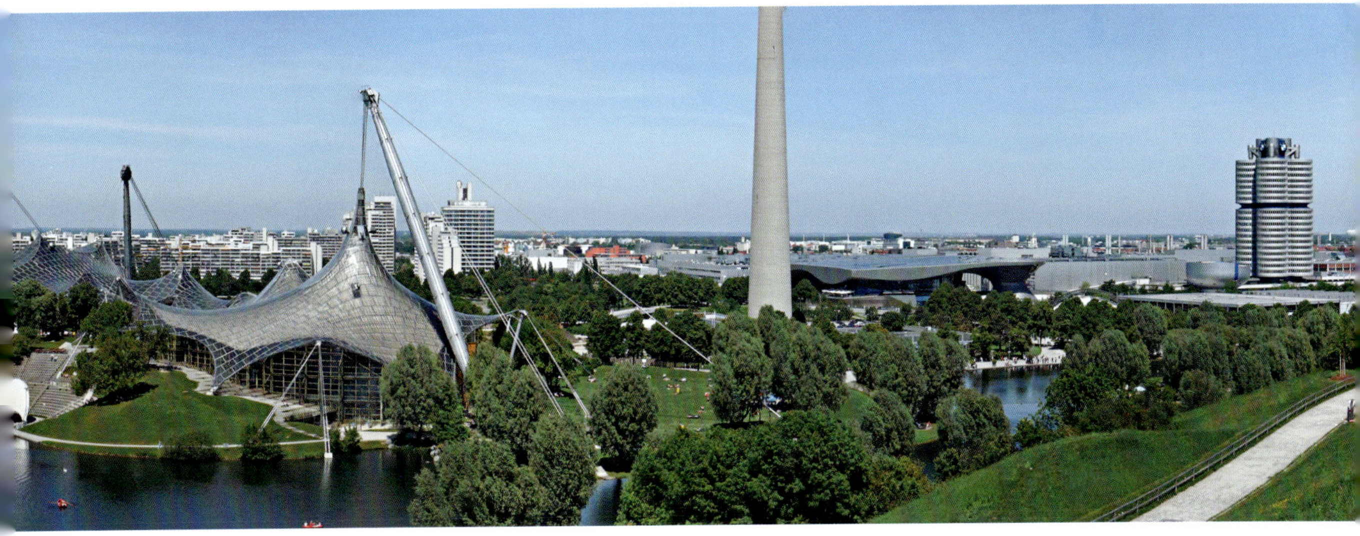

unten below
Restaurant und Biergarten am Coubertinplatz, Auer + Weber + Assoziierte, 2011
Restaurant and beer garden at Coubertinplatz; Auer + Weber + Associates, 2011

links at left
Großveranstaltung Ski-Weltcup-Rennen 2011 am Olympiaberg
Major sporting event: 2011 World Cup ski race on the Olympic Hill

Mitte in the middle
Firmenlauf mit ca. 30000 Teilnehmern
Corporate run with some 30,000 participants

rechts at right
kommerzielle Nutzung für das internationale Weinfest »Weinwelt«
Commercial use: the international Wine World fair

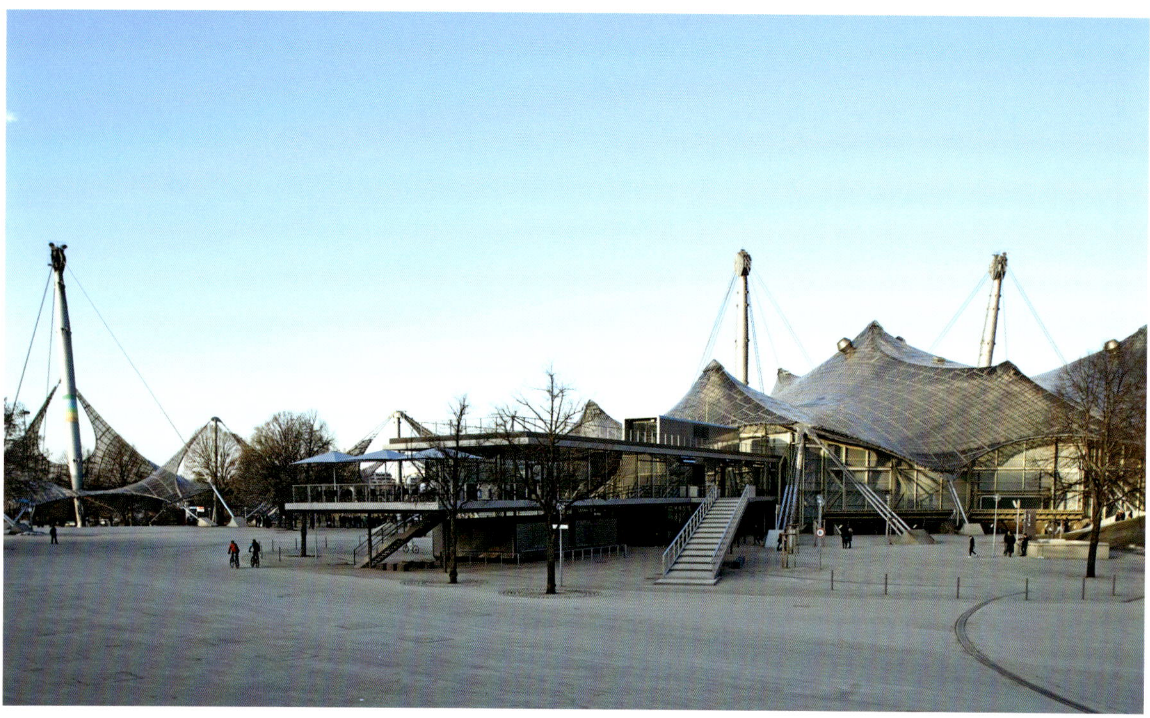

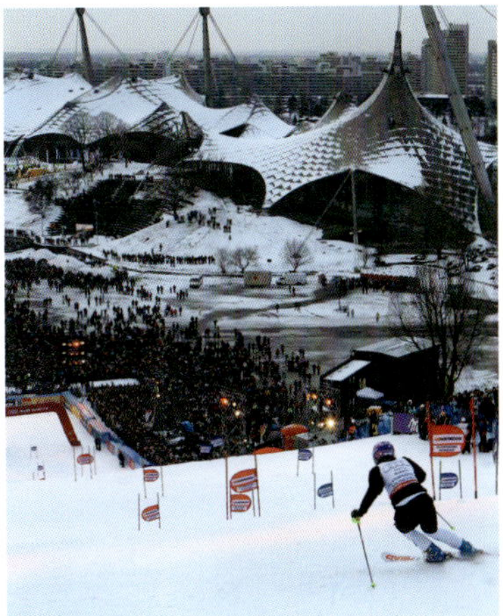
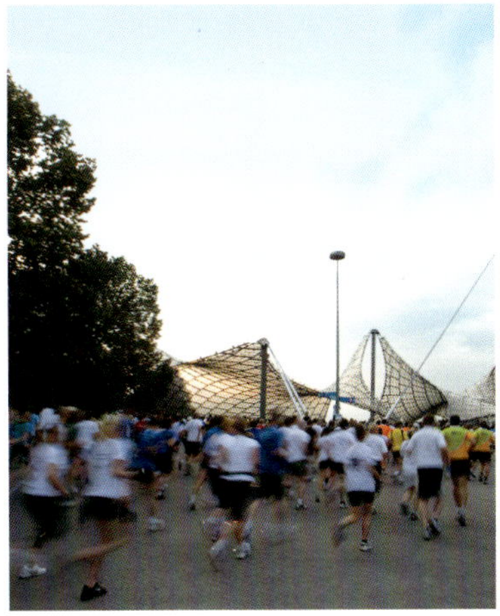
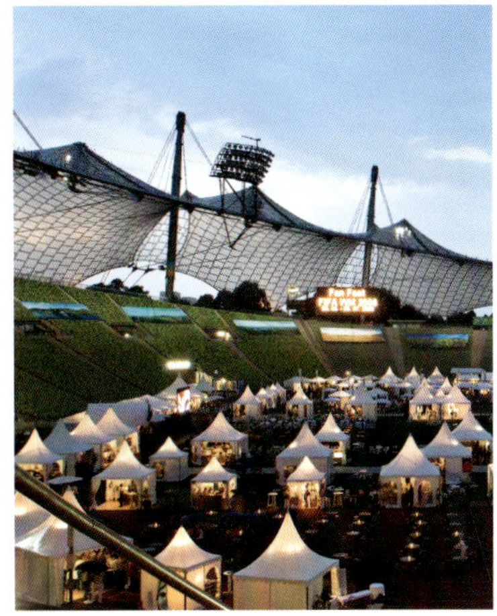

membrane of PVC-coated polyester fabric, polyester-fibre insulation and a layer of transparent ETFE – were to recapture the original aspirations and generosity of the original 1972 design, but using modern technology and materials. The refurbishment work, carried out by the engineers Schlaich Bergermann und Partner and the architects Auer + Weber, took three years to complete.

In contrast, the conversion of the Olympic Hall by Auer + Weber, hailed by the operating concern as the start of a new era, straddles the dividing line between sensible preservation and necessary modernization. Beginning in the autumn of 2007, the hall was converted and brought up to date while still in use. The aim was to turn it into a modern entertainment venue with new logistics, stage technology, and seating that was close to the original in its yellow coloration. In this way, the flagship of the Olympic Park was to be made "fit for the premier league", as Wilfrid Spronk, head of the park at that time, put it. "If we did not act now, the Olympic Hall would not be able to keep pace with future market developments in the international event scene. Relegation would be unavoidable."

The buildings, originally designed for a 25-year maximum period of use, are the two largest event locations in Munich. The stadium can accommodate up to 75,000 spectators, while the hall has a capacity of roughly 14,000. The new Small Olympic Hall (replacing its predecessor, which had to make way for other facilities) offers space for 4,000 visitors. The underground hall, which is accessible via a fissure between two mounds and via generous outside staircases (ill. p. 46), is linked to the refurbished Olympic Hall by a tunnel that forms an annex for riding, motocross and six-day events.

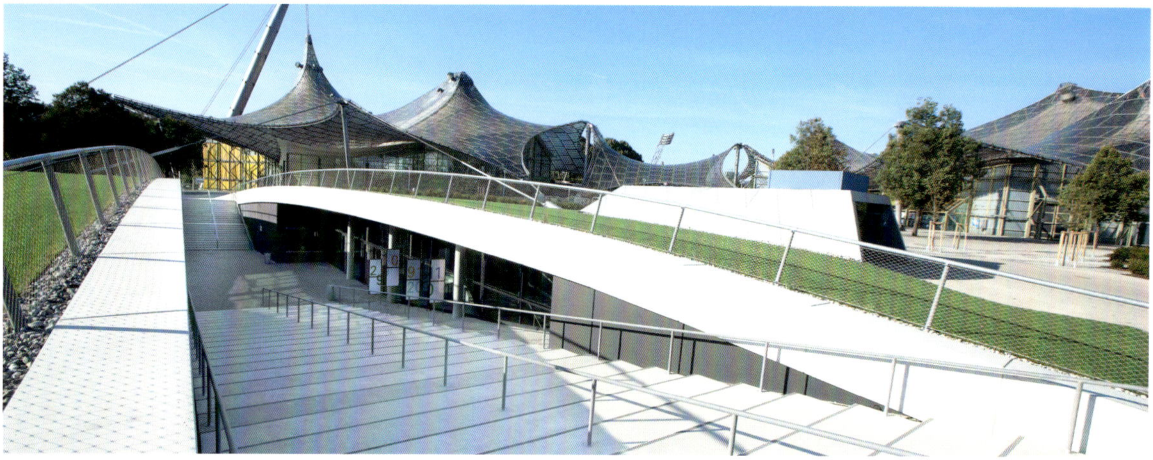

As with Sea Life, a lot of concrete has been poured into the ground here, contributing to the park's overall jumble of venues, structures and uses. In the central open space, Coubertinplatz, one witnesses the genuine degradation of a piece of design. The gastronomic facilities with VIP areas could no longer be reasonably accommodated in the Olympic Hall, so the architects were compelled to provide seating for 200 in a raised, box-like structure of steel and glass that juts out from the hall like a thorn. With its cubic clarity, the Coubertin restaurant contrasts starkly with the flowing forms of the original complex (ill. p. 44). Although the effect was intentional, it detracts painfully from the Olympic Hall. The intervention is in no way alleviated by the sense of lightness the architects sought in the finely wrought details and slender dimensions of the profile elements, as these are negated by the volume of the extension itself. In view of this, it hardly matters that Walter Schwaiger, a former member of Otl Aicher's planning team, sensitively updated features of the classical design and elaborated them for the signs and pictographs. When Auer + Weber speak about the modernization, concepts like "clearing up" and "creating clarity" are cited. Faced with criticism of the work done on the north side of the hall, Fritz Auer argued, "That was never really a park there. We wanted to improve the esolate state of things." Technically speaking, that has been achieved. A successful bid by the city of Munich for the 2018 Winter Olympics, it was hoped, would lead to a renaissance of the Olympic Park. The aim was to build on the outstanding urban and landscape qualities of the existing ensemble, implementing a future-oriented design concept that combined

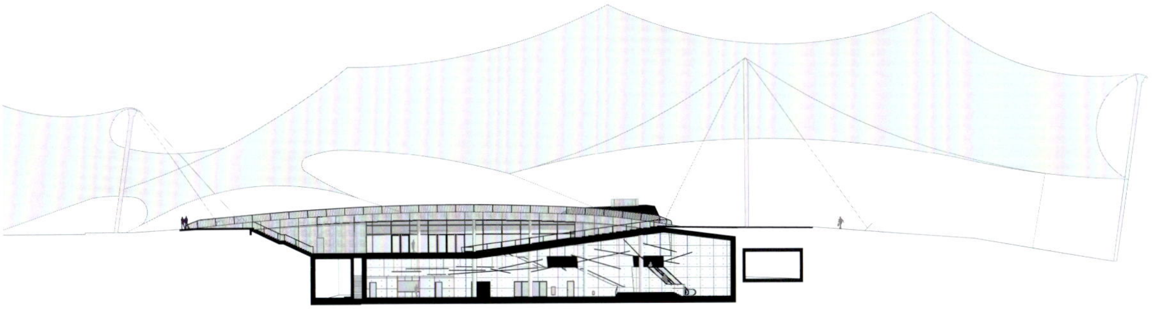

great architecture and incisive urban planning with energy efficiency and economic viability. Any future use of the Olympic facilities, it was felt, should set new Olympic standards. These hopes were, of course, dashed when the 2018 Winter Olympics were awarded to Pyeongchang, South Korea. Perhaps, however, there will be another chance to use and update the facilities from 1972.

When can a work of art be deemed perfect? When is it finished? Painters, musicians and writers have long sought an answer to these questions to avoid ruining the fruits of their labours with a single stroke of the brush or a redundant phrase. Just how difficult it is for architects to find the right line in their role as custodians of their own buildings is demonstrated by the Coubertin restaurant, a structure that was probably wrung from the authors of the Olympic Hall and that now blurs their original work.

An overall concept for the Olympic Park is urgently needed. Munich must finally let go of the idea of preserving the ensemble in its 1972 state forever. In view of the many interventions that have taken place since, the original state no longer exists anyway. More important than a defunct monument is what Elisabeth Merk, head of the municipal planning and building-control office, described as "coming to terms with the future" – in other words, the ability to reconcile conflicting interests. In the absence of a clear plan for the entire ensemble, it will simply fall apart. One important question is: what is Munich prepared to invest? The only answer is a master plan that will heave the Olympic Park, this living monument with its hidden depths, into the next generation, as a venue for activities, leisure and relaxation.

links at left
Zugang zur neuen Kleinen Olympiahalle, Auer + Weber + Assoziierte, 2011
Access to the new Small Olympic Hall; Auer + Weber + Associates, 2011

rechts at right
Schnitt durch den Zugang zur neuen Kleinen Olympiahalle
Section through the access to the new Small Olympic Hall

unten below
Schwimmhalle nach der Sanierung 2007
Swimming Pool following refurbishment, 2007

rechts at right
Schnitt Maßstab 1:10

1 Punkthalter Acrylglas ∅ 78 mm
2 Sogsicherung Punkthalter Stahlseil ∅ 3 mm
3 Acrylglasplatten B1 transparent 10 mm
4 Fugenband Chloroprene Breite 140 mm
5 tragendes Seilnetz Spiralseil Stahl 2× ∅ 10 mm
6 Seilklemme auf Traverse verschieblich
7 Traverse Stahlrohr ⏥ 100/50/6,3 mm
8 Spannschloss 10 mm
9 Spreize Rundstahl ∅ 40 mm
10 Randprofil Rundstahl ∅ 65 mm, Länge 1500 mm
11 inneres abgehängtes Membrandach tragende Schicht Polyestergewebe PVC beschichtet transluzent
12 Polyester-Dämmvlies transluzent 2× 35 mm mit versetzten Stößen, luftdurchströmt
13 Abdichtung ETFE-Folie transparent
14 Vogelschutznetz Nylon, Maschenweite 30 × 30 mm
15 ETFE-Pneu zweilagig, Höhe variabel
16 Stahlfassade IPE 200
17 Isolierverglasung 45 mm

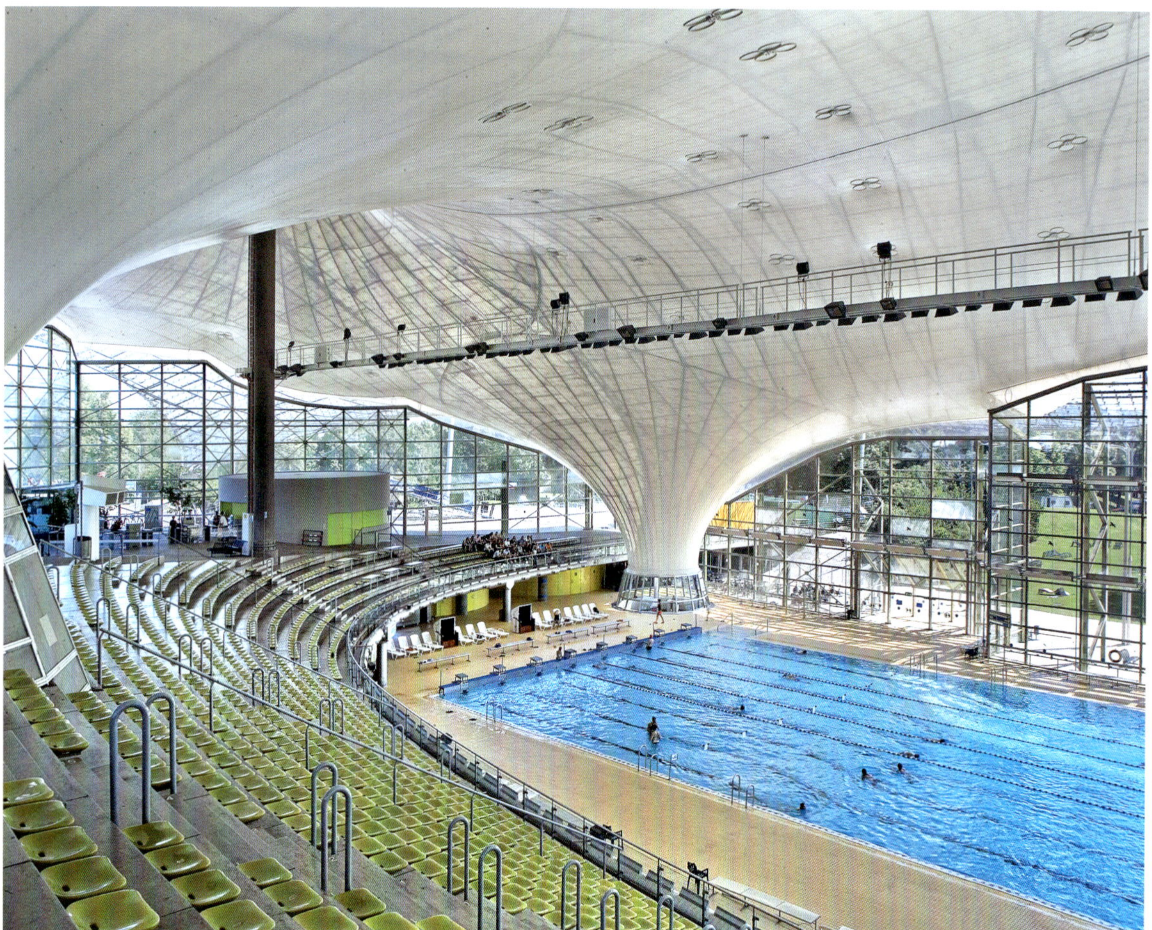

Section scale 1:10

1 ∅ 78 mm acrylic glass, single-point fixing
2 ∅ 3 mm steel cable suction resistance, single-point fixing
3 10 mm acrylic-glass sheet B1, transparent
4 chloroprene strip seal, width: 140 mm
5 structural cable net: 2× ∅ 10 mm steel spiral cable
6 cable clamp on cross-member, adjustable
7 100/50/6.3 mm cross member steel RHS
8 10 mm turnbuckle
9 ∅ 40 mm steel rod strut
10 ∅ 65 mm steel rod edge section, length: 1500 mm
11 inner suspended membrane roof: structural layer polyester fabric PVC coating, translucent
12 2× 35 mm polyester insulating fleece, translucent with staggered seams, air flow
13 ETFE foil sealing layer, transparent
14 nylon bird-protection netting: mesh size 30/30 mm
15 pneumatic ETFE, two layers, adjustable height
16 steel facade IPE 200
17 45 mm double glazing

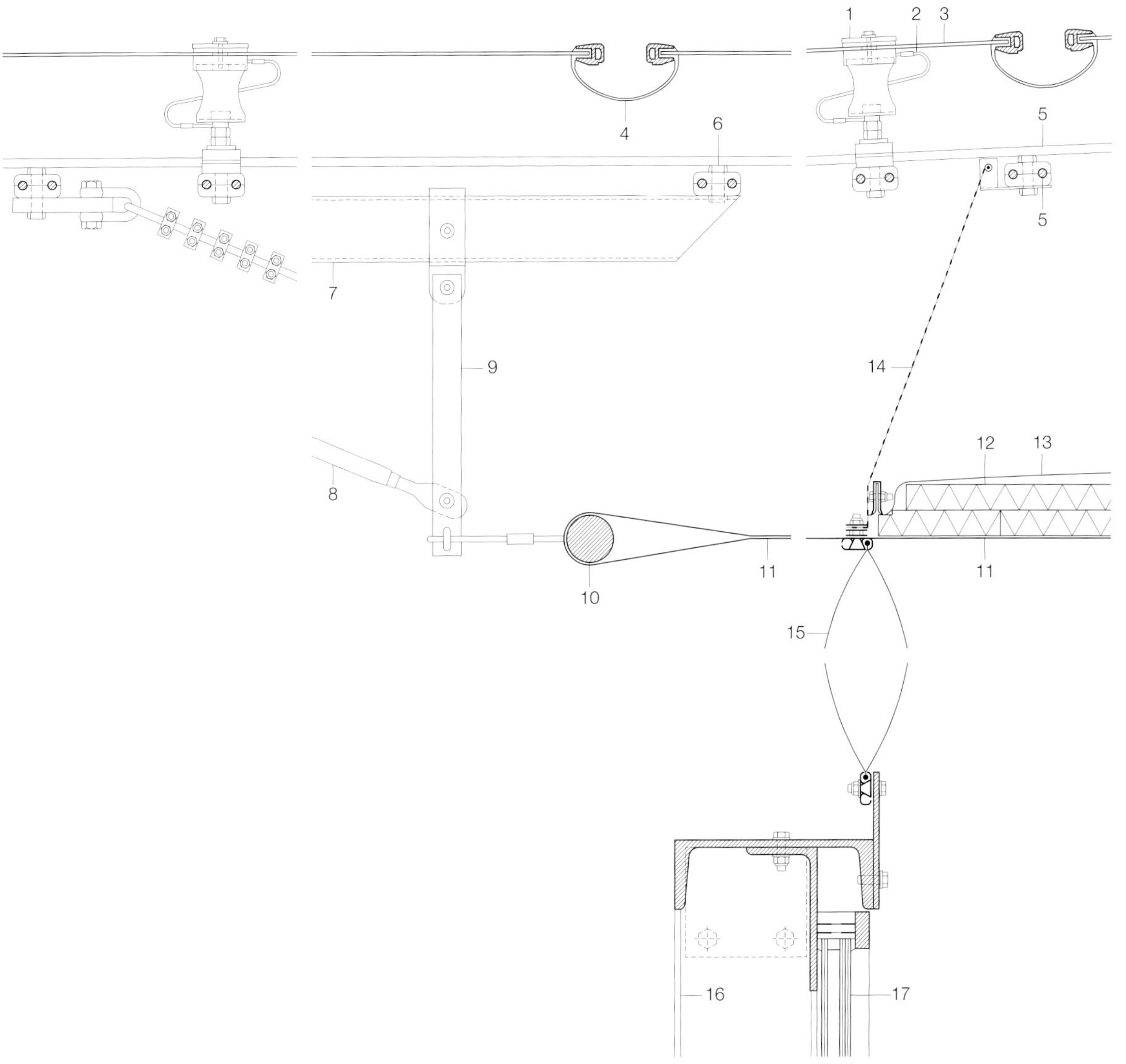

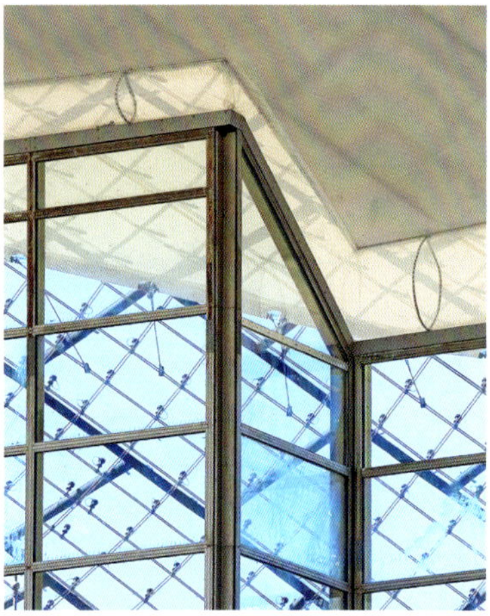

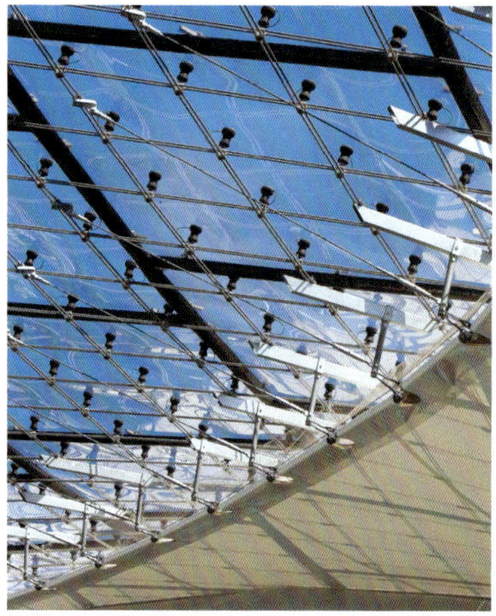

links at left
Anschluss Stahlfassade an Membrandach mit transparentem ETFE-Pneu
Pneumatic ETFE transparent connection of steel facade to membrane roof

rechts at right
Randanschluss innere Membran an Seilnetz
Edge connection of inner membrane to cable net

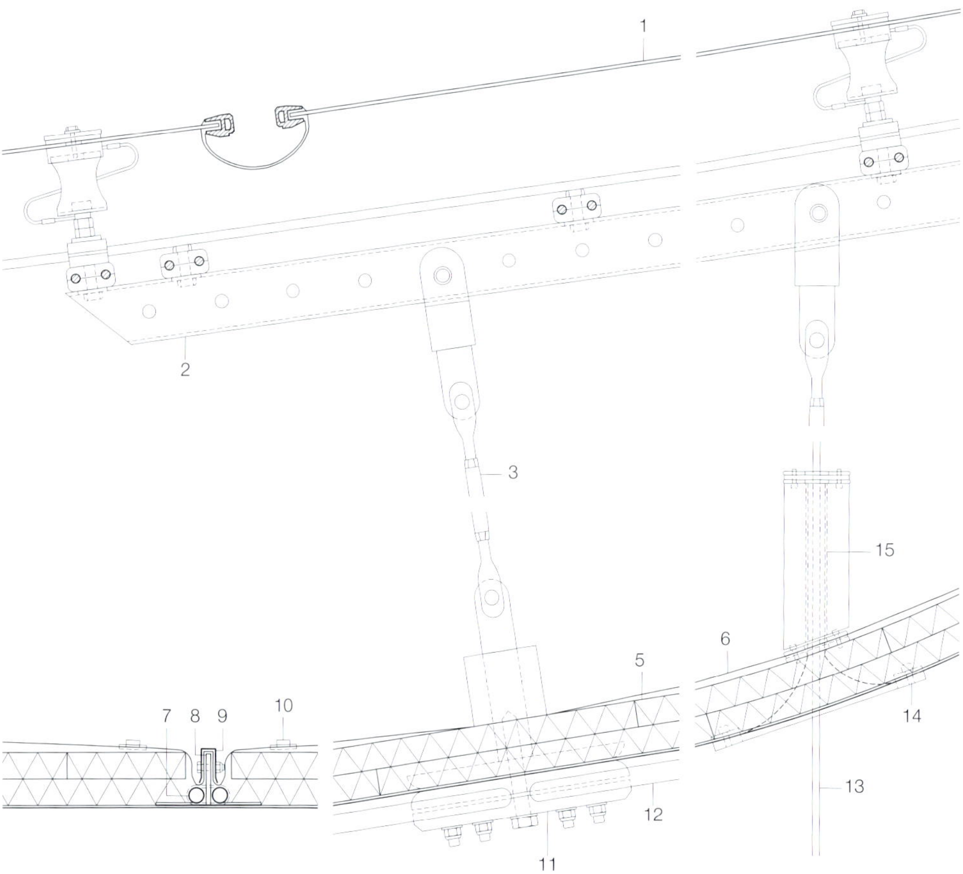

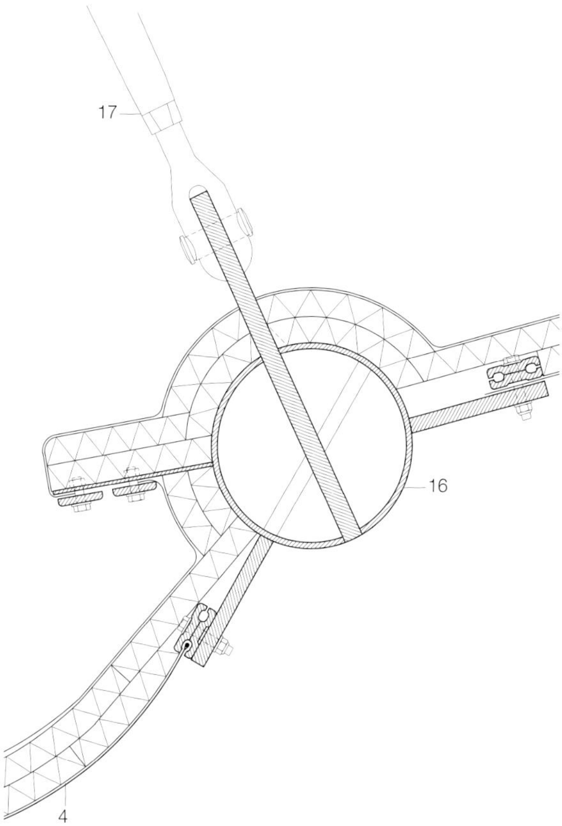

Schnitte Maßstab 1:10

1 Acrylglasplatten B1 transparent 10 mm
2 Traverse Stahlrohr ▭ 100/50/6,3 mm
3 Spannschloss 10 mm
4 inneres abgehängtes Membrandach
tragende Schicht Polyestergewebe
PVC beschichtet transluzent
5 Polyester-Dämmvlies transluzent 2× 35 mm mit
versetzten Stößen, luftdurchströmt
6 Abdichtung ETFE-Folie transparent
7 Belüftung anstelle Dampfsperre
Stichleitung Ø 20 mm entlang der Stege
Bohrung Ø 1 mm alle 2000 mm
warme vorkonditionierte Luft ca. 2–3 bar
8 PVC-Steg auf jeder Flächennaht
9 Klemmprofil Befestigung ETFE-Folie gegen Sog
10 Auslassöffnung Belüftung Polypropylen Ø 12 mm
11 Klemmteller Kleeblatt 300 mm
12 Kleeblatt-Abhängung Federstahl Ø 25 mm
13 Abhängung Beleuchtungssteg Stahlseil 10 mm
14 Klemmring Aluminium 8 mm Ø 220 mm
15 Trichtermanschette PVC mit Tragmembrane
verschweißt
16 Hochpunkt Ringträger Ø 4000 mm
Stahlrohr Ø 273 mm/8 mm
17 Abhängung vom Seiltragwerk Stahlseil Ø 22 mm

Sections scale 1:10

1 10 mm acrylic-glass sheet B1, transparent
2 100/50/6.3 mm cross member steel RHS
3 10 mm turnbuckle
4 inner suspended membrane roof:
structural layer polyester fabric
PVC coating, translucent
5 2× 35 mm polyester insulating fleece, translu-
cent with staggered seams, air flow
6 ETFE foil sealing layer, transparent
7 ventilation replacing moisture barrier
Ø 20 mm tap line along the bridges
Ø 1 mm drillings at 2000 mm interval for
pre-conditioned air, approx. 2–3 bar
8 PVC section on every seam
9 clamp section securing ETFE foil against suction
10 Ø 12 mm polypropylene exhaust opening
11 300 mm clover leaf clamping plate
12 clover leaf suspension: Ø 25 mm spring steel rod
13 10 mm steel cable suspension of lighting bridge
14 Ø 220 mm/8 mm aluminium clamp ring
15 funnel sleeve PVC with structural membrane,
welded
16 Ø 4000 mm ring at apex
Ø 273 mm/8 mm steel CHS
17 Ø 22 mm steel cable suspension from cable net

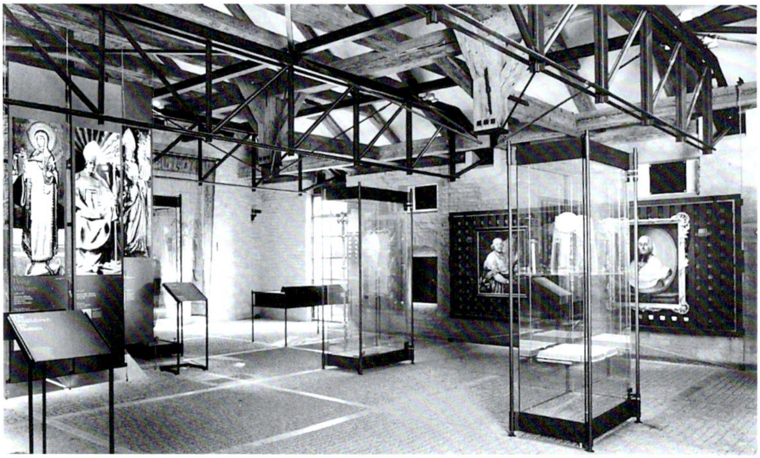

Architekt Architect Karljosef Schattner, Jörg Homeier

Diözesanmuseum in Eichstätt
Diocesan Museum in Eichstätt

Oliver Herwig

Wer mit dem Zug von München nach Eichstätt reist, erfährt eine erstaunliche Entschleunigung. Acht Minuten, nachdem der Regionalexpress Ingolstadt verlassen hat, hält er auf freier Strecke, ein Bahnhof steht im Niemandsland. Umsteigen in einen wartenden Triebwagen. Der Schienenbus folgt der mäandrierenden Altmühl, vorbei am Kloster Rebdorf, und drückt sich unter der Willibaldsburg ganz nah an den Jurafels. Eine letzte Flussbiegung, dann ragen die Türme der Bischofsstadt auf. Mit ihren Klöstern, Kapellen, Kirchen und Heiligenfiguren über den Hauseingängen wirkt Eichstätt wie eine aus der Zeit gefallene Mönchsrepublik. Tief gestaffelte Stadträume verstärken den Eindruck, in ein Stück begehbarer Historie geraten zu sein, trotz zahlreicher Autos, die über das Kopfsteinpflaster rattern, und Studenten mit Handy und Notebook unter dem Arm. Eichstätt ist eine »Gelehrtenrepublik«, an der Diözesanbaumeister Karljosef Schattner über drei Jahrzehnte, von 1957 bis 1991, mitbaute und die er entscheidend prägte. Er hat die 1958 gegründete Pädagogische Hochschule, die spätere Katholische Universität Eichstätt-Ingolstadt, mit kompromisslosen Bauten auf die Landkarte der Architektur gebracht. Längst hat für viele Architekten und Architekturhistoriker eine Symbiose stattgefunden: Eichstätt ist Schattner – und Schattner ist Eichstätt. Wie aber stellt sich das Werk des Baumeisters mit zwei Jahrzehnten Abstand heute dar?

Schattners Schmuckstück

Eichstätt gleicht einer Schnecke, mit der Bischofskirche im Zentrum, um die sich pontifikale Häuser und Universitätsgebäude gruppieren, darunter das Domschatz- und Diözesanmuseum Eichstätt südöstlich des Doms am Residenzplatz. Ein Podest aus Jurakalkplatten empfängt die Besucher. Drei Blöcke, die sich allseitig nach oben verjüngen, sollen dazu einladen, im Treppenhaus zwischen Bruchsteinwänden und dramatisch inszenierten Skulpturen nach oben in den dritten Stock zu schreiten, der seit 1982 das Diözesanmuseum beherbergt. Karljosef Schattner transformierte zwischen 1977 und 1982 den Kipfenberger Speicher in ein Gehäuse der Kunst. Er zog Betondecken ein und rettete den hölzernen Dachstuhl, er durchbrach die alte Ordnung, lud das Haus mit neuer Energie auf. Das Treppenhaus wirkt wie ein Schacht in die Geschichte. Fein abgesetzt von der Wand steht die schwebende Betontreppe mit ihrem glatten Handlauf und verputzten Innenflächen. Geometrie und klare Ordnung im Zentrum; außen herum handwerkliche Fügung, Geschichte, Steinmauern und Skulpturen auf stählernen Podesten. Dann hat man das oberste Geschoss erreicht und steht vor einem stählernen Portal, einem sichtbar gemachten Schließmechanismus mit vier zentrifugal auseinanderstrebenden Schließen: ein dynamisiertes Kreuz, das überdeutlich anzeigt, was das Diözesanmuseum zu schützen hat: sakrale Kunst. Einfache Geometrie, symbolisch aufgeladen, das ist Schattners Prinzip. Es taucht an vielen seiner Bauten in Eichstätt auf. Das gelingt zumeist, führt mitunter aber auch zu Verwechslungen und Fehldeutungen, wenn etwa das Eingangs- und Hörfunkgebäude des Instituts für Journalistik wie eine Kapelle dasteht, mit strenger Mittelachse und elongiertem Portal (Abb. S. 59). Das Diözesanmuseum zeigt zwei architektonische Ordnungssysteme, die sich zeitweise überlagern, wie im spektakulären Hauptsaal, dessen Holzdachkonstruktion nur durch stählerne Fachwerkträger gerettet werden konnte. Als Besucher sieht man sich wuchtigen Holzbalken und schlanken

Der ehemalige Kornspeicher bildet den Eingang. Holzgitterwände und Vitrinen mit außen liegenden Stahlrohren prägen den Raum.
The former granary serves as an entrance to the museum. Wood lattice walls and display cases with exterior-mount tube posts define the space.

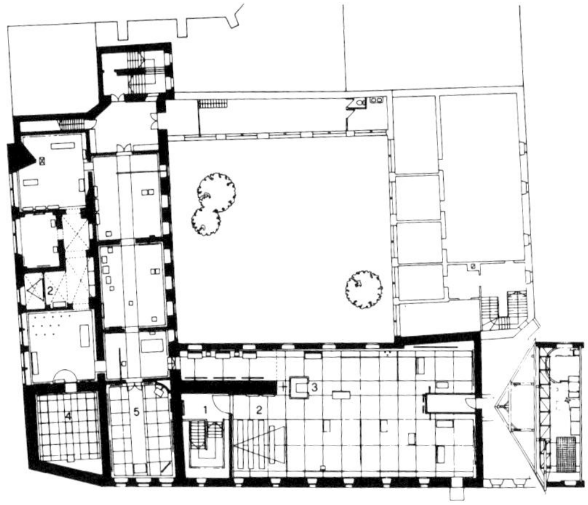
2
3
1
2
4
5

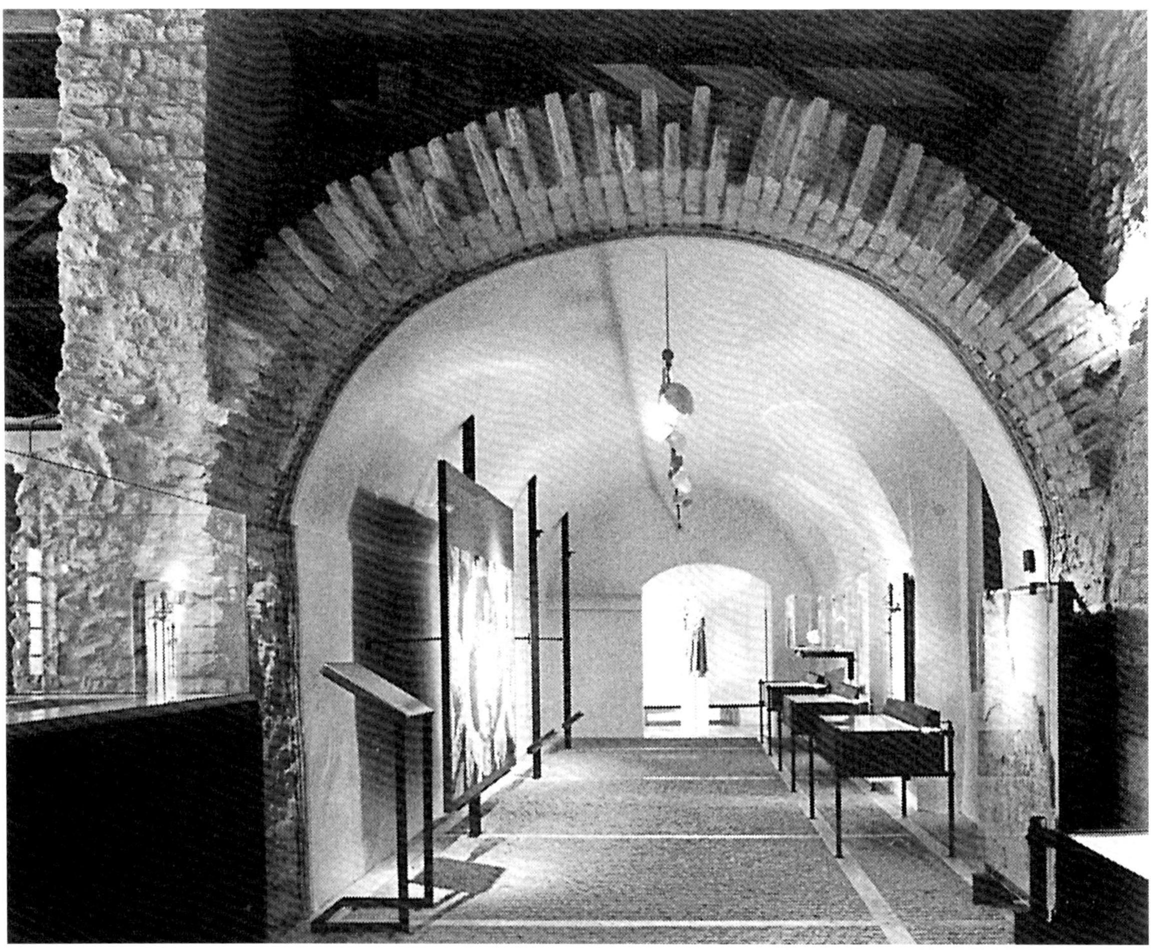

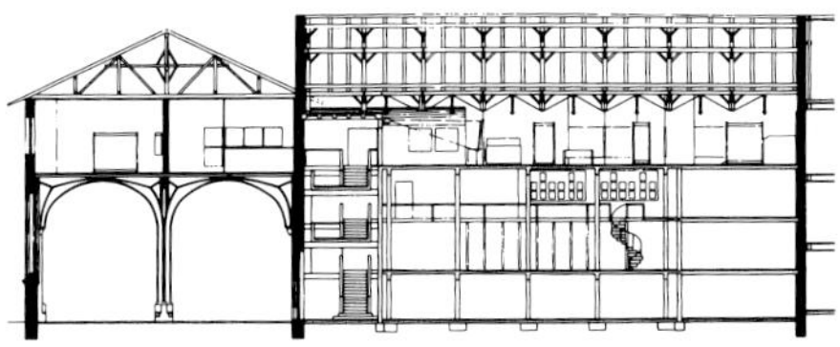

Stahlprofilen gegenüber, einem Wald von Streben und Stützen, bevor der Blick über die stählernen Vitrinen schweifen kann. Die massiven Stahlobjekte sind im Boden zwischen Granitpflaster und Platten aus Jurakalk verankert, zusätzliche Trennwände sind mit stählernen Seilzügen zwischen Wand und Decke befestigt. Spannung durchzieht den Raum, und diese lässt erst langsam in den folgenden Räumen, Kammern und Schausälen nach, die Schattner aus dem Speicher und dem angrenzenden Gebäude herauspräpariert hat wie ein Archäologe.

Betont sachlich informiert die Website des Museums über den Umbau: Die Sammlung »musste in historische Gebäude unterschiedlicher Qualität integriert werden. Nach der aufwändigen Sanierung bilden nun Alt und Neu [...] eine spannungsreiche und doch homogene Einheit.« Genau so ist es. Schattner biedert sich nicht an, harmonisiert nicht – und transformiert das Haus zu etwas Neuem, ohne seine Geschichte zu verleugnen. Beim Übergang zum Barockflügel legt er sogar Schicht für Schicht alle Materialien der Vergangenheit frei, bis unter dem Verputz blanke Ziegel und Mauerwerk zum Vorschein kommen.

Erst bei einem längeren Rundgang zeigen sich die Grenzen der Schattnerschen Universalgestaltung. Der Architekt schuf eine Schatzkammer, die nun, nach 30 Jahren, recht statisch geworden ist. Seit 1982 haben sich Museumsdidaktik, Technik und Ansprüche an ein Kunstmuseum stark verändert: Die selbst entworfenen Vitrinen entsprechen nicht mehr konservatorischen Anforderungen und lassen, da fest im Boden verankert, keinerlei Veränderungen der Präsentation zu, von Wechsel- und Sonderausstellungen ganz zu schweigen. Im offenen Dachraum ist ein stabiles Raumklima auch mit optimalem Einsatz von Be- und Entfeuchtungsgeräten kaum einzuhalten. Die Beleuchtung erweist sich als technisch überholt; Lichtstärke und UV-Belastung der Spots sind nicht gemäß heutiger Standards regelbar. Es gibt keinen Museumsshop, keine Garderobe und auch keine Klimaanlage. Weder Besucher noch Kuratoren und Objekte können das Museum per Aufzug (also barrierefrei) erreichen. Auch wenn sich die Ästhetik erstaunlich frisch zeigt, scheint eine technische Generalsanierung nach einer Generation Betrieb dringend notwendig.

oben above
Grundriss • Schnitt
Maßstab 1:500
1 Treppenhaus
2 Diaschau
3 Kasse
4 Schatzkammer
5 Kapitelsaal
Floor plan • Section
scale 1:500
1 Stairway
2 Slide show
3 Front desk
4 Treasury
5 Chapter house

unten below
Durchgang zwischen großem Saal und den Räumen über dem Mortuarium
Walkway between the large hall and the spaces above the Mortuarium

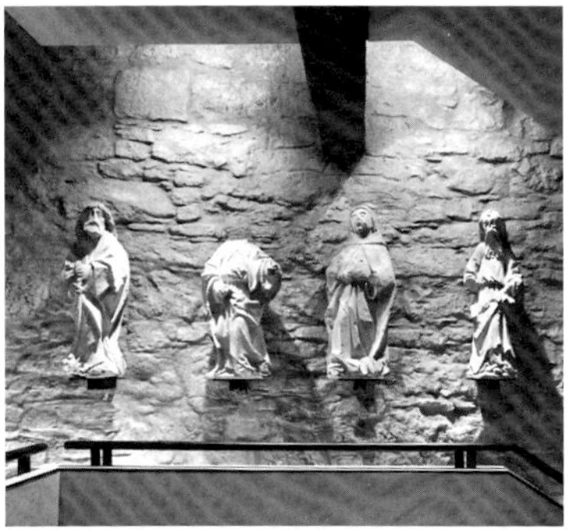

Im Treppenhaus ist die neue Betontreppe deutlich von der historischen Wand abgesetzt.
The new concrete stairs are clearly separated from the historic wall.

Schattners Strukturen
Schattner seziert die Stadt wie ein Wissenschaftler, er destilliert ihre Grundelemente heraus und fügt sie zu einem Formenkanon zusammen, der mit den Mitteln seiner Zeit neu aufgenommen und weitergesponnen werden kann. Es geht um Proportionen und Volumen. Harte Schnitte und Fugen sind es, die unser Bild von Karljosef Schattner prägen, der seinerseits Ideen Carlo Scarpas aufnahm und weiterdachte: klare Setzungen von Alt und Neu, schnörkellose Architektur, die ihre handwerklichen Qualitäten nie aus den Augen verliert. Verblenden war seine Sache nicht. Schattner zelebrierte die Kunst der Fuge. Er überhöhte so manche Übergänge, sakralisierte das Profane und feierte die Andockstellen von Geschichte und Moderne. Nun aber ist er selbst historisch geworden, der Brückenbauer, den ein ehemaliger Mitarbeiter als autoritär beschreibt und unwillens, Projekte im Dialog zu entwickeln. Die beeindruckende Konsequenz Schattners, sein größtes Kapital, lässt sich an den Universitätsbauten der ehemaligen Fürstbischöflichen Sommerresidenz gut ablesen, deren Substanz er beließ und Neues durch Fugen und neue Materialien sichtbar absetzte. Im Verwaltungsgebäude der Uni ist die oktogonale Pförtnerloge aus Stahl und Rauchglas seit mehr als zehn Jahren verwaist und mit allerlei Uni-Devotionalien zugemüllt. Längst hat der Wachmann einen neuen Arbeitsplatz bezogen. Auch die Raumkabinen im Obergeschoss stehen leer. Das Haus wird gerade renoviert. So überzeugend Schattners (Ent-)Würfe sind, so sehr fällt auf, dass seine Gestaltung an Grenzen stößt, langsam transformiert und an neue Bedürfnisse angepasst wird.

Schattners Wirkung
Wer die Wirkungsgeschichte des Diözesanbaumeisters erfassen will, sollte die Monografie von Wolfgang Pehnt zur Hand nehmen. Pehnt umreißt den Charakter Eichstätts in seiner ganzen Widersprüchlichkeit zwischen »monumentalem Anspruch und bürgerlicher Kleinwelt«, und es sind Kontraste wie diese, die Schattner aufgegriffen und mit den Mitteln seiner Zeit neu akzentuiert hat. Pehnt drückt diese Dichotomie durch einen Vergleich aus: »Die ästhetische Gestalt der Stadt ist eine soziale Gestalt«, erkennt der

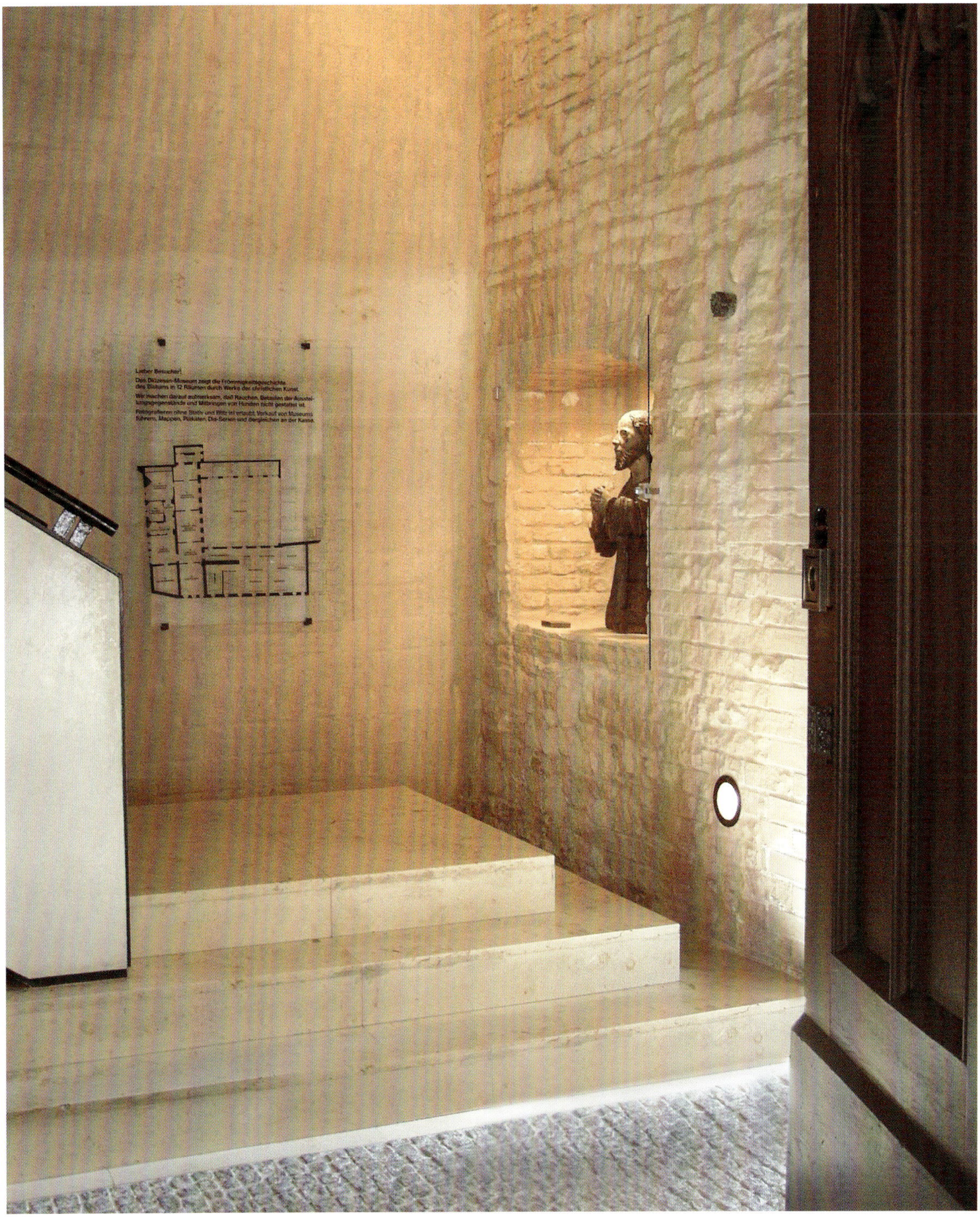

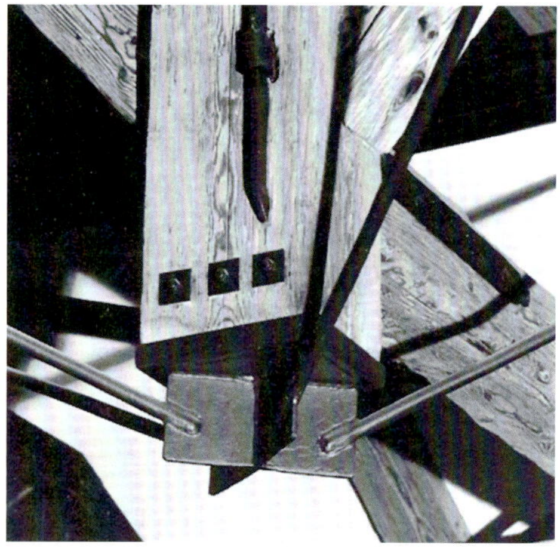

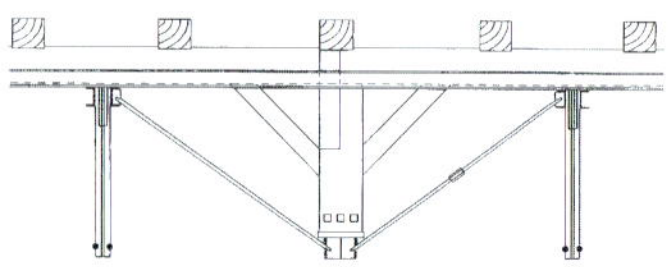

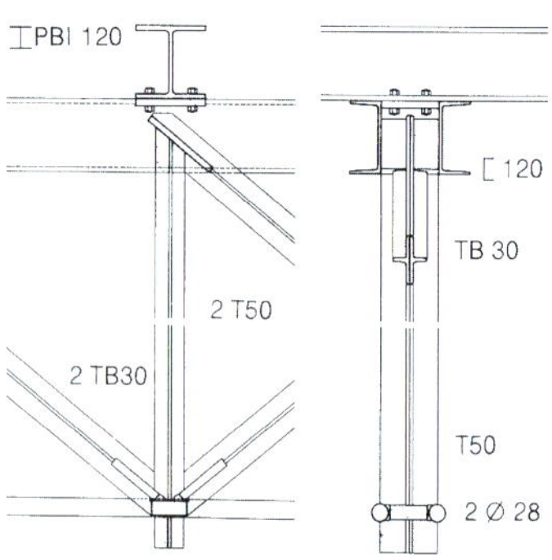

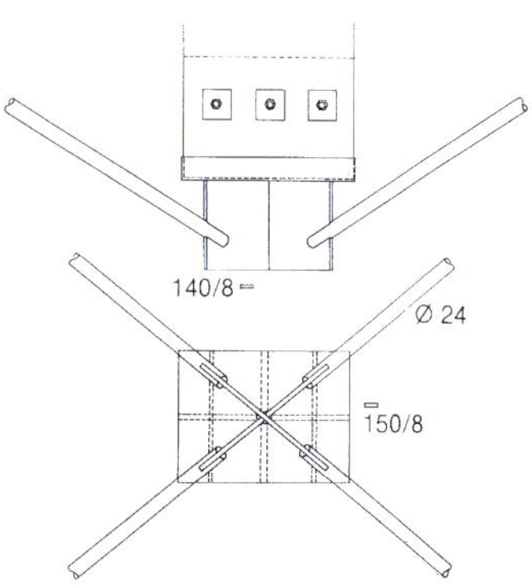

Architekturhistoriker, »und eine geistig-geistliche«. Alles scheint inszeniert in Eichstätt, wie von einem großen Baumeister entworfen und hier in die Landschaft gestellt. Doch dieser Generalplaner heißt Geschichte, sie hat über Jahrhunderte die unterschiedlichsten Stile verblendet und zu einer Einheit gefügt. Weiterbauen lautet die Devise der Domstadt. Die Spitalbrücke etwa zielt präzise auf die barocke Westfassade des Doms, die zwischen zwei Häuserzeilen hervorblitzt. Gabriel de Gabrieli errichtete sie 1718 vor dem frühgotischen Westchor und schuf zugleich ein spektakuläres Entree für Pilger und Reisende. Schon öffnet sich der halbrunde Residenzplatz wie eine Arena. Plätze locken und Durchgänge, Engstellen und dramatische Blicke. Und seit einem halben Jahrhundert locken nun auch Schattners Bauten, die eine neue Zeitschicht eingezogen haben im Palimpsest namens Eichstätt. Vieles davon wirkt erstaunlich frisch, besonders dort, wo Schattners Haltung und Anspruch deutlich werden; alles andere, die Technik der Bauten und mittelfristig auch ihre Nutzung, werden neuen Bedürfnissen angepasst. Aber auch das hat Schattner vorgemacht.

With its cloisters, chapels, churches, and statues of saints placed above entrances, Eichstätt resembles a monastic republic that time forgot. A staccato of urban spaces enhances the impression of walking through history, despite the numerous cars rattling along the cobblestones and the students clasping cell phones and laptops. Eichstätt is a “scholar republic”, and throughout three decades, from 1957 to 1991, diocesan architect Karljosef Schattner decisively contributed to its architecture and character. With his uncompromising approach to buildings, he turned the College of Education, founded in 1958 and later to become the Catholic University of Eichstätt, into an architectural landmark. From the viewpoint of architects and architectural historians, a symbiosis has long since taken place: Eichstätt is Schattner – and Schattner is Eichstätt. But how does this master architect’s work present itself today, two decades later?
The Cathedral Treasury and Diocesan Museum Eichstätt is situated south-east of the cathedral at the Residenzplatz. Past a podium made of Jura

limestone, three blocks taper upwards and beckon to visitors to ascend the stairs between quarry stone walls and dramatically staged sculptures to the third floor, which has housed the Diocesan Museum since 1982. From 1977 to 1982 Karljosef Schattner transformed the Kipfenberger storehouse into a repository for art. He introduced concrete ceilings and preserved the wood roof construction. He smashed the old order, bringing new energy into the building. The staircase seems like a shaft through history. Delicately separated from the wall, the concrete stairs with their even handrail and rendered interior surfaces seem weightless. In the centre, geometry and clear order reign; arranged around it are craftsmanship, skilled assembly, history, stone walls, and sculptures on steel pedestals. Upon reaching the topmost floor, visitors find themselves in front of a steel portal featuring a visualized lock mechanism with four closers radiating centrifugally outwards. It is a cross made dynamic, an obvious symbol of what the Diocesan Museum has set out to protect: sacral art. Simple geometry, symbolically charged, is Schattner's principle, and it is manifested in many of his buildings in Eichstätt.

The Diocesan Museum comprises two architectural systems of order with an at times uneasy coexistence, such as in the spectacular main hall. The wooden roof construction could be saved only by being propped up with a steel framework structure. As a result, visitors are confronted by massive wood beams and slender steel profiles, a forest consisting of struts and posts, before their gaze is redirected across the steel display cases.

The architect created a treasury that now, 30 years later, appears rather static, as it is unable to accommodate the intervening changes in museum didactics, technology, and requirements placed on art museums.

Half a century has passed since Schattner's buildings introduced a new historic stratum into this palimpsest named Eichstätt. Much of it appears surprisingly fresh, especially where Schattner's approach and aspiration become apparent. Everything else – building utilities, technical equipment and, in time, function – will be adapted to new needs. But in this, too, Schattner showed the way.

links oben above left
Der Holzdachstuhl des Kipfenberger Speichers wird durch eine Sekundärkonstruktion aus Stahlfachwerkträgern abgefangen.
The wood roof structure of the main hall is supported by a secondary steel truss structure.

links unten bottom left
Stahlfachwerkbinder zur Abfangung des bestehenden Holzdachstuhls: Schnitt, Knotendetails, Stützenfuß
Steel trussed rafters to support the existing wood roof structure: section, node details, column footing

rechts at right
Institut für Journalistik, 1987:
Eingangsgebäude zwischen den beiden barocken Trakten
Institute of Journalism, 1987:
Entrance building between the two baroque wings

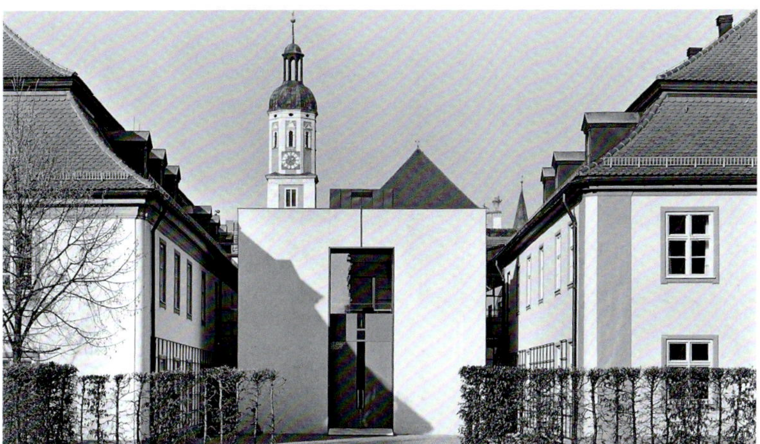

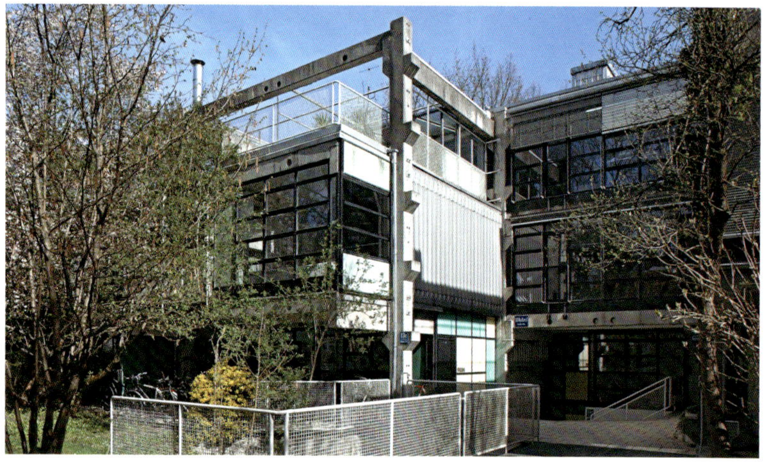

Architekten Architects Otto Steidle, Doris Thut, Ralph Thut
Tragwerksplanung Structural engineers Büro für Baustatik Dieter Herrschmann

Wohnanlage Genter Straße in München
Genter Strasse Housing Development in Munich

Roland Pawlitschko

Eine allgemeine Technik- und Fortschrittseuphorie und der feste Glaube an die Vereinbarkeit wirtschaftlicher und sozialer Aspekte bildeten die Grundlage vieler heiß diskutierter Architekturutopien und Konstruktionssysteme der 1960er-Jahre. Max Mengeringhausens Raumfachwerke aus Stahlstäben oder Helmut Spiekers »Marburger Bausystem« mit frei kombinierbaren Betonfertigteilen waren Otto Steidle zu dieser Zeit ebenso vertraut wie die Visionen von Archigram oder die Raumstadt-Konzepte Yona Friedmans.
Trotz des programmatischen Titels »Tragstruktur für prozesshaftes Wohnen« handelte seine an der Münchner Akademie der Bildenden Künste 1969 verfasste Abschlussarbeit jedoch weder von abstrakten Konstruktionsmethoden noch enthielt sie Ideen für weltumspannende Städtebaukonzepte. Steidles Interesse galt vielmehr sich wandelnden Wohnformen, dem handwerklich-praktisch Umsetzbaren, der Neuinterpretation der gewohnten Zusammenhänge zwischen Haus, Straße und Hof sowie der Entwicklung dreidimensionaler Erschließungs- und Kommunikationsstrukturen, so vielfältig und kommunikativ wie die Stadt selbst.
Bereits kurz nach Studienabschluss erhielt Steidle die einzigartige Möglichkeit, diese Themen auf einem Grundstück an der Genter Straße weiterzuentwickeln und als Bauherr und Architekt umzusetzen. Gemeinsam mit Doris und Ralph Thut realisierte er eine maßstäblich in ein Wohngebiet am Englischen Garten eingepasste Wohnanlage mit sieben reihenhausartigen Einheiten – fünf an Freunde bzw. frei verkaufte Häuser, ein eigenes Haus und sein Architekturbüro. Prägnantestes Merkmal des 1972 bezogenen Gebäudes ist zweifellos das unverblümt zur Schau gestellte Skelett aus sonst nur im Industriebau verwendeten Betonfertigteilen, bestehend aus regelmäßig angeordneten Stützen mit halbgeschossigen Auflagerkonsolen, Längs- und Querträgern sowie Deckenplatten.

Neutrale Struktur – lebendiges Wohnen
Ein vorgefertigter Betonskelettbau mit nicht tragenden Außen- und Innenwänden war damals weder als Konstruktionsprinzip noch in seinen Ausführungsdetails aufsehenerregend. Neu war aber, dass innerhalb dieses Baukastensystems keine Industriehalle, sondern ein kleinteiliger Wohnungsbau

erster Bauabschnitt, 2011
Ensemble constituting the first building phase, 2011

oben above
Lageplan 1:2000
1 Peter-Paul-Althaus-Straße
2 Osterwaldstraße
3 Genter Straße
Site plan scale 1:2000
1 Peter-Paul-Althaus-Strasse
2 Osterwaldstrasse
3 Genter Strasse

unten below
erster Bauabschnitt kurz nach Fertigstellung
Genter Strasse, first building phase, shortly after completion

entstand. Steidles Ziel war es, neutrale »Gerüste herzustellen, die eine freie Eingliederung und Disposition von Wohnungen erlauben, die das allmähliche Einnisten des Lebens in die offenen Strukturen zulassen«. Hinzu kam der Wunsch nach einer kostengünstigen und flexiblen Baustruktur, die auf sich verändernde Bewohnerbedürfnisse Rücksicht nimmt und Raum für die Entfaltung gemeinschaftlichen Lebens bietet. Daher wurden die Balken und Deckenplatten nicht wie bei konventionellen Massivbauten einfach gestapelt, sondern unregelmäßig versetzt angeordnet. Ergebnis sind großzügige Split-Level-Häuser mit abwechselnd ein- bzw. eineinhalbgeschossigen Zimmern sowie offenen Wohnbereichen, die über mittig platzierte Stahltreppen, Galerien und Lufträume verbunden sind. Erweiterungen zum südlichen Gemeinschaftsgarten, zahlreiche Vor- und Rücksprünge sowie Terrassen, Balkone und Dachterrassen führen zu einem lebendigen Gebäude mit abwechslungsreichen räumlichen Bezügen und einer kommunikativen Atmosphäre. Hinzu kommt ein öffentlicher Durchgang unter den mittleren Wohneinheiten, der die Wohnanlage selbstverständlich mit dem Quartier verknüpft.

Heute wie vor fast 40 Jahren

Die Architekten schaffen keine klar definierte Gebäudeform, sondern eine mit individuellen Wohneinheiten gefüllte Struktur. Diese Formlosigkeit erleichtert den Um- und Ausbau. Nichts wird in seiner Gesamtheit zerstört, es wird nur verändert und fortgeschrieben. Während sich das Umfeld vom eher unterentwickelten Stadtrandgebiet in eine beliebte und teure Wohngegend verwandelte, hat sich am Charakter der Anlage seit 1972 tatsächlich kaum etwas verändert. Inzwischen mehrfach gereinigt und mit neuen Anstrichen versehen, ragt das Betongerüst mit seinen »Stützenbäumen«, grünen bzw. gelben Faserzementpaneelen, Aluminiumverkleidungen und Glasfassaden aus schlossermäßig verarbeiteten Stahlhohlprofilen (passende Fassadensysteme gab es nicht) mehr oder weniger im Originalzustand in die Höhe. Und noch immer verfügen sämtliche Wohneinheiten über großzügige Raumaufteilungen und offene Stahltreppen. Die Fluktuation der Hauseigentümer ist bis heute äußerst gering.

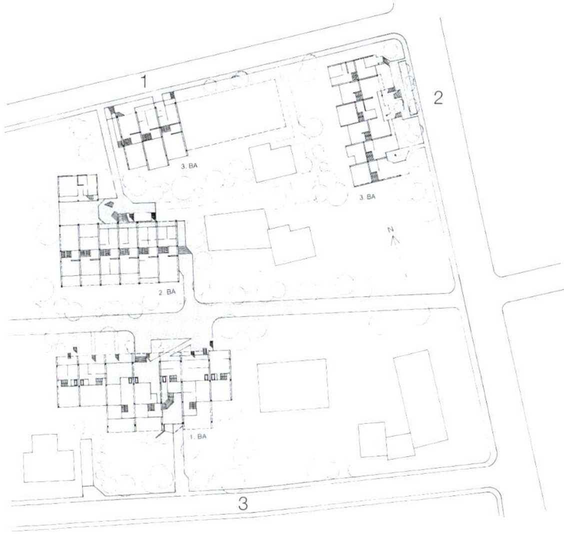
1
2
3. BA
3. BA
N
2. BA
1. BA
3

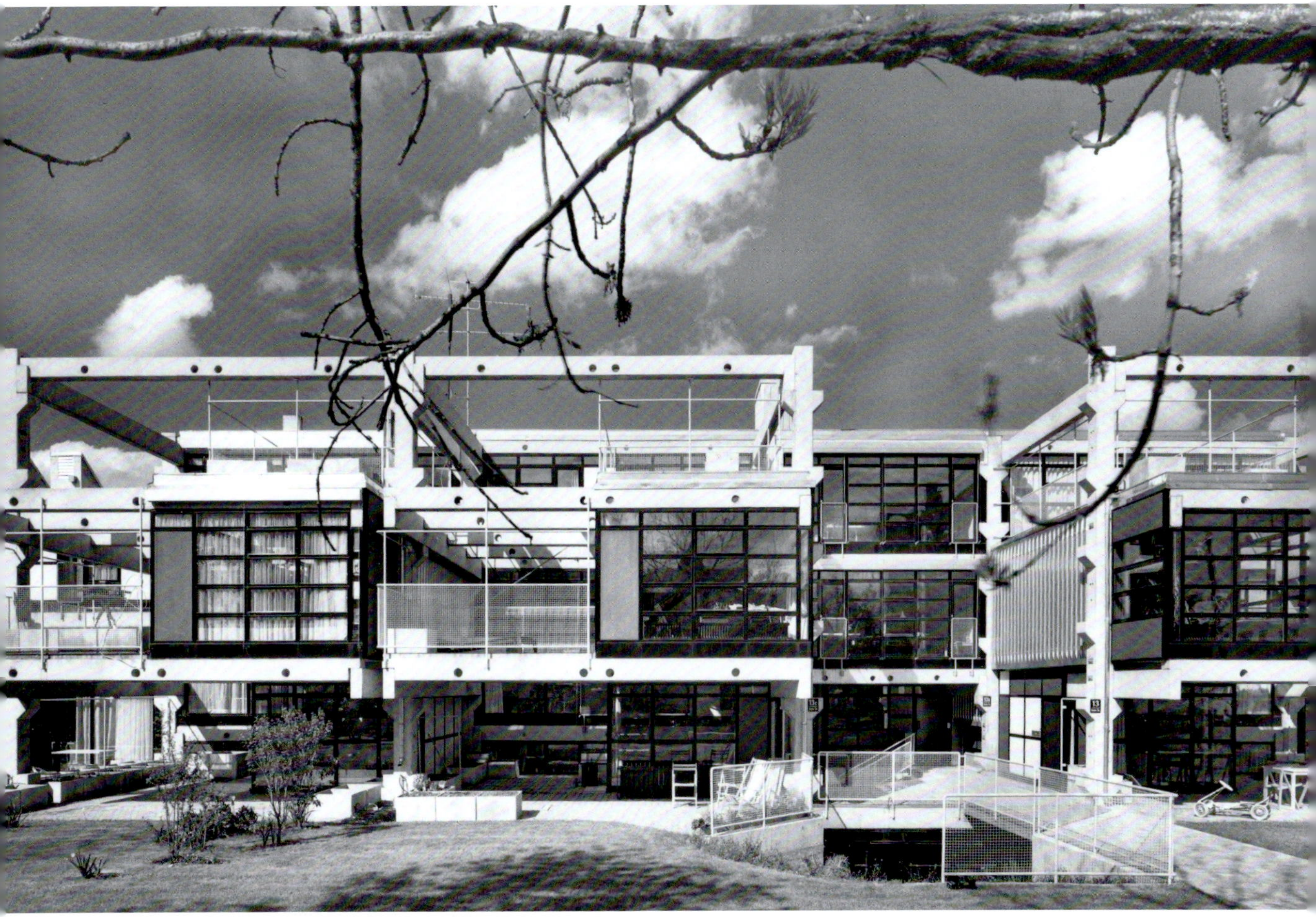

unten below
ehemaliges Wohnhaus Otto Steidles kurz nach Fertigstellung. Wohnen und Arbeiten waren noch voneinander getrennt.
Steidle's former house shortly after completion: dwelling and office were still separate.

rechts at right
Blick ins Büro Steidle Architekten vom gleichen Standpunkt, 2011
Steidle Architects' practice from same vantage point, 2011

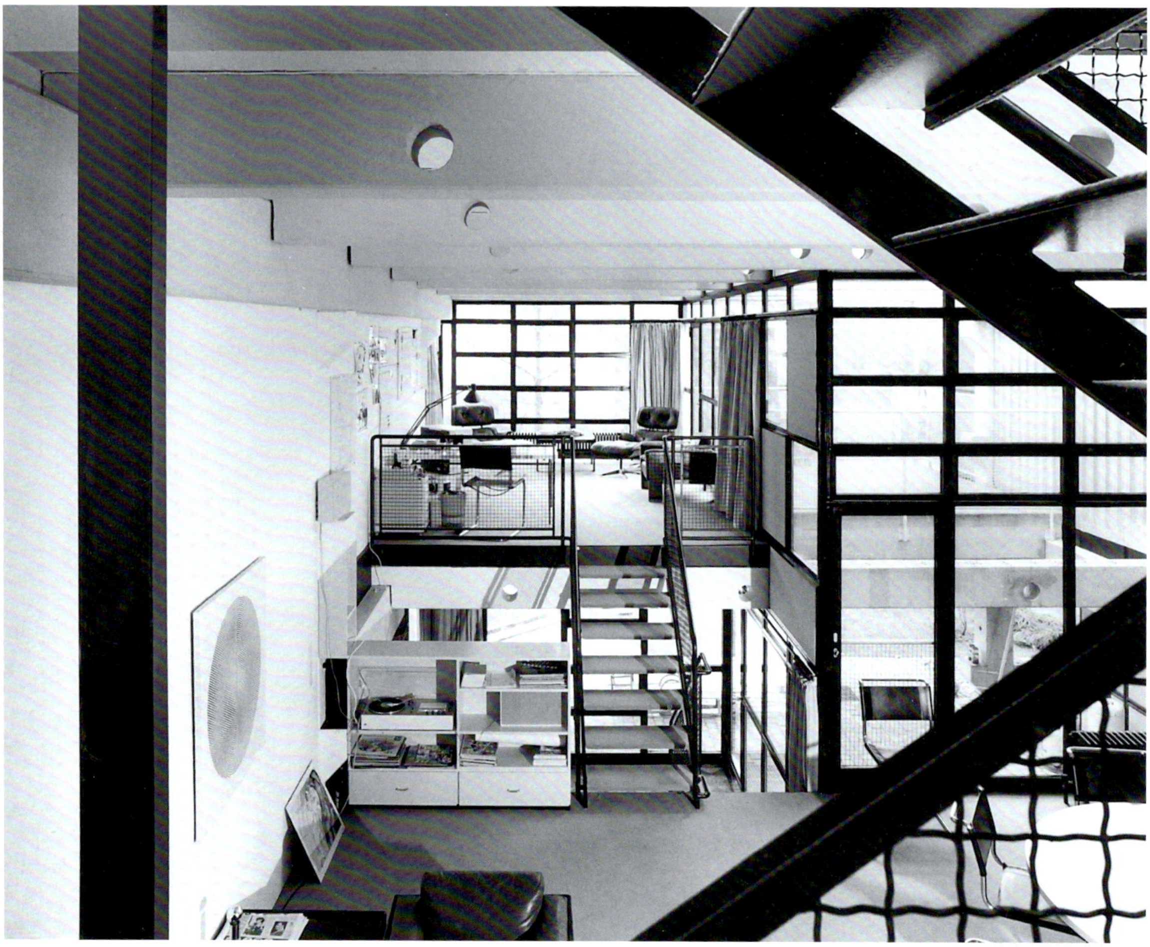

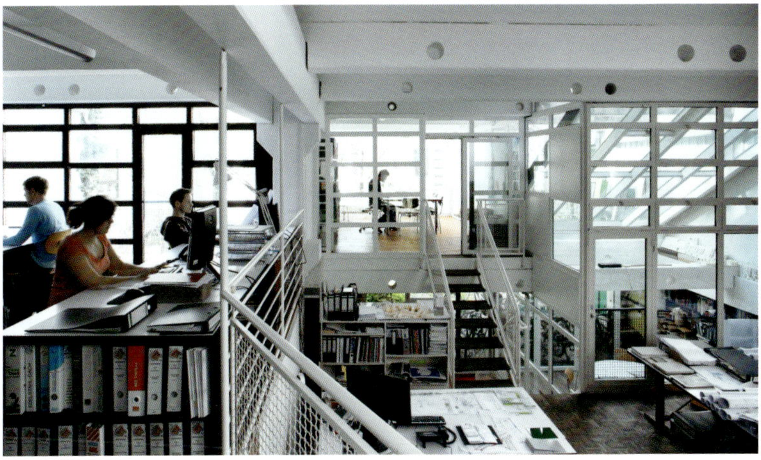

Theoretisch hätten die Bewohner das Betongerüst und die Häuser im Lauf der Zeit erheblich verändern können, praktisch haben sie davon allerdings wenig Gebrauch gemacht. Zum einen wären sie von Eingriffen in die Betonstruktur schlicht überfordert gewesen, zum anderen haben die zu Beginn in gemeinsamer Abstimmung mit den Architekten entwickelten Split-Level-Lösungen von Anfang an zu sehr variablen und vielfältig nutzbaren Räumen geführt. Bauliche Veränderungen blieben so auf die Ergänzung um Wintergärten, das Versetzen von Trennwänden oder den Ein- bzw. Ausbau von Stahlgalerien beschränkt.
Ebenso wie die potenzielle Wandelbarkeit des Gebäudes wurden auch die gemeinschaftlichen Angebote nie voll ausgeschöpft. Die Möglichkeit, hausübergreifende Bereiche zu schaffen, etwa für gemeinsame Kinderbetreuung, blieb ebenso ungenutzt wie die geplante Realisierung von Gemeinschaftsräumen am offenen Durchgangsbereich im Untergeschoss. Dass sich die nachbarschaftlichen Beziehungen in der Genter Straße heute kaum von anderen Reihenhausanlagen unterscheiden, liegt allerdings eher an den Bewohnern als am Gebäude. Dass dieses tatsächlich so variabel ist wie ursprünglich geplant, wird am Beispiel der beiden von Steidle selbst genutzten Einheiten deutlich. War das Büro in der schmalen Gebäudeachse am Durchgang zunächst unabhängig vom unmittelbar benachbarten Haus, so sind beide innerhalb der letzten 30 Jahre durch sukzessives Entfernen der Trennwände zu einer durchgängigen Einheit verschmolzen.

Bauphysik versus Flexibilität

Dass sich das Gebäude relativ einfach an immer wieder neue Bedürfnisse adaptieren lässt, selbst wenn die Veränderungen die Außenfassade betreffen, liegt an der – sicherlich auch aus Kostengründen – von Anfang an untergeordneten Rolle ästhetisierender Architekturdetails, vor allem aber an den für seine Entstehungszeit typischen bauphysikalischen Unzulänglichkeiten: Fassaden sind nur wenig gedämmt, Fensterprofile ohne thermische Trennung ausgeführt, Deckenbalken und Stützen verlaufen im Prinzip wie überdimensionale Kühlrippen durch das Gebäude. Abgesehen davon spielt die Frage, wo und wie genau beispielsweise die Fassaden an den Rohbau

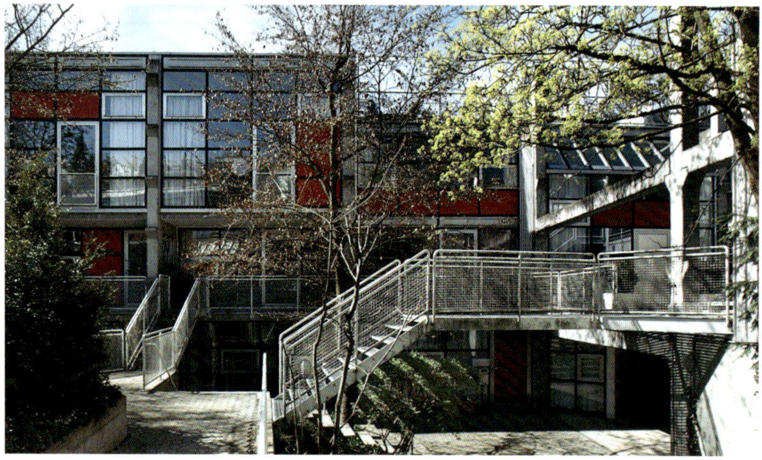

anschließen, angesichts der dominanten Gebäudestruktur ohnehin kaum eine Rolle. Im Vergleich zu heutigen Wohnstandards führen bauphysikalische Mängel sicherlich zu einem eingeschränkten thermischen Komfort, größere Bauschäden sind in den letzten Jahrzehnten dennoch kaum aufgetreten. Schimmel tritt stellenweise in Küchen auf, ist ansonsten aber wegen der undichten Fenster, des großen Raumvolumens und der guten Luftzirkulation eher selten.

Bauabschnitte und Weiterentwicklungen

Inzwischen steht die von hohen Bäumen dicht eingewachsene Wohnanlage von 1972 unter Denkmalschutz – als einziger Teil der bis 1976 in insgesamt drei Bauabschnitten entstandenen Gesamtanlage. Das hat vor allem damit zu tun, dass der erste Bauabschnitt in der Genter Straße gleichsam das kompromisslose puristische Manifest einer für die damalige Zeit neuen Typologie ist. Zwar basieren die Bauten in der Peter-Paul-Althaus-Straße und der Osterwaldstraße auf der gleichen räumlich-konstruktiven Idee und bieten ebenso dreidimensionale wie wandelbare Wohneinheiten, dennoch scheint die ursprüngliche Idee hier weniger stringent, dafür aber kompromissbereiter umgesetzt zu sein. Einerseits ist die intensivere und frühere Einbindung der Bewohner zu spüren, andererseits verschwand die Skelettkonstruktion – auch aus bauphysikalischen Gründen – immer großflächiger hinter einer nun durchgehenden Außenfassade. Beides zusammen führt zu individuelleren Wohneinheiten und vielfältigeren Fassaden, während der spannungsreiche Kontrast zwischen neutralem Gerüst und relativ freien Füllungen in den Hintergrund gerät.

Die Tendenz, die Skelettkonstruktion nurmehr als Mittel zum Zweck zu betrachten und andere Entwurfsaspekte in den Vordergrund zu rücken, zeigen auch einige später auf ähnliche Weise realisierte Gebäude Steidles. Beim Wohnhaus »documenta urbana« in Kassel etwa überlagerte er 1982 die Baustruktur mit der Idee sich plastisch abzeichnender »Treppenwege« und gleichmäßiger Fassaden aus vertikal gegliederten Holztafeln. Die Gebäude erscheinen auf diese Weise zunehmend als abgeschlossene architektonische Formen. Genau dieser Aspekt fehlt in der Wohnanlage

links at left
zweiter Bauabschnitt Peter-Paul-Althaus-Straße, 2011
Peter-Paul-Althaus-Strasse, second building phase, in 2011

rechts at right
dritter Bauabschnitt Osterwaldstraße, 2011
Osterwaldstrasse, third building phase, in 2011

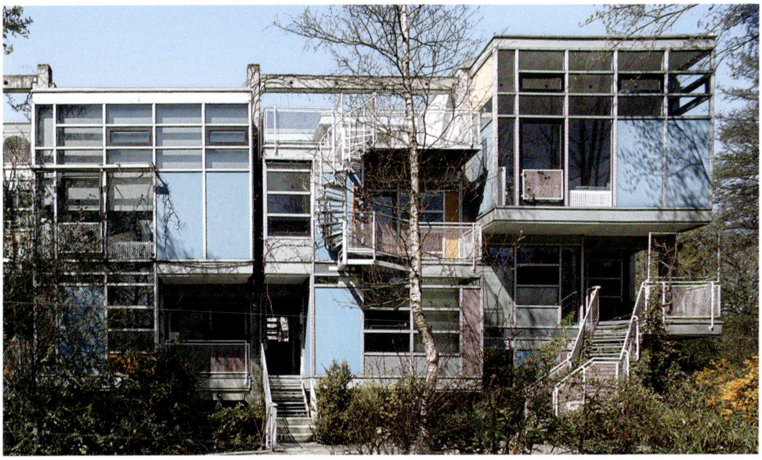

Genter Straße, die in erster Linie als offene Struktur wirkt. Ein weiterer Grund für ihre Zeitlosigkeit ist aber auch, dass viele der damals von Steidle aufgegriffenen Themen heute erneut heiß diskutiert werden. Wandelbare Grundrisse, Partizipation und Gemeinschaft sind angesichts des demografischen Wandels ebenso aktuell wie einfache, industrielle, zugleich aber auch individualisierbare Architekturlösungen.

Shortly after finishing his studies, Otto Steidle had a unique opportunity to address aspects of housing that were of particular interest to him. These included dwelling forms subject to ongoing change; new interpretations of the relationships between house, street and courtyard; and three-dimensional access and communication structures. On the site in question, in Munich's Genter Strasse, Steidle acted as client and architect in one. Together with Doris and Ralph Thut, he implemented a scheme comprising seven units in an ensemble that resembled terraced housing and that also matched the scale of the surrounding fabric. Five of these units were sold to friends or other buyers; one became Steidle's own home, and the seventh his architectural practice. Certainly the most striking feature of this development, completed in 1972, was the exposed load-bearing skeleton frame, consisting of precast concrete elements of the type normally used in industrial buildings. The elements are composed of regularly spaced columns with corbels at half-storey intervals, plus longitudinal and cross-beams, and floor slabs.
Steidle's intention was to create a neutral framework that would allow a free layout of dwellings as well as the erection of a reasonably priced, flexible building structure that could accommodate the changing needs of residents. The beams and slabs were not simply stacked floor by floor; they were arranged in irregular, offset forms to create large, split-level dwellings with rooms one and one-and-a-half storeys in height. The open living areas were linked by centrally placed steel staircases, galleries and voids. Projections and set-back volumes, terraces, balconies and roof terraces lend the structure a lively spatial form that is intended to encourage

unten links below left
Vertikalschnitt Außenwand
vor Fertigteilstützen
Maßstab 1:30
1 Fassadenelement aus Stahlhohlprofilen mit Faserzement-Sandwichplatten bzw. Isolierverglasung
2 Passstück mit Aluminiumverkleidung
Vertical section through external wall with precast concrete column scale 1:30
1 Facade element consisting of hollow steel sections with fibre-cement sandwich panels/double glazing
2 Fitting piece with aluminium cladding

unten rechts below right
Bauphase erster Bauabschnitt Genter Straße
Genter Strasse, first building phase, under construction

rechts at right
erster Bauabschnitt, 2011
Genter Strasse ensemble in 2011

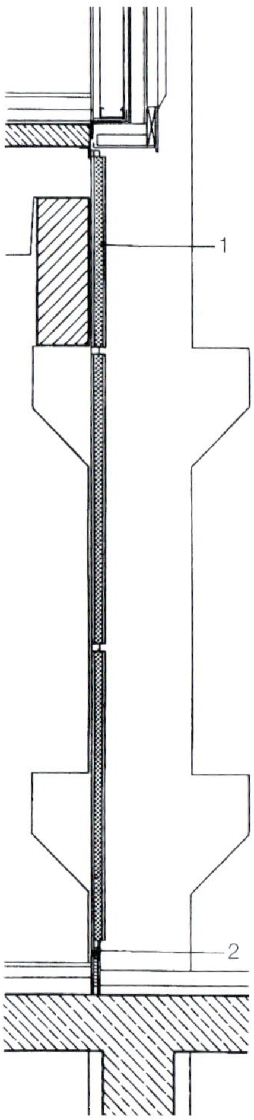

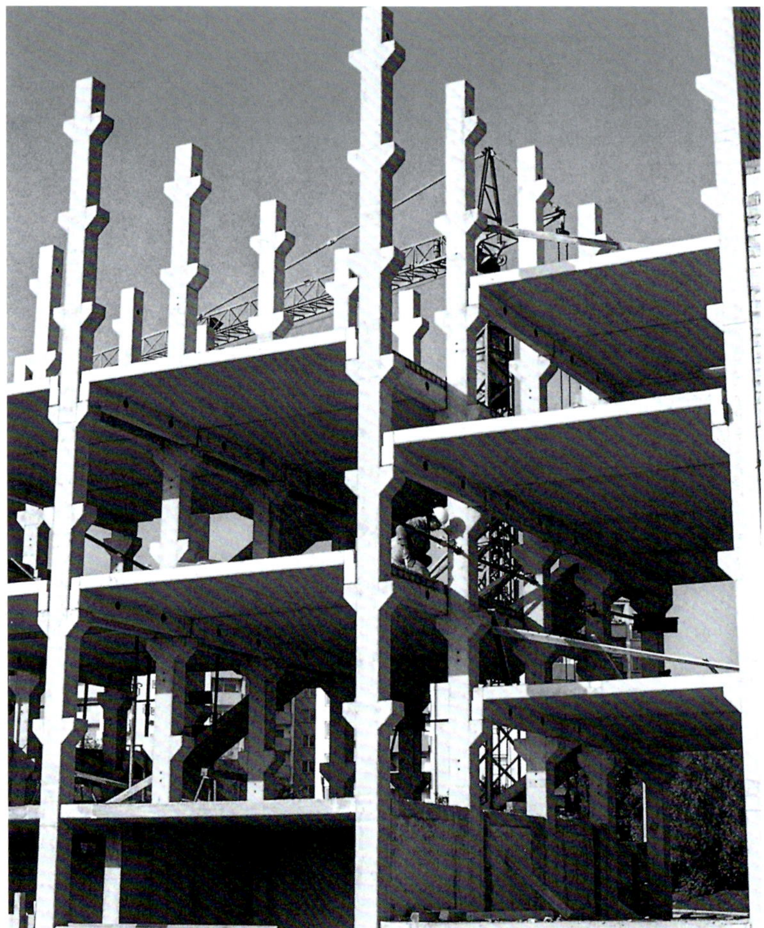

communication between residents. Additionally, an access route through the building beneath the middle dwellings serves to integrate the development into the neighbourhood.

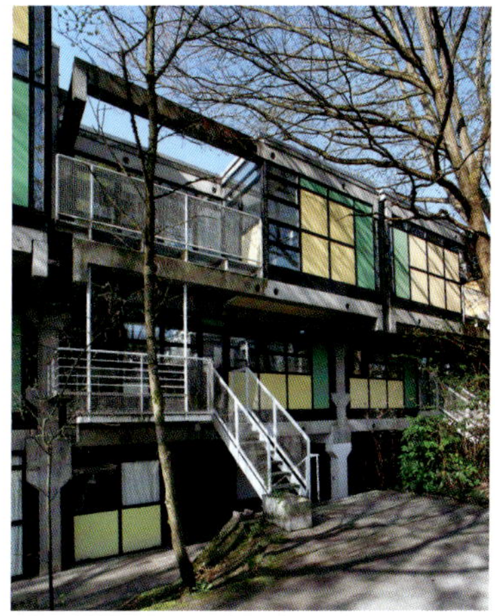

The architects did not create a clearly defined building form, but rather a structural system that they could fill with dwelling units and that allowed extensions and changes to be made without destroying the overall character of the ensemble. And indeed, even as the surrounding area has developed from a somewhat sparsely developed urban fringe area to a popular and upscale residential neighbourhood, the ensemble has retained its character since 1972. The concrete frame, by now cleaned and repainted several times, still stands in more or less in its original state, featuring its "supporting trees", fibre-cement panels, aluminium cladding and glass facades with hollow steel sections. Theoretically, residents could have modified the framework, the spatial content and the panelled facades in the past four decades, but remarkably little has changed. Alterations have been confined to galleries, to the addition of conservatories and to the relocation of internal walls. The variability of the Genter Strasse scheme is best illustrated by the units that were owned by Steidle himself. Initially, the office was independent of the adjoining dwelling, but over the years the two were merged through the gradual removal of dividing walls.

The adaptability of the ensemble certainly has to do with its avoidance of aestheticized architectural details – a decision that was taken partly for cost reasons. The scope for change is also, however, linked with deficiencies in the building physics. The facade insulation was insufficient; the window frames were executed without thermal divisions, and the columns and floor beams extend through the building rather like oversized cooling fins. In comparison to present-day housing standards, there is certainly a lesser degree of thermal comfort. Nevertheless, the past decades have seen scarcely any serious constructional damage.

Today, this structure is a listed ensemble – the only part of the larger development erected in three phases down to 1976 that has been recognized as such. This has to do with the fact that the Genter Strasse scheme represents the uncompromising puristic manifesto of what was a new typology for the time. The two other nearby schemes are based on the same spatial and structural concepts, but the original idea seems to have been watered down there. The skeleton frame, for example, was largely covered by a continuous external facade – also for reasons related to the building physics.

This tendency to treat the load-bearing structure as a means to an end and to place greater emphasis on other design aspects can be seen in later buildings created by Steidle in a comparable form. In his documenta urbana housing in Kassel (1982), the structure is overlaid with sculptural "stairways" and uniform facades. The buildings appear to be self-contained architectural forms, which is not the case in the Genter Strasse scheme with its basically open structure. A further feature of the timeless quality of the latter is that many of the themes explored by Steidle at that time have sparked off fresh discussions today. In view of the demographic changes taking place in society, adaptable layouts and ideas of participation and community as well as simple, industrial, yet individualized architectural solutions are highly topical once more.

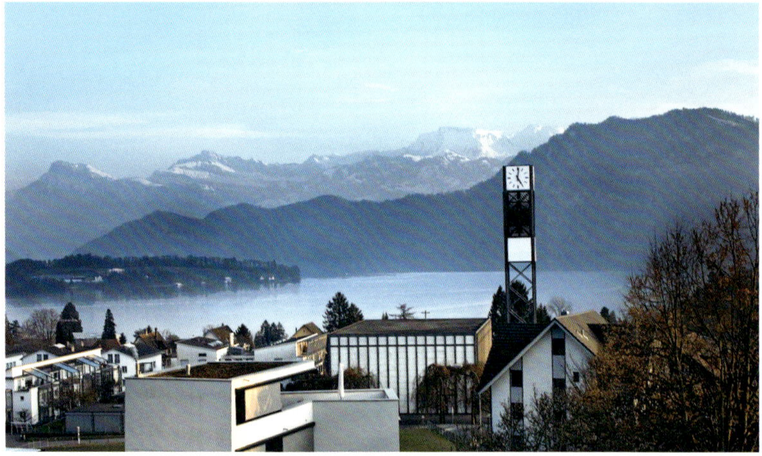

Architekt Architect Franz Füeg
Tragwerksplaner Structural engineer Marcel Desserich

Kirche St. Pius in Meggen
St. Pius Catholic Church in Meggen

Frank Kaltenbach

Auf der Fahrt durch Meggen, einer Nachbargemeinde von Luzern, fällt die Kirche St. Pius zunächst nicht weiter auf. Bei einer Begehung der Anlage verblüfft jedoch die Intensität, die der 1966 fertiggestellte Gesamtkomplex nach wie vor ausstrahlt. Die geometrische Strenge und die Klarheit der Proportionen unterstützen den Bau dabei, sich vor der gewaltigen Bergkulisse des Vierwaldstättersees und inmitten der ihn umgebenden heterogenen Wohnbebauung zu behaupten. Im Innenraum setzt sich diese Dialektik im Kontrast zwischen dem Rhythmus der 74 scharfkantig gewalzten Stahlstützen und der malerischen Struktur der Wandfüllung aus Naturstein fort. Die von außen betrachtet reinweißen, polierten Wände leuchten im Innenraum morgens bläulich, bei Abendsonne wechselt ihre Farbe zu Honiggelb. Sie strahlen mit ihrer samtrauen Oberfläche eine emotionale Wärme und stoffliche Präsenz aus.
Selbst in Fachkreisen ist die Piuskirche trotz dieser einzigartigen Qualitäten bis heute ein »Geheimtipp« und wird – völlig zu Unrecht – im Gegensatz zu den freiplastisch modellierten Betonkirchen von Walter Förderer oder Gottfried Böhm, die aus der gleichen Zeit stammen, in nur wenigen Architekturlexika dokumentiert. Ganz der sachlichen Architektursprache Mies van der Rohes verpflichtet, schließt sich Füeg in den 1960er-Jahren mit Alfons Barth, Hans Zaugg, Fritz Haller und Max Schlup zur sogenannten Solothurner Schule zusammen. Doch während deren prominentester Vertreter Fritz Haller mehrere Bauten in Modulbauweise realisieren kann und sein weltweit verbreitetes Möbelbausystem USM bis heute produziert wird, ist Franz Füeg nur durch ein einziges Bauwerk, die Piuskirche, international in Erscheinung getreten.
Wie Haller arbeitet auch Franz Füeg mit einem übergeordneten Raster (1,68 × 1,68 m), um Gebäuden und Außenanlagen eine strenge Ordnung zu geben, verwendet für Pfarrheim, Pfarrwohnung und Kirche einheitliche, außen liegende Stahlstützen. Was St. Pius jedoch bis heute unverwechselbar macht, ist die Gebäudehülle aus transluzentem Marmor, die den Kirchenraum an allen vier Seiten umschließt und – ähnlich gotischen Glasfenstern oder barocken Stuckwänden – als ein umlaufendes, von der Natur gestaltetes Ornament leuchtet.

links at left
Ansicht Kirche, 2011
Church in 2011

unten below
Lageplan Maßstab 1: 5000
1 Kirche
2 Pfarrheim
3 Pfarrwohnung
4 Kirchturm
5 Theresienkapelle
6 Tiefhof
7 Jugendräume
Site plan scale 1:5000
1 Church
2 Parsonage
3 Rectory
4 Steeple
5 St. Theresa's Chapel
6 Sunken courtyard
7 Youth group rooms

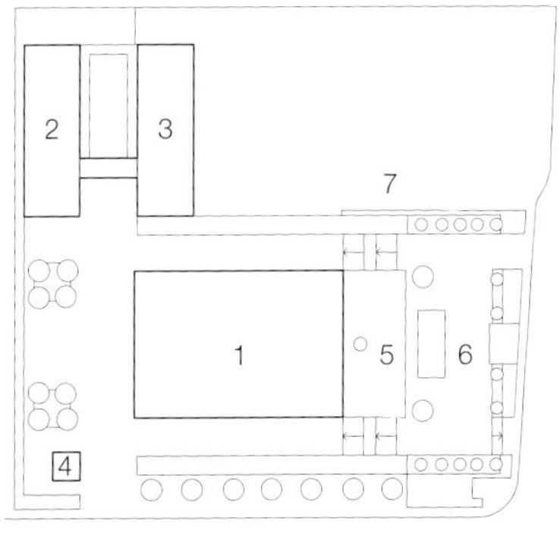

Ansicht Kirche, 2011
Church in 2011

Der Gemeinde ist ihre Kirche jedoch zunächst allzu nüchtern. So lässt sie Mitte der 1970er-Jahre an den hölzernen Seitenwänden der unter der eingestellten Stahlbetonempore liegenden Sakristei vier barocke Heiligenfiguren anbringen, den schlichten Tabernakel mit einem farbigen Mosaik bekleiden und das unscheinbare Kreuz auf dem Altar durch ein großes, schwebendes Kreuz ersetzen. Dem überwältigenden Raumeindruck tut diese Inbesitznahme durch die Nutzer jedoch keinen Abbruch. Dass die Kirche geschätzt wird, zeigt allein die Tatsache, dass sie heute dasteht, als wäre sie neu – und die Gemeinde ist ständig gewachsen, ohne das Erscheinungsbild der Anlage zu verändern: Zusätzliche Räume für die Jugend sind fast unsichtbar in den Betonsockel integriert, selbst für den Neubau eines Wartehäuschens der Bushaltestelle wurden die gleichen Stahlprofile verwendet wie beim Originalbau, und größere Neubauten sind respektvoll auf ein anderes Grundstück ausgelagert.

»Glasmalereien« aus Stein

Der heute 90-jährige Architekt beschreibt den Bau, als sei er erst gestern fertig geworden: Glasmalereien lehnte der Purist als verunklärenden Zierrat ab. Der ursprünglich angedachte Onyx oder Alabaster erwies sich als nicht witterungsbeständig. In Carrara, einem der größten Handelszentren für Naturstein, wurde er auf den Pentelischen »Dionysos«-Marmor aufmerksam, aus dem 2500 Jahre zuvor die Blöcke des Parthenon geschnitten wurden. An der Außenseite sind die Platten geschliffen, um weniger Angriffsfläche für die Witterung und für Verschmutzungen zu bieten. Die Oberfläche der Raumseite ist zur Verbesserung der Akustik und um Lichtreflexe zu vermeiden sägerau.

Um die optimale Lichtwirkung abschätzen zu können, ließ der Architekt sich in einem abgedunkelten Raum unterschiedlich dicke Platten vor das einzige offene Fenster halten. Das Ergebnis ist noch heute überwältigend: Für die Wände wählt er 28 mm dicke Platten, die oberste Steinreihe ist mit 20 mm dünnen Platten gefüllt, damit – von außen unsichtbar – ein umlaufender heller Lichtkranz das Dach schweben lässt. Auch die Eingangstüren bestehen aus 20 mm dünnen Platten in Stahlrahmen, die sich als hellere Flächen von den dickeren Wandtafeln absetzen. Die Anordnung der unterschiedlichen Steinmuster trägt dazu bei, den klar strukturierten Raum in einen bedeutungsvollen Organismus zu verwandeln: Je elf Platten sind so übereinander angeordnet, wie sie vor dem Zerschneiden im Steinblock nebeneinander lagen. Dadurch entsteht der Eindruck von hauchdünnen Schnitten durch die Gesteinsschichten, wie bei einem Computertomogramm.

Die unterschiedliche Farbigkeit der Steinmaserung setzt Füeg dazu ein, die Altarwand zu gliedern: Drei vertikale Streifen aus den dunkelsten Blöcken betonen die Mittelachse, neben die er zwei Streifen aus dem hellsten Block stellt. Bei Kunstlicht verwandelt sich der Eindruck einer leuchtenden Membran zu massiven Mauern, und auch das äußere Erscheinungsbild kehrt sich um: Zur Silvestermesse des Millenniums 2000 ließ es sich die Gemeinde nicht nehmen, alle 32 neu installierten 500-Watt-Halogenstrahler des Kirchenraums ungedimmt einzuschalten, und die sonst zurückhaltenden Fassaden erstrahlten wie eine riesige Laterne aus Pergament.

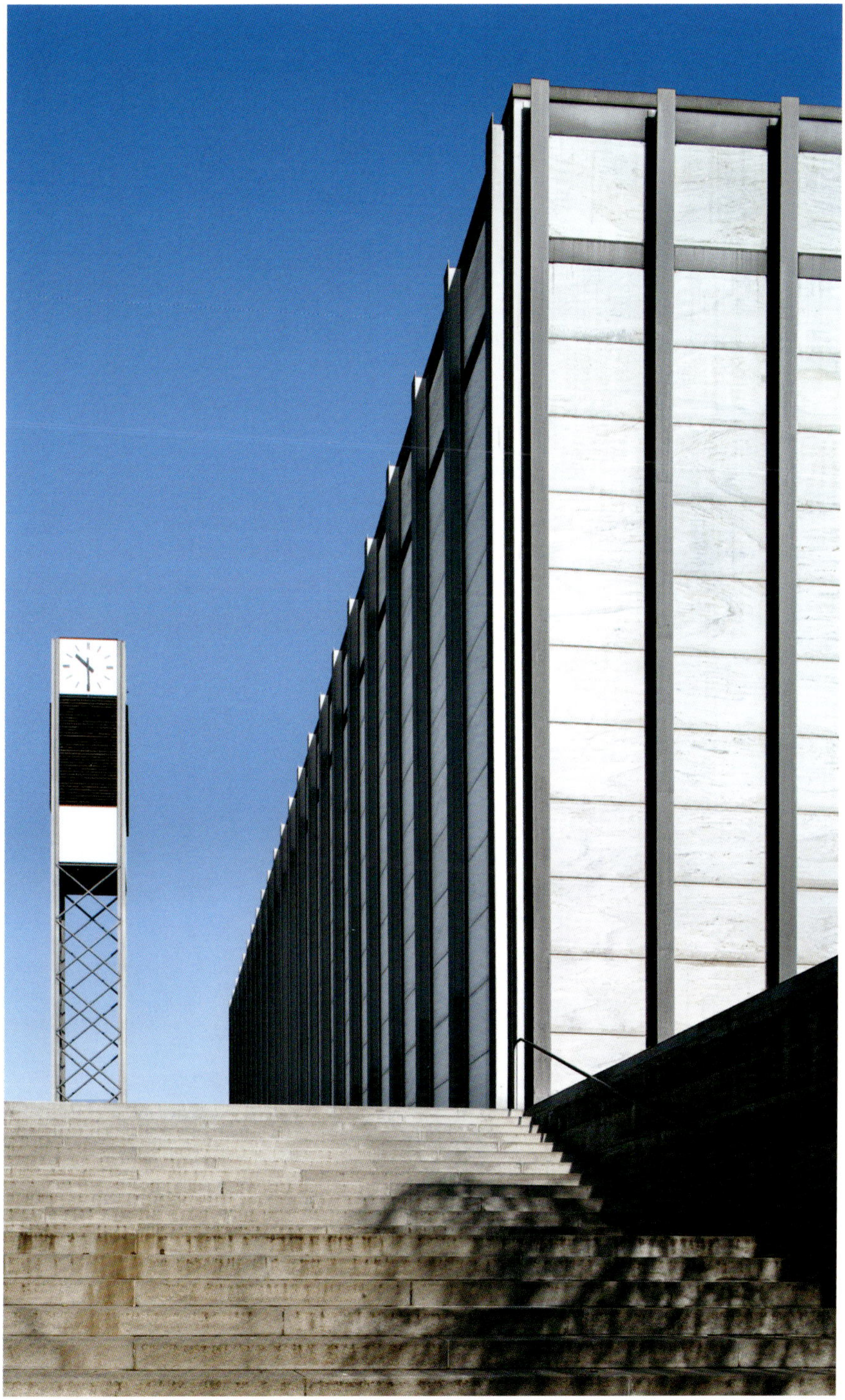

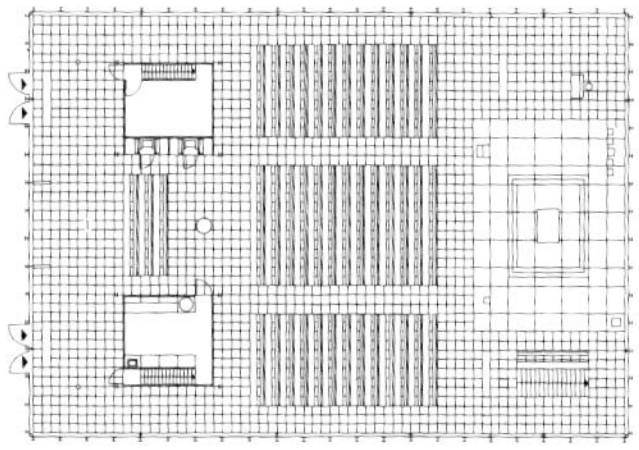

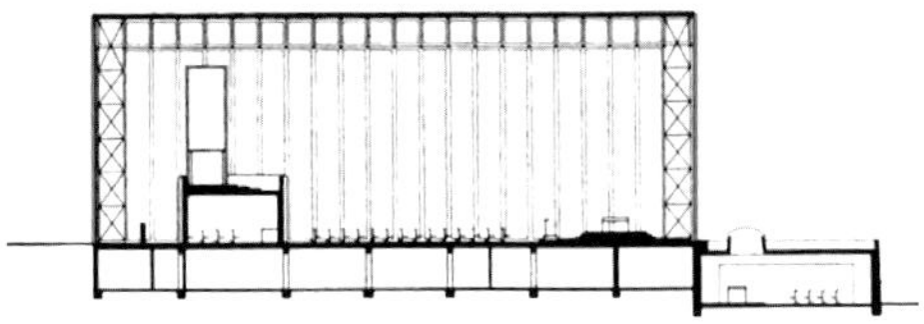

oben above
Grundriss • Schnitt Maßstab 1:1000
Floor plan • Section scale 1:1000

links at left
Stahlgerippe nach Vollendung der Montage
Steel skeleton after assembly

rechts at right
Eines der vorgefertigten Binderelemente wird zur Montage mit dem Kran eingehoben.
A prefabricated truss element is lifted in by crane.

Sanierung

Der frische Eindruck der Gesamtanlage ist den dreijährigen Sanierungsmaßnahmen Ende der 1990er-Jahre zu verdanken. Einen Minergiestandard gab es in den 1960er-Jahren noch nicht, die Gebäudehülle ist eine einzige Wärmebrücke. Ursprünglich wurde das Kondenswasser über eine umlaufende Sockelrinne abgeleitet, heute wird das Abtropfen von Kondensat weitgehend verhindert: Bei Temperaturen unter 8 °C schaltet sich die neue Heizungsanlage ein und erwärmt den Raum auf maximal 16 °C. Indem die warme Luftspülung auf die Wände noch einige Zeit anhält, nachdem die Gemeinde die Kirche verlassen hat, kann die auf der Wandfläche angefallene Feuchtigkeit vollständig verdampfen.
Die ursprüngliche Beschichtung sämtlicher Stahlteile wurde entfernt und durch eine Eisenglimmerbeschichtung ersetzt. Von den insgesamt 888 Marmorplatten mussten nur drei ausgewechselt werden, die im Lauf der Jahre Risse bekommen hatten. Die Montage war einfach: Die Steinplatten stehen an den Kanten nicht direkt aufeinander, sondern sind einzeln an je zwei Einkerbungen unsichtbar auf Stahlknaggen aufgelegt, die mit millimetergenauer Toleranz an die Stahlstützen geschweißt sind.

Kontinuität und Innovation

Franz Füeg ließ sich bei seinem Entwurf von vorromanischen Kirchen und der Kathedrale in seiner Heimatstadt Solothurn, vor allem aber von Otto Bartnings Stahlkirche mit umlaufenden Glasmalereien auf der Presseausstellung 1928 in Köln anregen: Sie inspirierte ihn zu dem Wechsel von Enge und Weite sowie zu der heiligen Symmetrieachse, die ordnet, aber nicht beschritten wird. Elemente der Piuskirche tauchen wiederum in der heutigen Architektur auf, beispielsweise der zum Fachwerk aufgelöste Kirchturm, die Gliederung des kubischen Innenraums durch eine frei eingestellte Empore oder die komplett entmaterialisierte Gebäudehülle – sei es in Form satinierten Glases oder als Marmorfurnier, das zwischen zwei Glasscheiben eingegossen ist. St. Pius ist ein Gesamtkunstwerk der Moderne und damit weit mehr als nur ein »Geheimtipp«.

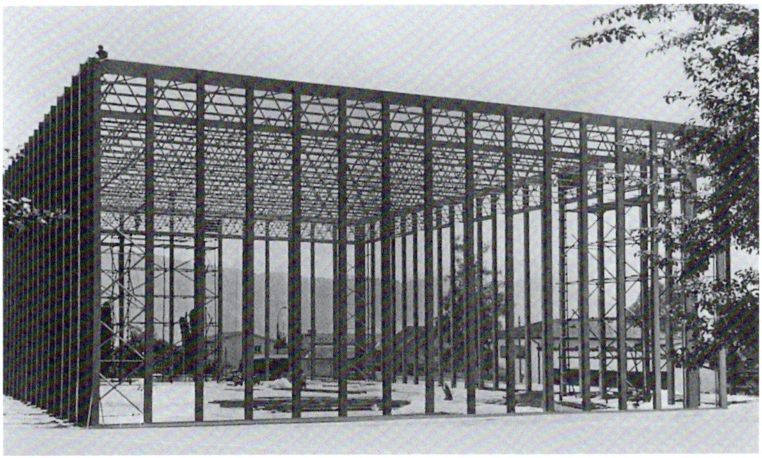

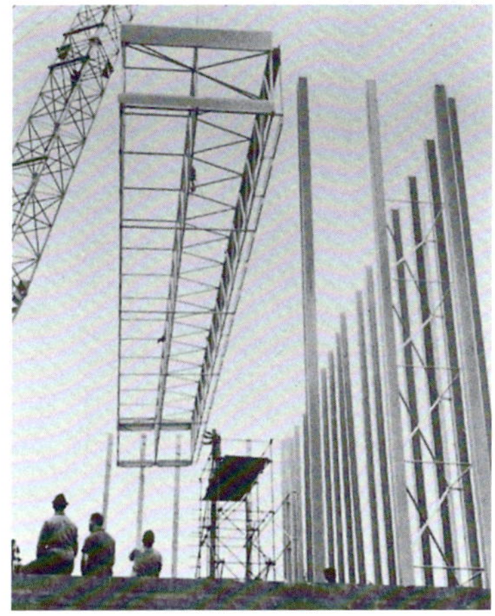

The geometrical rigour and the clarity of St. Pius's proportions help give the church its presence in the majestic – and dynamic – alpine setting and within a heterogeneous residential quarter. The white of the marble appears to enter into a dialogue with the distant glaciers. This dialectic is set forth inside the church with the contrast between the rhythm of the 74 steel columns and the cloud-like painterly structure of the stone wall panels. From the exterior, the polished walls appear to be pure white, while at night the interiors are cast in a honey-yellow glow, and their velvety surfaces radiate warmth and physical presence. Inexplicably, St. Pius's has not received the widespread acclaim bestowed on the expressive churches by Füeg's contemporaries Walter Förderer and Gottfried Böhm.

This project, consisting of church, parsonage, rectory and the outdoor elements, adheres to an overriding grid of 1.68 by 1.68 metres. The same steel columns are employed in all three buildings. But it is the building envelope of translucent marble that leaves a lasting impression; like Gothic stained-glass windows or baroque stucco decoration, it is an ornament rooted in nature, and it makes the space glow. At first, the congregation found the church too sober, so in the mid-1970s they had four baroque statues of saints installed below the reinforced-concrete choir loft, clad the restrained tabernacle in glass-mosaic tiles, and replaced the delicate, unprepossessing cross with a large suspended one. However, this appropriation in no way detracts from the stunning impact of the space.

Füeg, now 90 years old, describes the building as if it had been completed yesterday. A purist, he rejected glass painting, considering it ornament that obscures the design intention. Onyx and alabaster were his first choices, but there were concerns about their resistance to weathering. In Carrara, one of the largest commercial stone centres, Pentelic Dionysos marble caught his eye. About 2,500 years ago, this stone was used to build the Parthenon. To determine the optimal thickness, Füeg tried out slabs of varying thickness in a darkened space by having them held in front of the only window. He selected 28-millimetre-thick slabs for the walls. For the infill in the uppermost frieze, 20-millimetre slabs are used, so that inside the church the roof appears to float. However, the different degree of translucence is not

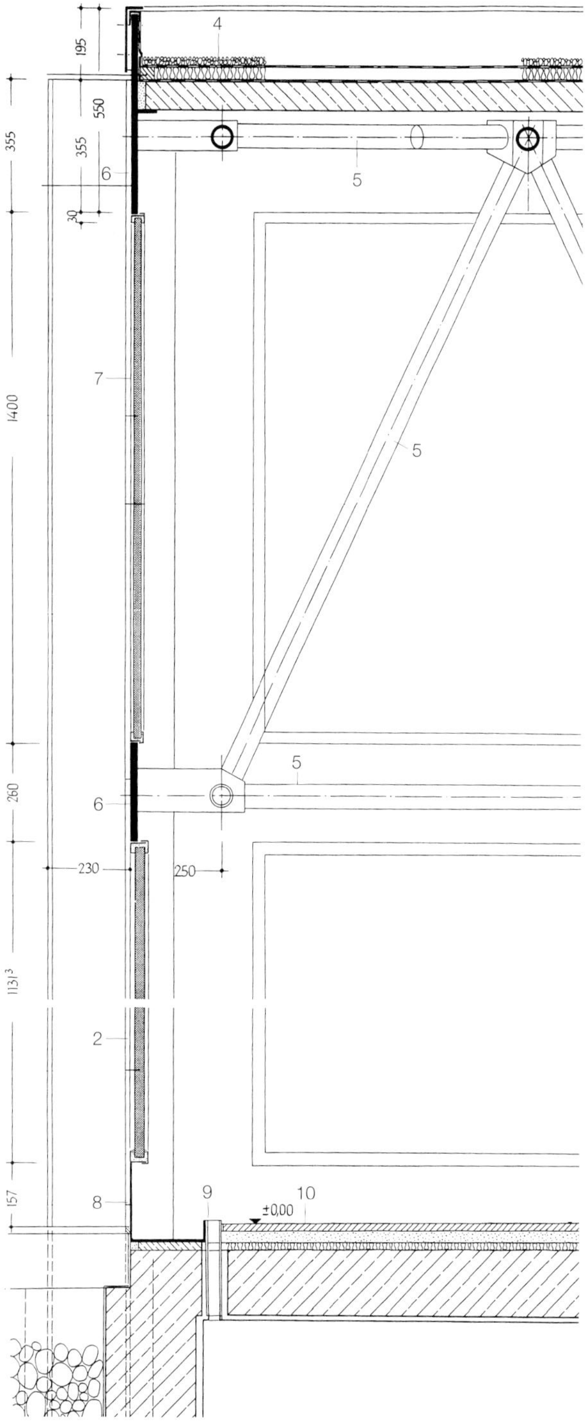

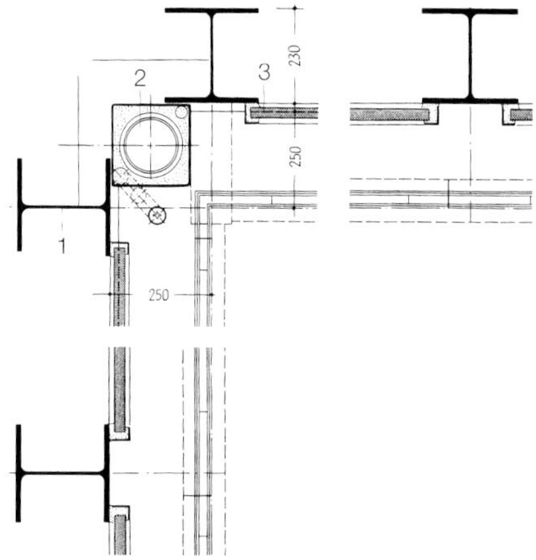

links und oben at left and above
Vertikalschnitt • Horizontalschnitt Maßstab 1:20

1 Stahlstütze IBI 240
2 Dachentwässerung Kasten Stahlblech 6 mm
 Fallrohr ∅ 125 mm
3 Marmor »Dionysos« 1510/1020/28 mm
4 Dachaufbau:
 Kies 20 mm, Dachhaut einlagig lose
 Dämmung 30 mm Kork, Dampfsperre
 zementgebundene Weichfaserplatte 80 mm
5 Fachwerkträger Stahlrohr ∅ 63 mm
6 Dachrand bzw. Kämpfer, Flachstahl 10 mm
7 Marmor »Dionysos« 1510/1390/20 mm
8 Schwitzwasserrinne Stahlprofil
9 Zuluftschlitz umlaufend
10 Terrazzoplatte 560/560/25 mm mit Einschlüssen
 Marmor »Dionysos«

Vertical section • Horizontal section scale 1:20

1 IBI 240 steel column
2 roof drainage: 6 mm steel-sheet box
 ∅ 125 mm down-pipe
3 1510/1020/28 mm Dionysos marble
4 roof construction:
 20 mm gravel; roof cladding, one layer, not affixed; 30 mm cork insulation; 80 mm cement-bound softboard vapour barrier
5 ∅ 63 mm CHS steel truss
6 10 mm flat-rolled steel roof edge/transom
7 1510/1390/20 mm Dionysos marble
8 steel condensation channel
9 perimetral slit for incoming air
10 560/560/25 mm terrazzo slab with
 Dionysos marble aggregate

rechts at right
Innenraum, 2011
Interior, 2011

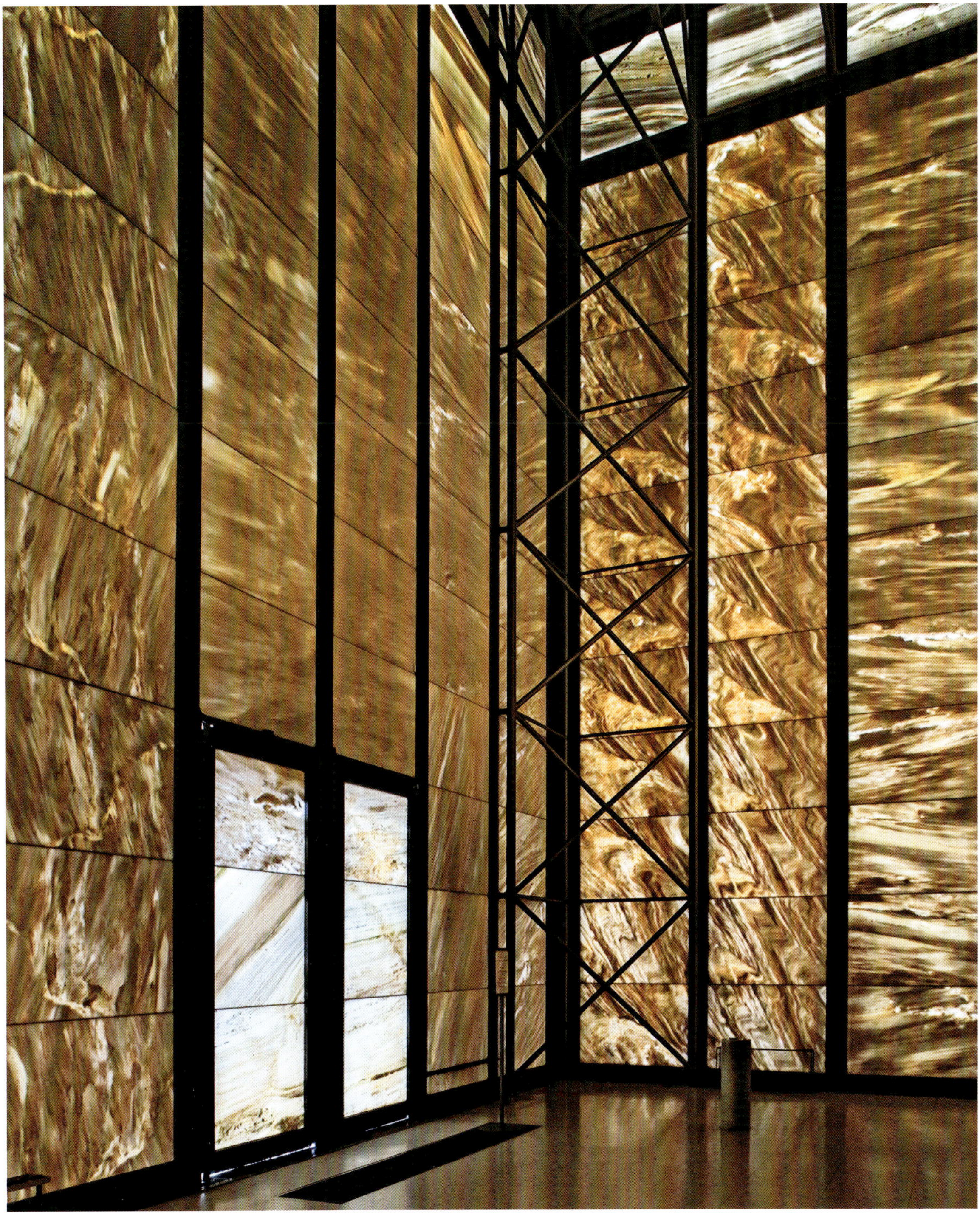

unten below
Innenraum, 2011
Interior with altar, 2011

rechts at right
Detailschnitte Maßstab 1:5
1 Dachentwässerung Kasten Stahlblech 6 mm, Fallrohr ∅ 125 mm
2 Dachrand bzw. Kämpfer, Flachstahl 10 mm
3 Marmor »Dionysos« 1510/1390/20 mm
4 Schwitzwasserrinne Stahlprofil
5 Stahlprofil L 4 mm
6 Distanzband 15/5, 25/5 mm bzw. 30/5 mm
7 Dichtung dauerelastisch
8 Konsole für Marmorplatte Flachstahl 20 mm
9 Neoprenauflager 25/25/5 bzw. 30/30/3 mm
10 M8 Innensechskantschraube

Sectional details scale 1:5
1 roof drainage: 6 mm steel-sheet box ∅ 125 mm down-pipe
2 10 mm flat steel roof edge/transom
3 1510/1390/20 mm Dionysos marble
4 steel condensation channel
5 4 mm steel angle
6 15/5, 25/5 mm and 30/5 mm packing tape
7 seal with long-term elasticity
8 bracket for marble slab: 20 mm flat-rolled steel
9 25/25/5 and 30/30/3 mm neoprene bearing surface
10 M8 hexagonal bolt for interior use

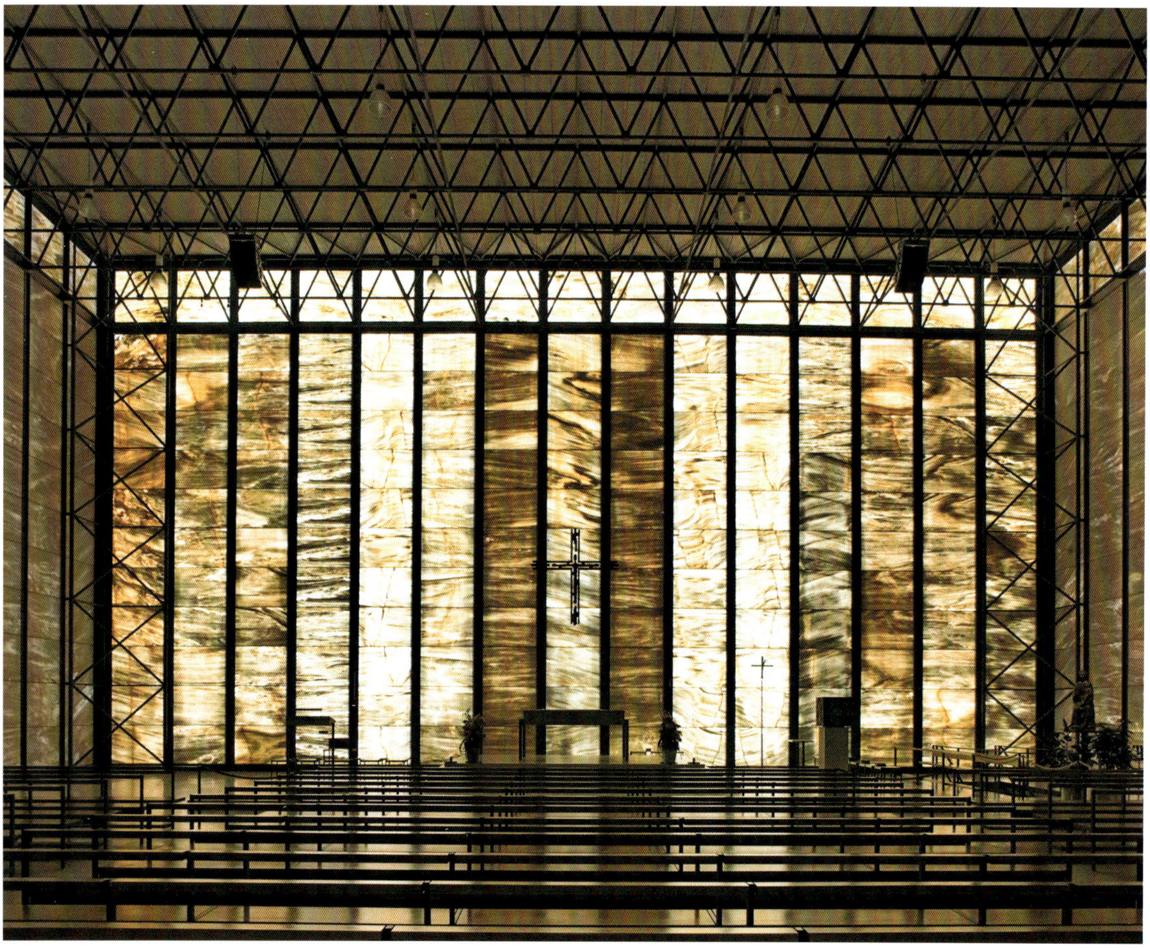

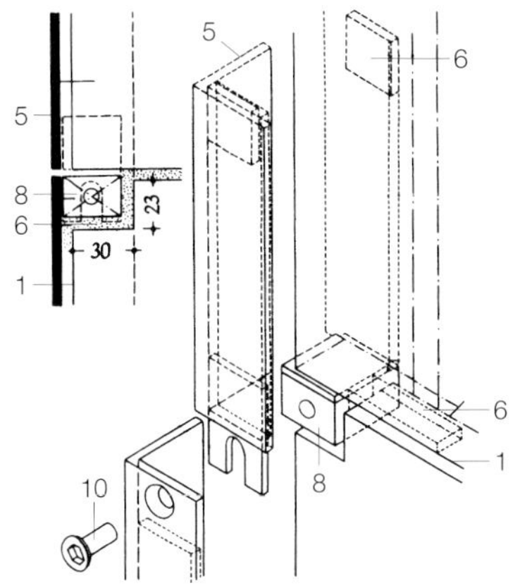

discernible from the exterior. The stone in the steel door frames is also 20 millimetres thick. The intensity of their glow and colour tone depends on the time of day and year. When artificial light is employed, the effect is reversed: to ring in the new millennium, the congregation insisted that all of the 32 newly installed spotlights be turned on, undimmed, which caused the otherwise restrained church to glow like a lantern.

Above all, the arrangement of the stone slabs helps transform the clearly structured space into a meaningful entity. Groups of 11 slabs are arranged as they were in situ before being cut. In this way, the impression created is that of ultra-thin sections through the depths of the earth's many layers, like a computer tomogram. Füeg employed the colours of the stone's veins to structure the altar wall: three stripes of the darkest blocks emphasize the central axis, adjoined on both sides by two rows of the lightest stone. The slabs are sanded on the outer surface to protect against weathering and soiling; the inner surface is rough-sawn to improve the acoustics and to avoid light reflection.

Refurbishment measures were begun in the 1990s and went on for three years; this explains the fresh impression the complex makes. In the 1960s there was no Minergie standard: the entire building envelope is a thermal bridge. Originally condensation was directed to a gully running along the entire perimeter of the base. These days, the streamlets of condensation are largely a thing of the past: at temperatures below 8 °C, the new heating system is activated and warms up the interior to a maximum of 16 °C. The space is heated for some time after the congregation has departed, so that the moisture that has accrued can evaporate fully. The steel members' original coatings were removed and replaced with micaceous iron oxide paint. Only three of the original 888 stone slabs had cracks requiring them to be replaced. The slabs do not rest upon one another, but are held in place in steel brackets that are welded to the columns.

Elements of St. Pius, such as the framework tower, the structuring of the cubic interior by a free-standing gallery, or the fully dematerialized building envelope, have found their way once more into modern-day architecture. Far more than just an insider's tip, St. Pius is truly a modernist masterpiece.

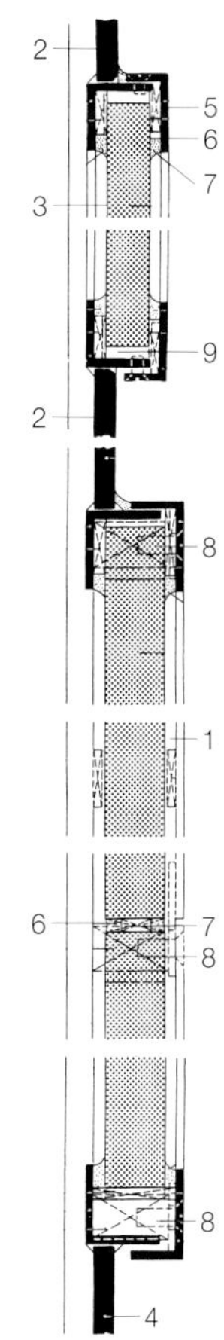

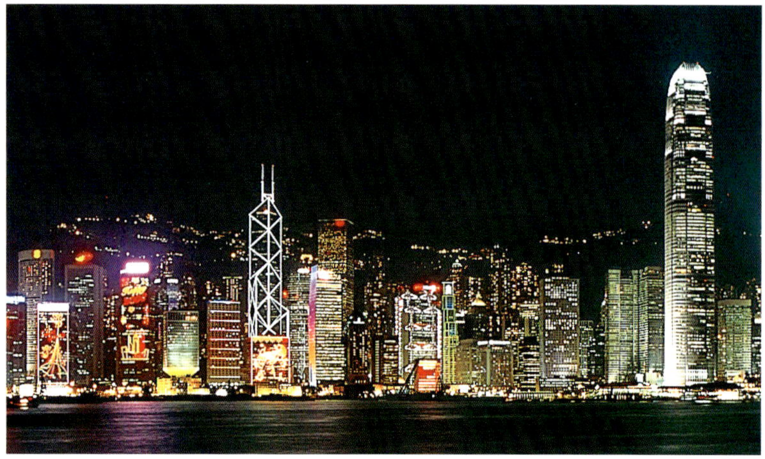

Architekten Architects Norman Foster Associates
Tragwerksplaner Structural engineers Ove Arup & Partners

Hongkong and Shanghai Bank in Hongkong
Hongkong and Shanghai Bank in Hong Kong

Frank Kaltenbach

Es gibt nur wenige Gebäude, die bereits vor ihrer Fertigstellung zu Architekturikonen werden. Kein anderes Bauwerk verkörpert so klar und gleichzeitig so expressiv den nie zur Ruhe kommenden Pulsschlag der internationalen Finanzmärkte, interpretiert den klassischen Büroturm als flexiblen, dynamisch wachsenden Organismus und gleichzeitig als vornehme Geldmaschine. Der ursprüngliche Auftrag an Norman Foster lautete, das beste Bankgebäude der Welt zu bauen. Und so trug das unkonventionelle Konzept des Gebäudes entscheidend zum rasant wachsenden Erfolg der Bank, aber auch des Büros von Norman Foster bei: »Wir sind nicht nur so stark gewachsen, weil wir den großen Maßstab und die hohe Komplexität der Aufgabe bewältigt haben, sondern weil wir bewiesen haben, dass wir über das Potenzial verfügen, einen Gebäudetyp komplett neu zu erfinden.« Nicht zuletzt wegen seiner starken bildhaften Wirkung ziert das Gebäude die 20-Hongkong-Dollar-Banknote und wurde als ins Endlose wachsende Nachtansicht von Andreas Gursky als Kunstwerk überhöht.
Im Gegensatz zu den expressiveren Hightech-Gebäuden aus der gleichen Zeit wie der Sony Tower von Kisho Kurokawa in Osaka, das Centre Pompidou von Renzo Piano und Richard Rogers oder Rogers' Lloyd's Building in London, sind bei der Hongkong and Shanghai Bank (HSBC) die außen angedockten vorgefertigten Sanitärcontainer eckig und fugenlos zu großen Paketen gestapelt und verleihen dem Bau Ruhe und Souveränität. Die Konzentration auf die plastische, kantige Wirkung des Tragwerks bei gleichzeitiger Unterordnung aller weiteren Gebäudeteile ermöglicht es, das Gebäude seiner Zeit eindeutig zuzuordnen. Gleichzeitig handelt es sich um einen zeitlosen und gestalterisch nachhaltigen Bau.
Mit dem damaligen Hauptquartier der HSBC hat Foster Associates für rund 670 Millionen US-Dollar das bis dahin teuerste Gebäude der Welt errichtet und einen typologisch wegweisenden, fast 100000 m² großen Bürokomplex geschaffen, der wie selbstverständlich in den städtebaulichen Kontext eingefügt ist. Die hohen Kosten haben sich gelohnt: Fast unverändert steht der Bau noch heute da, und noch viele Jahrzehnte wird die Fassade aus beachtlichen 5 mm dicken Aluminiumpaneelen mit Spezialbeschichtung den Taifunen und der sengenden Tropensonne unbeschadet trotzen. Vor allem

links at left
Skyline von Hongkong
Hong Kong skyline

unten below
Landgewinnung Hongkong,
Maßstab 1:10000; 1915–1985 (hellgrau), 1985–2013 (mittelgrau)
1 HSBC (178 m), Foster Associates, 1985
2 Bank of China (367 m), 1987
3 Two Financial Center (420 m), 2004
4 Statue Park
5 Landebrücke Star Ferry, seit 2007
Land reclamation in Hong Kong
scale 1:10000; 1915–85 (pale grey); 1985–2013 (medium grey)
1 HSBC (178 m high); Foster Associates, 1985
2 Bank of China (367 m high), 1987
3 Two Financial Centre (420 m high), 2004
4 Statue Park
5 Star Ferry landing bridge, since 2007

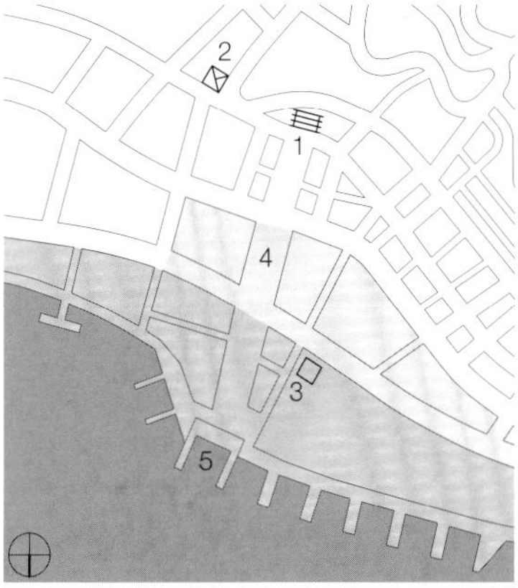

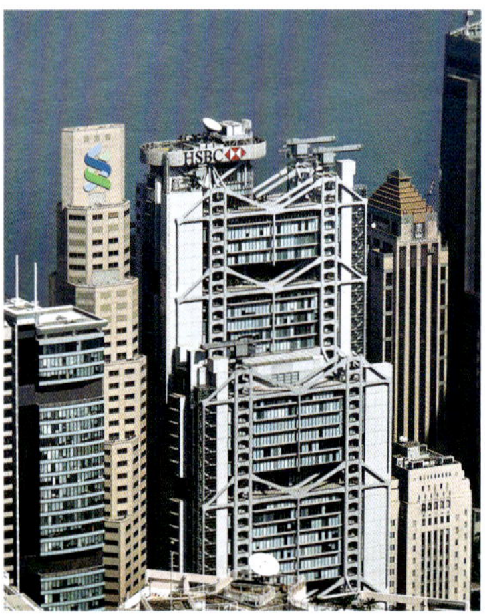

die Flexibilität hat sich bewährt: Arbeiteten beim Bezug 3500 Menschen in dem Gebäude, sind es heute mit 5600 Mitarbeitern beinahe doppelt so viele. Nicht nur die Büroeinheiten sind einem stetigen Veränderungsprozess unterworfen. Sogar einen Tradingroom, der ursprünglich nicht geplant war, konnte die Bank ohne große Umbauten integrieren.

Architekturexport – Made in the UK

Das 1985 fertiggestellte Gebäude befindet sich an derselben Stelle wie die drei Vorgängerbauten. Gegründet wurde die Hongkong and Shanghai Banking Corporation 1865 von einem Schotten, 23 Jahre nachdem China Hongkong als Kronkolonie auf begrenzte Zeit an Großbritannien abgetreten hatte. Das 1935 errichtete Headquarter war mit 70 m Höhe das höchste Gebäude Asiens, und während das Empire State Building den Aufstieg der aufstrebenden Weltmacht USA symbolisierte, war das damalige Bankgebäude der Ausdruck europäischer Überlegenheit inmitten der landwirtschaftlich geprägten, lukrativen asiatischen Wirtschaftszone.
Fosters siegreiches Wettbewerbsprojekt für das Hochhaus sah zunächst vor, das bestehende Gebäude mit einer Brückenkonstruktion zu überbauen, erst in der Überarbeitung wurde der Altbau aufgegeben und schließlich abgerissen. Die Brückenkonstruktion wurde beibehalten, so ergab sich ein komplett freies Erdgeschoss, das den öffentlichen Raum unter dem Gebäude durchfließen lässt und es der Energie – den Vorstellungen des Feng Shui gemäß – erlaubt, vom Victoria Peak zum Hafen zu strömen. Durch die Anordnung der Vertikalerschließung und der Sanitärräume an den Schmalseiten bleibt der gesamte Grundriss stützenfrei, sodass die Räume vollkommen flexibel aufgeteilt werden können und der Blick auf Berg und Hafen komplett frei bleiben kann. Voraussetzung für diese Flexibilität und die filigranen Fassaden ist das kranartige Tragwerk aus drei unabhängigen hintereinandergeschalteten Türmen, bei denen die Geschossdecken über dünne Stahlprofile abgehängt sind. Diese Transparenz wird durch ein zwölfgeschossiges Atrium verstärkt, in das von Süden eine vor die Fassade gehängte »Lichtschaufel« (Abb. S. 95) und eine verspiegelte Atriumdecke Tageslicht lenken. Das absolute Novum aber ist der durchhängende

links at left
HSBC »eingewachsen« von Nachbargebäuden, 2007
HSBC in 2007: competition from all sides

rechts at right
1985 war die HSBC der Höhepunkt der Skyline; am untersten Träger die Lichtschaufel
HSBC in 1985: the highest point on the skyline; "light scoop" fixed to lowest girder

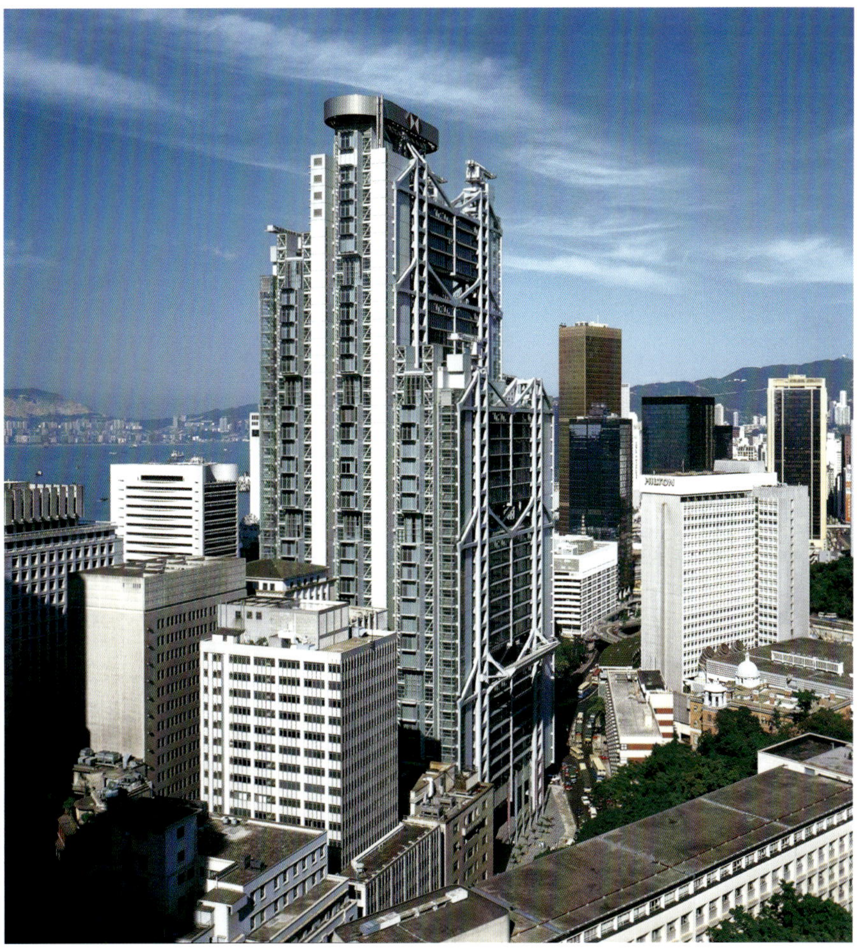

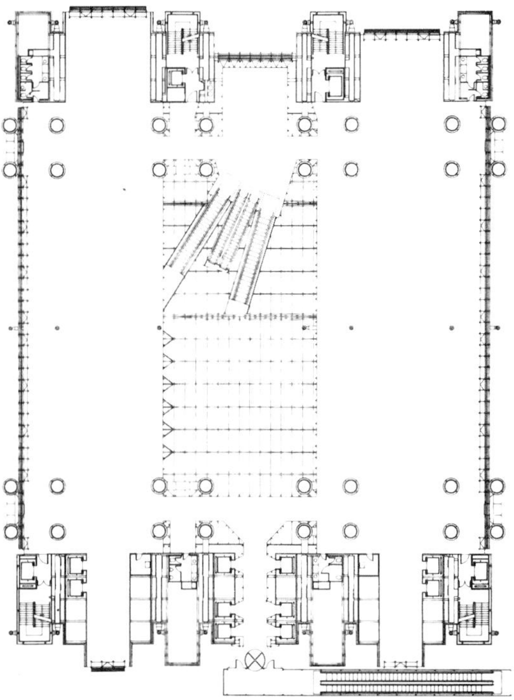

1

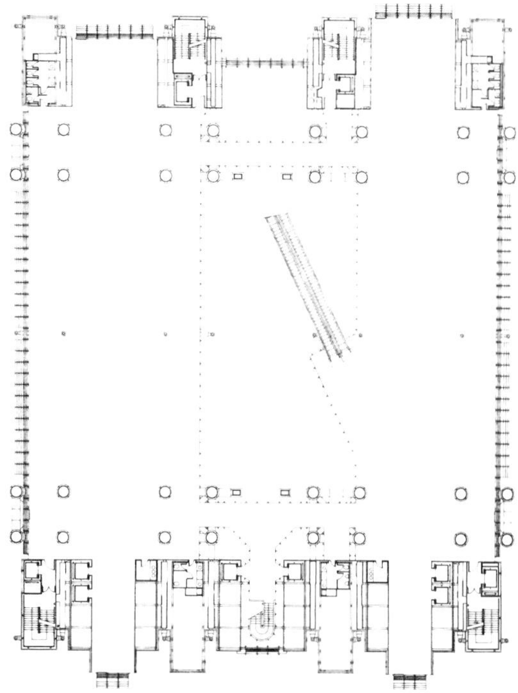

2

transparente Glasboden des Atriums, der von der Platzebene wie ein Schaufenster Einblicke bis tief ins Innere der Bank erlaubt (Abb. S. 89). In diesen Glasbauch stechen zwei nach Feng-Shui-Gesichtspunkten schräg angeordnete Rolltreppen als Haupterschließung zu der öffentlich zugänglichen Kassenhalle. Der Büroturm ist organisiert wie eine vertikale Stadt: Aufzüge dienen als »Schnellstraßen«, die einzelnen Geschosse sind untereinander auf kurzem Wege über Rolltreppen erschlossen, was einen regen Austausch – auch über verschiedene Ebenen hinweg – ermöglicht.

Vorläufer des »Green Building«

Technische Neuerungen sind die Verwendung von Meerwasser zur Gebäudekühlung, Tests im Windkanal, ein Tageslichtkonzept, das nach intensiven Studien unter einem künstlichen Himmel im Lichtlabor Bartenbach umgesetzt wurde, transparente Fassaden und ein Doppelboden, der Änderungen in der Nutzungsstruktur und technischen Infrastruktur problemlos ermöglicht (Abb. S. 91). Damit kommen Elemente zum Einsatz, die Foster erstmals bei seinem Hauptquartier für die Versicherung Willis Faber & Dumas in Ipswich (1975) ausprobiert hatte. Grüne Atrien, wie sie der Architekt später beim 260 m hohen Verwaltungsturm der Commerzbank in Frankfurt (1997) – seiner Weiterentwicklung des »ökologischen« Hochhauses – übereinanderstapeln konnte, lehnen die Bauherren der HSBC bis heute ab. Mit seinem phallusförmigen Büroturm »The Gherkin« für Swiss Re (2004) in der Londoner City wechselt Foster schließlich zu einer determinierten glatten Großform, die nichts mehr von den gestapelten terrassenartigen Atrien im

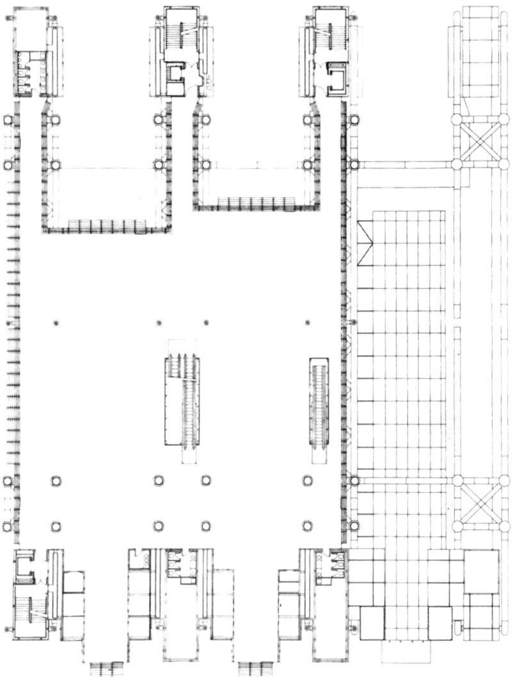

3

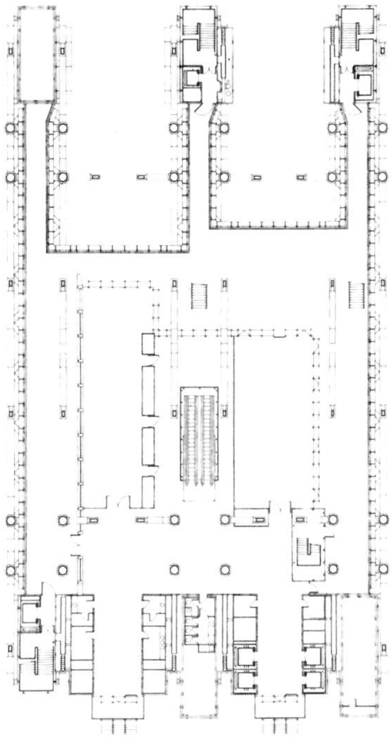

4

Inneren an den Fassaden zeigt. Alles andere als nachhaltig war beim Bau der HSBC der hohe Transportaufwand: Jedes einzelne Teil des Gebäudes wurde in Übersee vorgefertigt und musste über Tausende Kilometer mit dem Schiff oder Flugzeug von London, Japan oder den USA nach Hongkong gebracht werden, um dort während der lediglich zwei Jahre dauernden Bauzeit zusammengeschraubt zu werden. Gerüchte besagten, dass vor der vereinbarten Rückgabe Hongkongs an China im Jahr 1997 das gesamte Bauwerk demontiert, verschifft und in Großbritannien erneut aufgebaut werden sollte. 1992 wechselte das Hauptquartier der Bank nach London, Fosters Gebäude blieb jedoch stehen. Bei seiner Eröffnung überragte der Büroturm mit seiner Höhe von 178 m die gesamte Silhouette von Hongkong Island und galt schon aufgrund seiner Lage in der direkten Achse der Anlegestelle der Star Ferry und als Endpunkt des Statue Square – neben Rathaus und Busbahnhof – als eigentliches Eingangstor zur Stadt. Er wirkte wie ein futuristisches Raumschiff in der damals teilweise heruntergekommenen Hafenstadt, deren Operngebäude architektonisch belanglos war, deren Flughafen »Kai Tak« als einer der gefährlichsten der Welt galt und in deren Stadtviertel wie die »Walled City« sich nicht einmal die Polizei wagte.

2011 – vom Wachstum überholt

Die europäische Dominanz währte jedoch nicht lange. Knapp zwei Jahre nach Fertigstellung der Hongkong and Shanghai Bank stellte der benachbarte, vom sinoamerikanischen Architekten Ieoh Ming Pei geplante Turm der in Peking ansässigen Bank of China mit 367 m das Gebäude buchstäblich

Grundrisse Maßstab 1:800
1 Ebene 3 Bankhalle
2 Ebene 5 Bankhalle
3 zweischiffiges Geschoss mit Dachaufsicht
4 Ebene 35 Konferenz- und Versammlungsräume

Floor plans scale 1:800
1 Level 3 Banking hall
2 Level 5 Banking hall
3 Two-bay floor plan with roof of canopy
4 Level 35 board room and meeting rooms

in den Schatten. Trotz der steilen Berge und schmalen Uferstreifen wächst Hongkong seit Ankunft der Engländer nicht nur in die Höhe, sondern auch in die Breite. Umfangreiche Landgewinnungsmaßnahmen lassen Hongkong Island und Kowloon wie in Jahresringen Gebäudeblock für Gebäudeblock von beiden Seiten der Meerenge aufeinander zuwachsen. So wird der einstige »Wolkenkratzer« der HSBC mittlerweile von mehr als 100 Gebäuden überragt – bildete er 1986 einen Hochpunkt in der Silhouette, zeichnet er sich heute durch eine Kehle ab. Durch die Landgewinnungsmaßnahmen rückt das Gebäude immer weiter von der Hafenfront ab, der Blick auf das Wasser bleibt jedoch dank der gleichzeitigen Verlängerung des vorgelagerten Statue Parks bestehen. Heute beherrschen die Türme von Central Plaza mit 374 m und Two International Finance Center mit 420 m die Silhouette von Victoria – gegenüber in West Kowloon hält momentan das International Commerce Center mit 478 m den Rekord.

Umbauten und Ergänzungen

Während die Hongkong and Shanghai Bank ursprünglich bei Nacht zurückhaltend von innen vor sich hinglühte, ist sie seit 2003 Teil des weltweit größten Licht- und Klangspektakels »A Symphony of Lights«, das die gesamte Hafenfront einbezieht. Über 700 Scheinwerfer wurden an den Fassaden

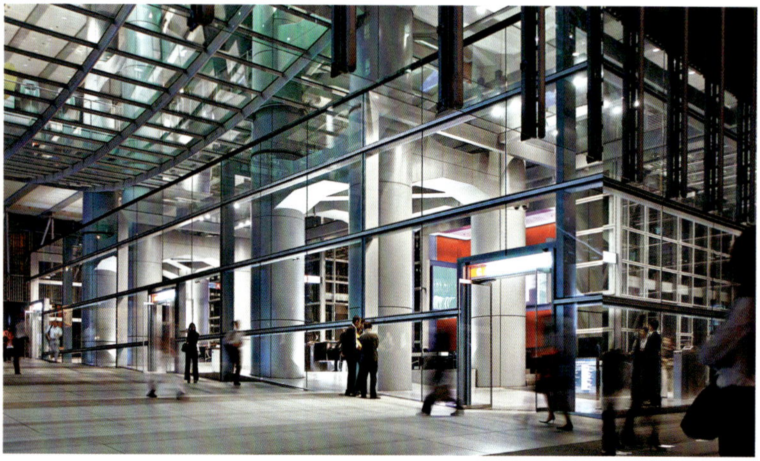

montiert, die die Tragstruktur in grellen Farben in Szene setzen. Die einzige außen sichtbare Veränderung ist dem erhöhten Sicherheitsbedürfnis geschuldet: eine verglaste Schleuse vor den drei Liftlobbies auf der Platzebene unter dem Gebäude (Abb. unten). Seit November 2006 ermöglicht der vom Architekturbüro One Space entworfene 320 m² große, rundum verglaste Kubus eine besser abgesicherte Zutrittskontrolle und belebt diesen bisher nur spontan genutzten Ort – einmal im Monat veranstalteten philippinische »Gastarbeiterinnen« ein Massenpicknick unter der Bank – mit einem repräsentativen Entrée, Sitzgelegenheiten und großformatigen Screens. Der transparente Zubau ist zurückhaltend und soll den Eindruck erwecken, als sei er schon immer da gewesen. Das einzigartige Konzept des ungestört durchfließenden Freiraums wird jedoch abgeschwächt, und die flimmernden Bildschirme lenken den Blick von unten ins Atrium ab. Die größte Veränderung im Inneren der Bank ist die Neugestaltung der Ebene 35 als Vorstandsetage – ebenfalls durch One Space: Großformatige Scheiben mit weißen, unregelmäßigen Sichtschutzstreifen ersetzen hier die Trennwände aus transluzenten Gläsern in kleinteilig gerasterten Rahmen, eine stimmungsvolle Lichtszenerie schafft eine hotelähnliche Atmosphäre, modisches Interior-Design überlagert sich mit der Stringenz der konzeptionellen Architektur (Abb. S. 90). Das klar strukturierte Gebäude hält auch diesen »Stilbruch« aus.

links at left
neue Glaslobby, 2006;
Architekten: One Space
New glazed lobby, 2006;
architects: One Space

rechts at right
Plaza im Jahr 1986 mit Blick auf die ursprünglich drei getrennten Aufzugslobbies
Plaza, 1986, with view of what were originally three separate lift lobbies

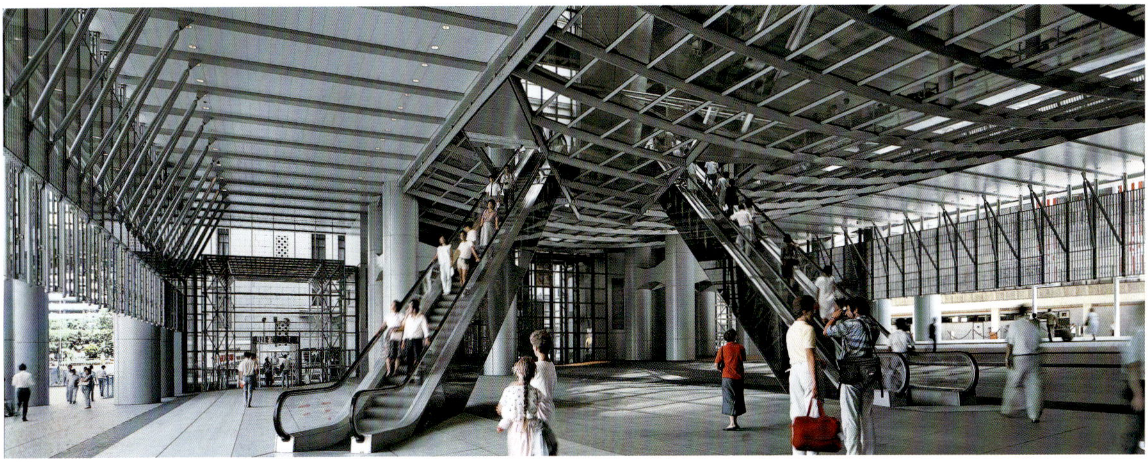

unten below
Schnitt Maßstab 1:15000
1 Tageslicht-Umlenkspiegel Atrium
Section scale 1:15000
1 mirrors deflecting daylight into atrium

rechts at right
Blick ins Atrium, 1986
View of atrium, 1986

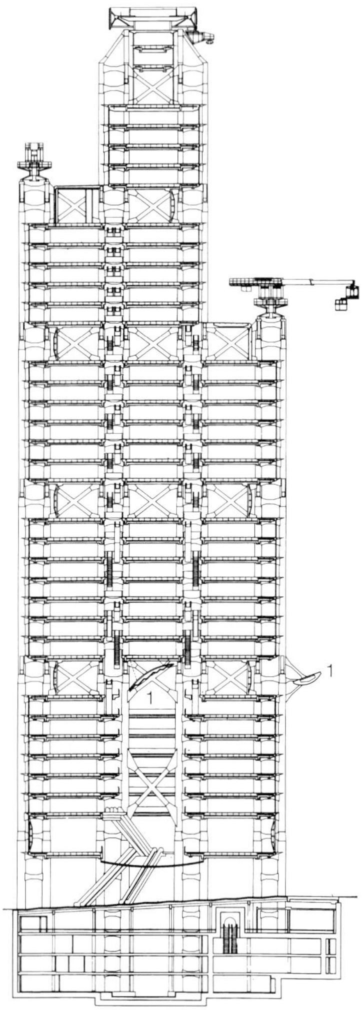

Rückbau

An vielen Stellen im Gebäude findet aber auch ein »Rückbau« statt, für den Foster and Partners verantwortlich zeichnen: Nachträglich eingezogene Trennwände werden herausgenommen, um die ursprüngliche Transparenz der Großräume wiederherzustellen. Die Lichtschaufel hatte nach einigen Jahren ihre Funktion verloren, da das oberste Geschoss neben dem Atrium mit Arbeitsplätzen belegt worden war und der erforderliche Sonnenschutz die Lichteinstrahlung blockiert hatte. Das Spiegel-Umlenksystem soll optimiert und das Geschoss in einen offenen Gemeinschaftsbereich umgewandelt werden. Alle zweigeschossigen sogenannten Transfergeschosse sollen entrümpelt und wieder als offene Räume lesbar gemacht werden (Abb. S. 92). Während die Fassade wie neu erscheint, werden in den nächsten Jahren sämtliche Oberflächen der Innenräume überholt oder ausgetauscht. Es ist zudem geplant, die Deckenbleche neu zu beschichten, Einbauleuchten gegen ein energiesparenderes System auszutauschen, Teppichböden zu ersetzen, die Waschtische zu erneuern sowie die Glastrennwände zwischen Rolltreppen und Büros durch Nurglaskonstruktionen zu ersetzen.

Foster made in China

Ob das Gebäude für die Hongkong and Shanghai Bank seinem ursprünglichen Anspruch, 50 Jahre Bestand zu haben, gerecht werden kann, ob es im Jahr 2035 wie seine Vorgängerbauten abgerissen, unter Denkmalschutz gestellt oder erweitert wird, weiß heute noch niemand. Klar ist jedoch, dass Norman Foster – unabhängig davon – auch 2035 das Gesicht Hongkongs prägen wird: Seit 1998 landen Besucher auf seinem Flughafen Chek Lap Kok, wo 1985 noch offenes Meer war. Er ist ebenso auf einer künstlichen Aufschüttung errichtet wie der neue Kulturbezirk an der Hafenpromenade von West Kowloon, für den der Brite 2011 den Wettbewerb gegen Rem Koolhaas und Rocco gewonnen hat. Auf der ehemaligen Landebahn des alten Flughafens wird 2013 Fosters Kai Tak Cruise Terminal für zwei bis zu 360 m lange Kreuzfahrtschiffe eröffnen: »Wenn ich zurückblicke, haben wir die Bank in einer politisch sehr sensiblen Umbruchphase gebaut, sämtliche Bauteile mussten aus dem Westen importiert werden. Inzwischen ist China zu einer Industrienation gewachsen, und es ist jetzt noch aufregender, dort zu arbeiten, als vor 30 Jahren«, sagt der Architekt heute.

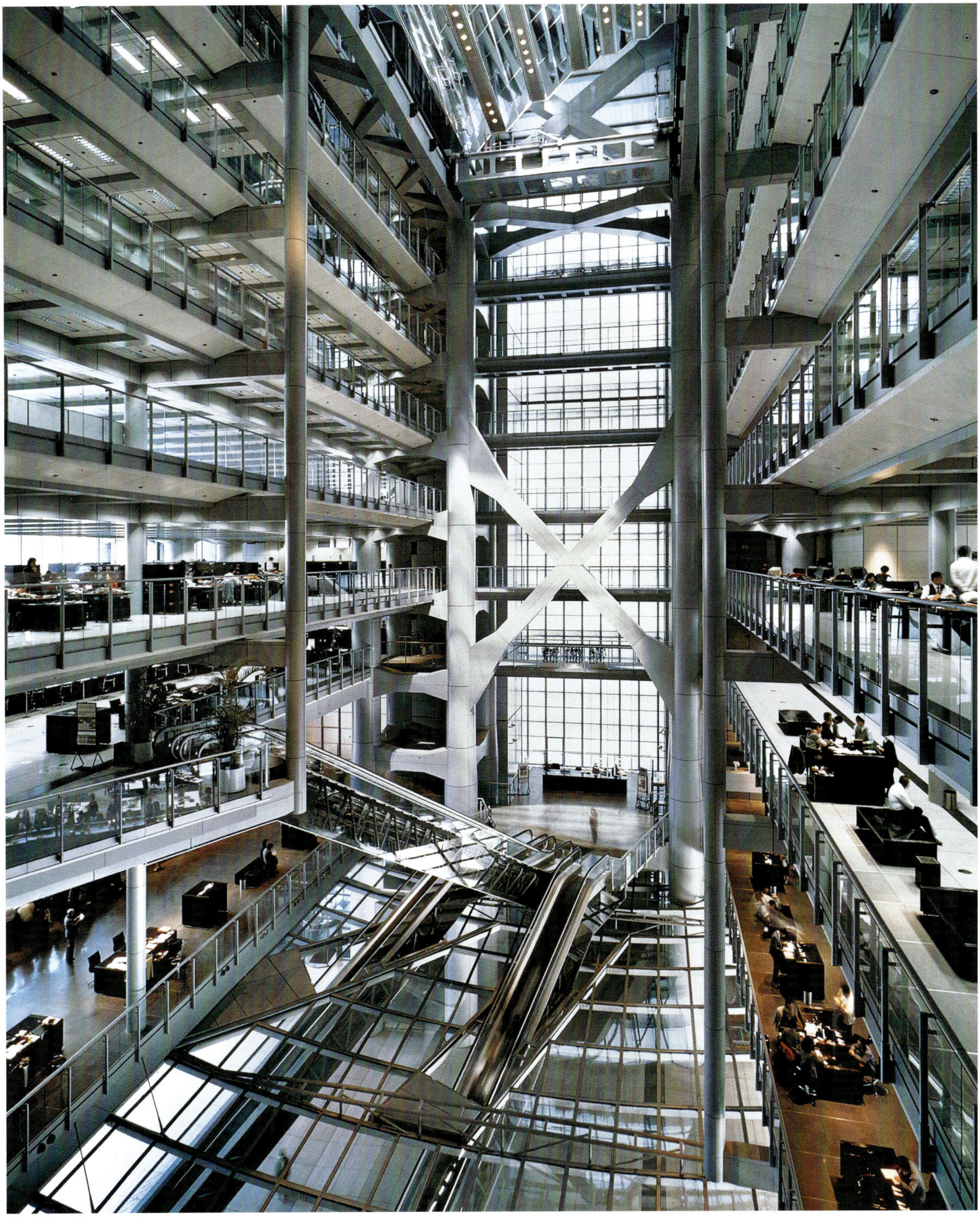

Hongkong and Shanghai Bank in Hong Kong

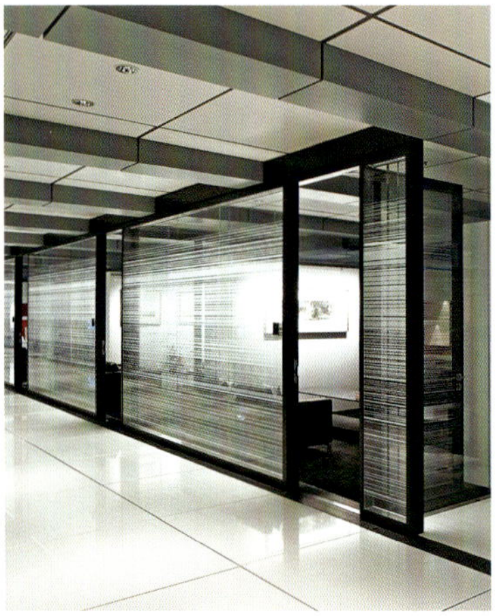

Few buildings become architectural icons before their completion, yet no other structure symbolizes so expressively the pulse of the international finance market as the Hongkong and Shanghai Banking Corporation (HSBC) building in Hong Kong. With its bold visual appearance, the high-rise even adorns the HK$ 20 banknote.
In contrast to many more expressive high-tech structures from the same period, like the Sony Tower in Osaka, the Centre Pompidou in Paris and the Lloyd's building in London, the HSBC building, with its prefabricated sanitary containers stacked externally in cubic form, radiates a sense of calm and sovereignty. The concentration on the sculptural, angular effect of the load-bearing structure, to which all other elements are subordinated, marks the building as an object of its time; yet it is also a timeless structure with a sustainable design.
With what was then the headquarters of the HSBC, Foster Associates created not only the most expensive building in the world up to that point (US$ 670 million), but also a typologically pioneering office complex with a floor area of almost 100,000 square metres that is nevertheless assimilated into the urban context. The high costs were justified, for the complex still stands almost unchanged, and its facade of specially coated 5-millimetre-thick aluminium panels will continue to withstand typhoons and the tropical sun for many decades to come. Above all, the flexibility of the building has proved its worth. Not only the office units have been subject to repeated changes; a trading room was also incorporated without any major reconstruction. When the development was first occupied, it accommodated some 3,500 employees. Today, 5,600 people work there.
The HSBC was founded by a Scotsman in 1865, 23 years after Hong Kong was ceded by China to Britain and became a Crown Colony. The HSBC headquarters erected on the same site in 1935 was the tallest building in Asia with a height of 70 metres. It was an expression of the dominance of Europe in a lucrative Asian economic region.
Foster's successful competition entry for the present high-rise development initially proposed keeping the existing building and erecting a bridge-like structure over it. Only when the scheme was reworked was the idea of

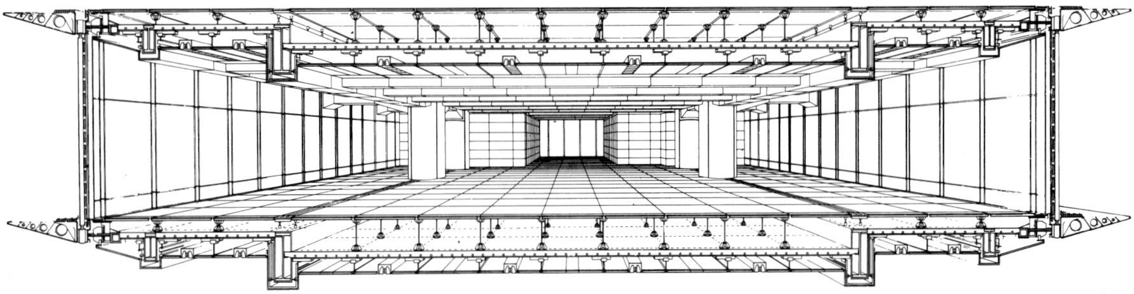

retaining the previous bank abandoned and the building demolished. The concept of the bridge structure, however, was maintained, leading to the creation of a completely open ground floor zone allowing the public realm to extend beneath the building. This enabled the implementation of the feng shui concept of letting the energy from Victoria Peak flow unimpeded to the harbour.
By locating vertical access routes and sanitary spaces along the narrow faces of the complex, it was possible to keep the entire floor plans free of columns. As a result, the internal spaces could be readily divided, and the views of the peak and the harbour remained open. This flexibility and the filigree character of the facades were dependent on the crane-like load-bearing structure, with three independent towers set one behind another. The floors are suspended from the structure by means of slender sections. The resulting transparency is heightened by a 12-storey atrium into which daylight is deflected by a "light scoop" (ill. p. 95) suspended from the facade and by a mirrored soffit. The greatest innovation, however, is the curved glass floor of the atrium, which allows views into the depths of the bank from the level of the open space below (ill. p. 89). This belly-like structure is enetrated by two raking escalators that form the main lines of access to the public banking hall. The office tower is organized like a vertical city, with lifts serving as fast routes and escalators linking the individual storeys. Technical innovations include the use of seawater for cooling the building; wind-tunnel tests; a daylight concept implemented after intensive studies beneath an artificial sky in the Bartenbach lighting laboratory; transparent facades; and a double floor construction that facilitates functional changes and modifications to the technical infrastructure (ill. above). Elements were used that Foster had first tried out in the Willis Faber & Dumas insurance headquarters in Ipswich (1975). Green atria of the kind the architect later incorporated in his 260-metre-high Commerzbank tower in Frankfurt (1997) have been rejected by the HSBC to the present day. With his phallic-shaped office tower for the Swiss Re (2004) in London (nicknamed "The Gherkin"), Foster finally turned to a smooth, large-scale form that no longer reveals the stacked, internal terrace-like atria within the outer skin.

links at left
Level 35, Vorstandsetage mit neuem Interior Design, 2007; Architekten: One Space
Level 35: executive storey with new interior design, 2007; architects: One Space

oben above
maximale Flexibilität durch hohe Installationsböden und stützenfreie Büroräume
Maximum flexibility as a result of deep floors for services and column-free office areas

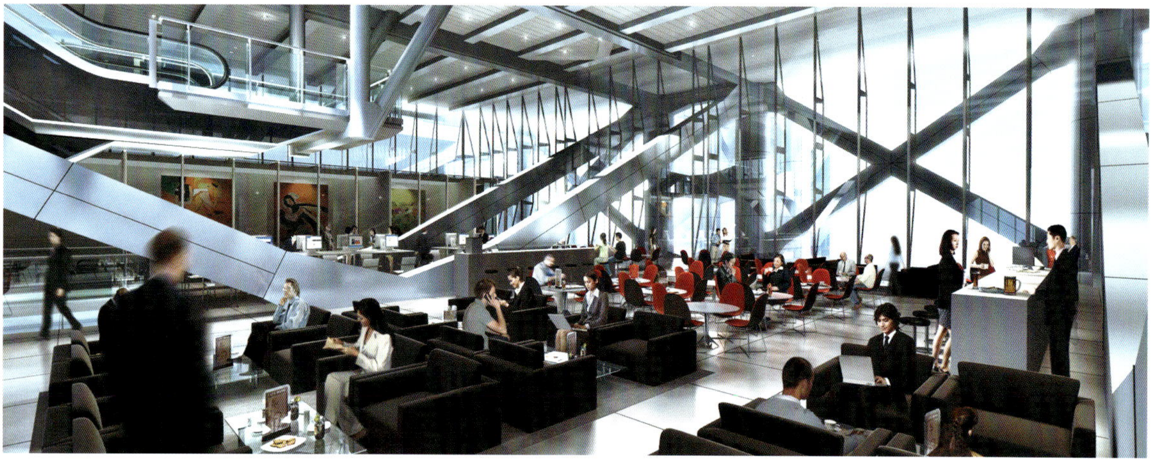

oben above
Restaurant mit neuer Lounge-Möblierung, 2012
Restaurant with new lounge furnishings, 2012

rechts at right
Skizze zu Integration von Tragwerk und Installationen
Sketch: integration of structure and services

The great transport costs incurred in the erection of the HSBC were certainly not ecologically sustainable. All elements of the building were prefabricated abroad and had to be transported by sea or air from London, Japan and the US to Hong Kong, where they were assembled within the space of only two years. There were even rumours that, before the return of the Crown Colony to China in 1997, plans existed to dismantle the entire structure and reassemble it in Britain. In 1992, the HSBC did indeed move to London, but Foster's building remained standing. With its height of 178 metres, the tower was a dominant feature of the skyline of Hong Kong and was seen as the gateway to the city.
This European dominance of the cityscape did not last long. Barely two years after the completion of the Hongkong and Shanghai Bank, the Bank of China erected not far away its own tower block – 367 metres high – by the Sino-American architect Ieoh Ming Pei. Extensive land reclamation measures have also enabled Hong Kong Island and Kowloon to add layer after concentric layer of buildings to the urban area, like the annular rings of a tree. In the meantime, the HSBC structure, once billed as a "skyscraper", has been exceeded in height by more than 100 buildings. (The International Commerce Centre in West Kowloon holds the present record with a height of 478 metres.) The HSBC building is also receding further and further from the waterfront, but thanks to the extension of Statue Park, the view of the water has been retained.
Since 2003, the HSBC tower has formed part of the world's largest illumination and sound show: a "symphony of lights" that extends over the entire harbourfront. Fixed to the facades are more than 700 floodlights that set the scene in dazzling colours. The biggest change since November 2006, however, is a new lobby beneath the building at plaza level, designed by One Space (ills. p. 86–87). This glazed cube with an area of 320 square metres contains the lines of access to the three, originally separate, lobbies to the lift cores. In this way, entry to the building can be better controlled; at the same time, the area has been enlivened by various spontaneous uses. The transparent extension is unobtrusive and is meant to look as if it had always been there.

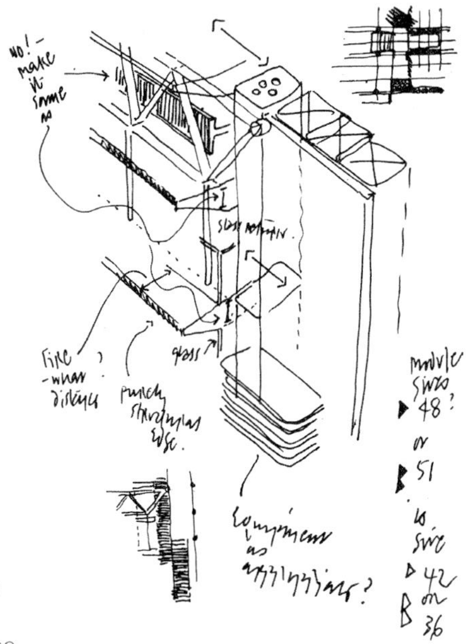

The unique concept of open space flowing through the building has been compromised, however, and shimmering screens divert attention from the view into the atrium from below. The biggest change to the interior of the bank is the redesign of the executive storey on level 35, also by One Space. Here, the translucent glass partitions with their small-scale grid have been replaced by large panes with white irregular screening strips. The stringent architectural concept has been overlaid with fashionable interior design (ill. p. 90). The clearly structured building can nevertheless withstand this stylistic incongruity.
At many points a reversal has taken place, for which Foster and Partners themselves are responsible. Partitions that were inserted after completion of the structure have been removed to restore the original sense of transparency and space. After a few years, the "light scoops" had lost their purpose, since the uppermost storey next to the atrium was filled with workplaces, and the requisite sunshading would have impeded the deflection of light into the interior. The deflecting mirror construction is to be optimized and the storey turned into an open communal area. In the next few months, the double-height "transfer storeys" will be cleared and made legible again as open spaces (ill. above left). While the facade looks as if it were still new, all internal surfaces will be repaired or changed in the coming years.
Norman Foster's commission was to build a bank that would last for 50 years. No one knows what will happen to the Hongkong and Shanghai Bank in 2035, but in any event, the face of the city will still bear Foster's stamp. Since 1998, visitors have landed at his airport Chek Lap Kok, where there was still open sea in 1985. The airport is built on an area of reclaimed land, just like the new cultural district on the harbour promenade of West Kowloon, the competition for which Foster won in 2011. And in 2013, on the former landing strip of the old airport, Foster's Kai Tak Terminal will be opened for two cruise ships up to 360 metres long. It is unlikely that entire buildings will be imported from Europe for that purpose: today, the words "made in China" are stamped on many of the components incorporated in the most advanced buildings in Europe.

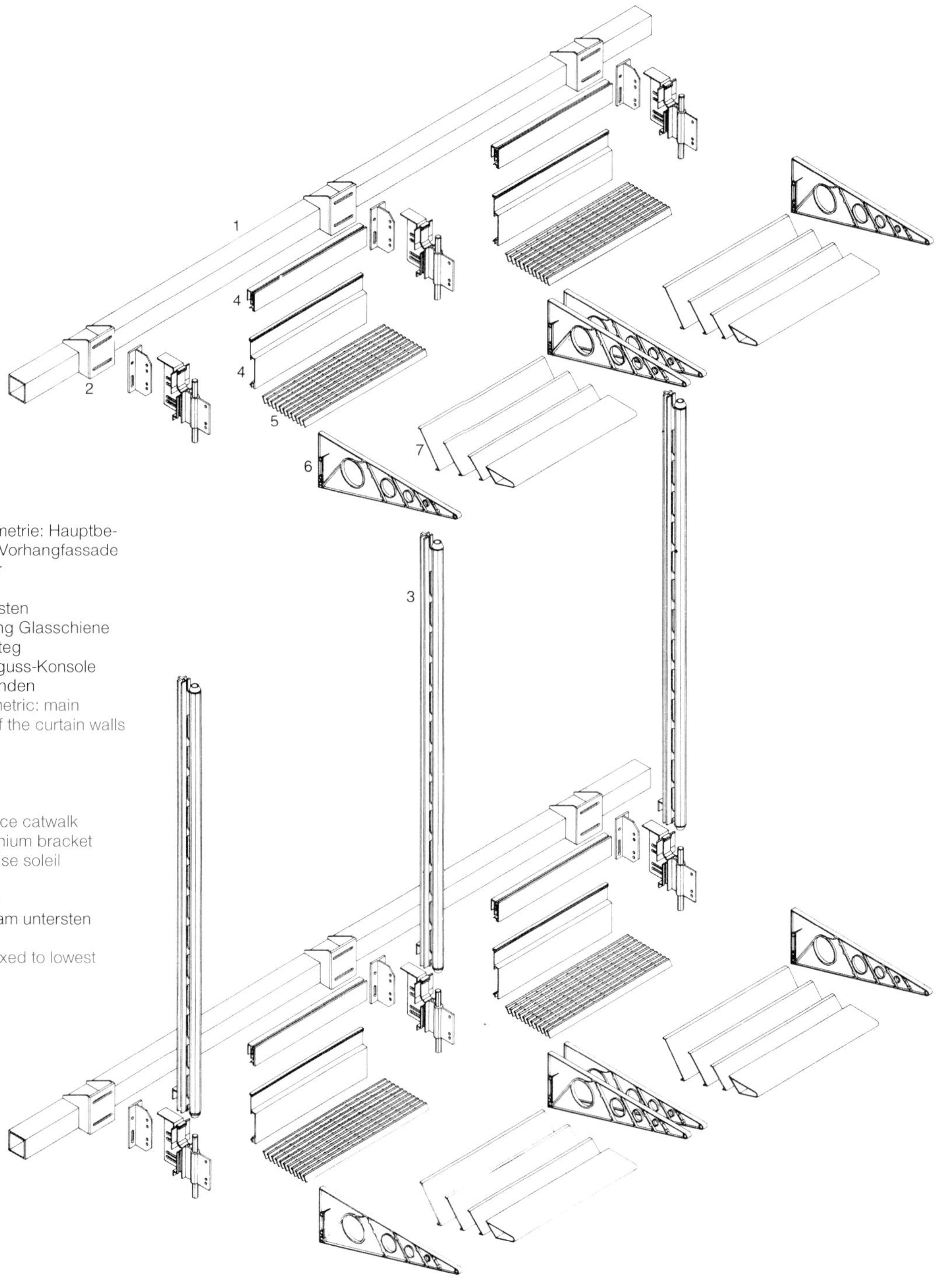

links at left
Explosionsisometrie: Hauptbestandteile der Vorhangfassade
1 Randträger
2 Konsole
3 Fensterpfosten
4 Verblendung Glasschiene
5 Wartungssteg
6 Aluminiumguss-Konsole
7 Sonnenblenden

Exploded isometric: main components of the curtain walls
1 Edge box
2 Bracket
3 Mullion
4 Fascia
5 Maintainance catwalk
6 Cast aluminium bracket
7 Louvers brise soleil

rechts at right
Lichtschaufel am untersten Träger
"light scoop" fixed to lowest girder

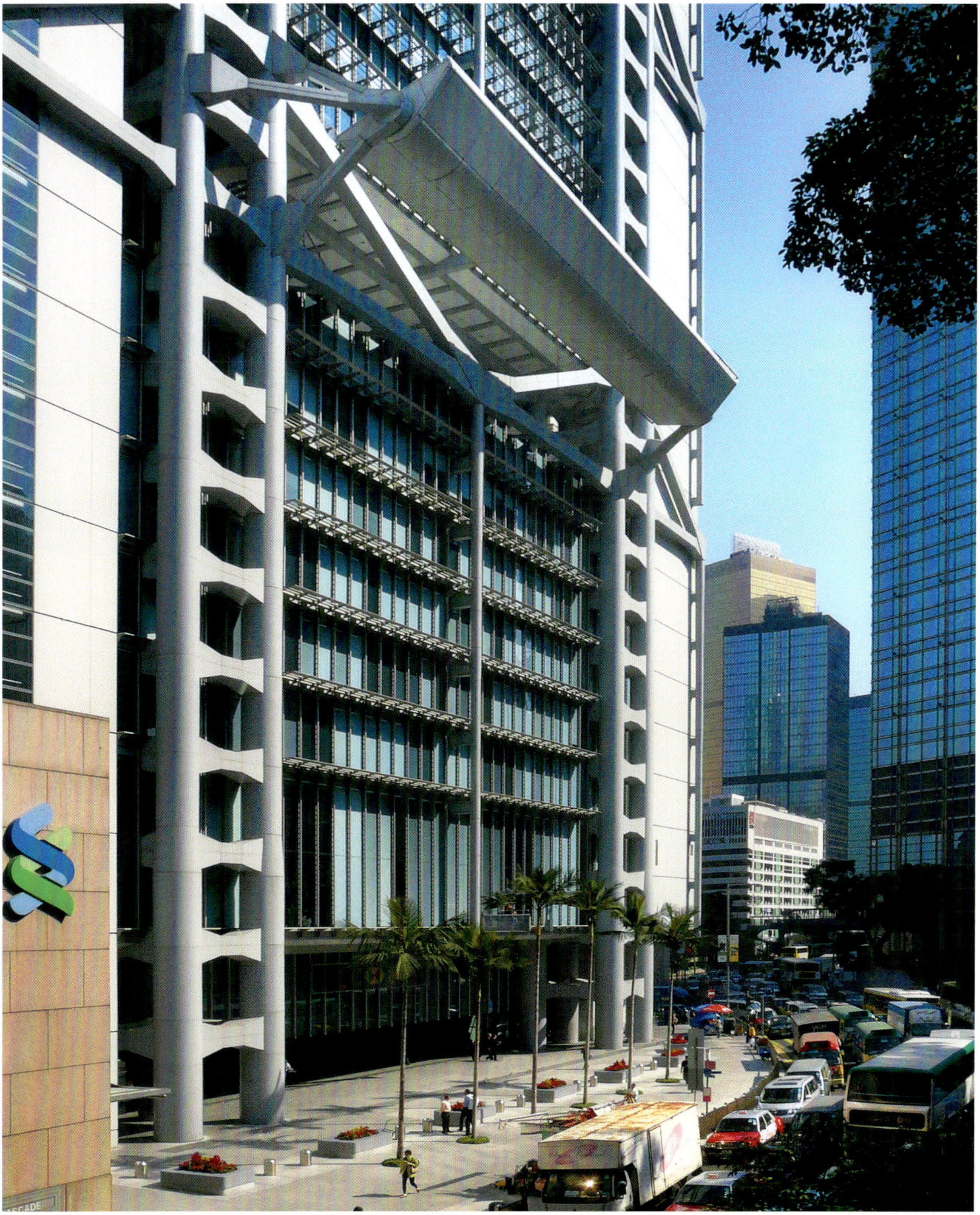

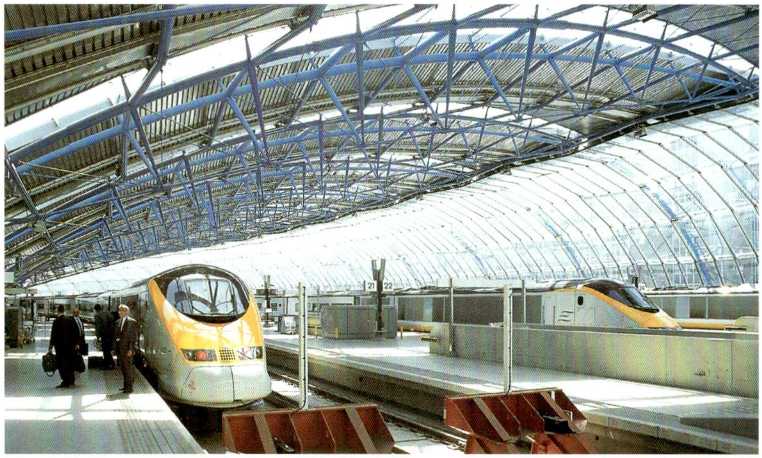

Architekten Architects Nicholas Grimshaw & Partners
Tragwerksplanung Structural engineers Anthony Hunt Associates

Waterloo International Terminal in London
Waterloo International Terminal in London

Heide Wessely

Anfang der 1990er-Jahre leidet Großbritannien stark unter den Folgen der längsten Rezession nach dem Zweiten Weltkrieg. Inflationsraten von bis zu 9,5 % und ein Anstieg der Arbeitslosigkeit, der Ende 1992 so massiv ist wie nie zuvor, lasten schwer auf dem Land. Besonders hart trifft es die Bauwirtschaft. Viele junge Architekten sehen keine Perspektive und verlassen die Insel. Die hoffnungslose Stimmung aber bleibt.
Umso erstaunlicher ist die Realisierung des neuen Waterloo International Terminal unmittelbar neben dem bestehenden Bahnhof Waterloo. Züge des Eurostar sollen durch den Tunnel unter dem Ärmelkanal nach Paris und Brüssel fahren und die Insel erstmals auf dem Landweg mit dem Kontinent verbinden. Der neue Terminal verkörpert die Schwelle zu Europa, ist aber nicht nur gesellschaftlich, sondern auch architektonisch ein Wegweiser in eine positive Zukunft. Schon während des Baus pilgern Architekturinteressierte nach Waterloo, um neugierig die technisch ausgeklügelten, edlen Details zu bewundern. Genau werden die Dreigurtbögen studiert, deren Druckstäbe in der Dimension dem Kräfteverlauf folgen; die Gelenke aus Stahlguss, die mit Edelstahlbolzen verbunden sind; das filigrane, in tiefes Blau getauchte Fachwerk, das im Osten unterhalb und im Westen außerhalb der Deckung verläuft. Und die aus Gewichtsgründen perforierten Strangpressprofile aus Aluminium, auf denen 2520 Scheiben gleicher Größe lagern. Sie sind so überlappt und gedichtet, dass sie Verformungen durch Windlasten und die enormen Schubkräfte durch einfahrende Züge aufnehmen können.
Dächer aus Glas sind in dieser Zeit noch außergewöhnlich. Am außergewöhnlichsten aber ist die Form des Baukörpers selbst: In zwei Richtungen asymmetrisch gekrümmt, schlängelt sich der Terminal entlang der alten Gleise und windet sich über 400 m zwischen den Häusern des Stadtbezirks Lambeth hindurch. Trotz der zentralen Lage – unmittelbar im Norden liegt das Stadtzentrum, im Westen auf der anderen Seite der Themse Westminster – ist der Bezirk arm, was sich auch deutlich in der bestehenden Bebauung zeigt. Maßnahmen, die Gegend attraktiver zu machen, erfolgen erst Jahre später mit der groß angelegten Revitalisierung der Southbank, zu der beispielsweise das London Eye, die Hungerford Bridge oder die Sanierung der Royal Festival Hall gehören. 1993 aber ist Waterloo International eine Sensation: für die unmittelbare Nachbarschaft, für Großbritannien und für die Architektur. Neben der Hongkong and Shanghai Bank von Norman Foster (1984, siehe S. 80ff.) und dem Lloyd's Building von Richard Rogers (1986) wird der Bahnhof zu einem der bedeutendsten Repräsentanten der Hightech-Ära. Technoide Details, die Materialien Stahl und Glas und die eigens für das Projekt entwickelten Türgriffe, Sitzbänke und Telefone verdeutlichen eine fortschrittsorientierte Haltung. Der Bau gewinnt diverse Preise und verhilft Architekten und Tragwerksplanern zum internationalen Durchbruch. Beschäftigte Grimshaw Architects damals noch 30 Mitarbeiter, sind es heute 272, mit Zweigbüros in Sydney, Melbourne und New York.

Ikone der Hightech-Architektur

Fünf Jahre planen die Architekten an dem Prestigeprojekt, das sie in einem ausgewählten Wettbewerbsverfahren gewonnen haben. Zusammen mit dem Tragwerksplaner Anthony Hunt entwickeln sie ein Gebäude, dessen größter Teil unter der Erde liegt. Dorthin fließen auch 90 % der Baukosten,

links at left
Waterloo International Terminal, 1994
Waterloo International Terminal in 1994

rechts at right
Luftaufnahme des Bahnhofs Waterloo mit dem neuen Terminal Waterloo International, 1994
Aerial view of Waterloo regional station with the new Waterloo International Terminal, 1994

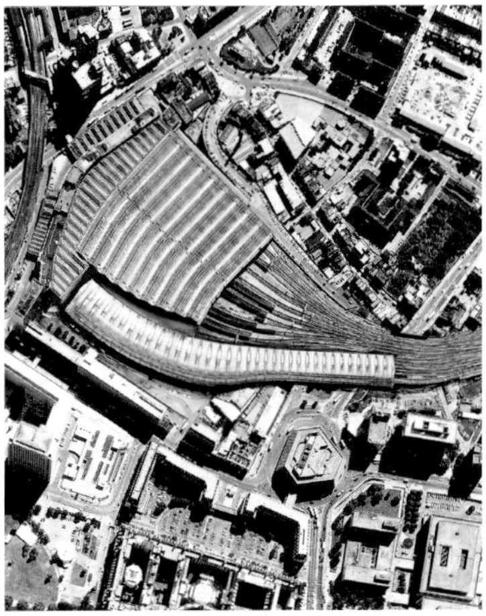

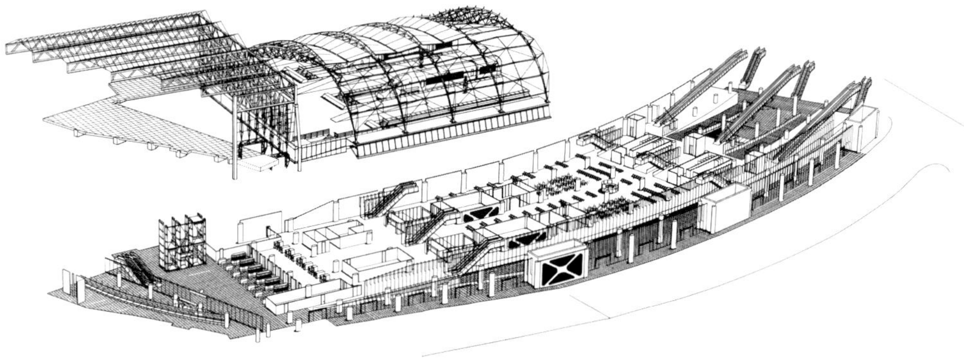

links at left
Isometrie
Untergeschoss: Ticket- und Sicherheitskontrolle, Wartebereich
Erdgeschoss: Zollbereich, Bahnsteige
Isometric
Basement level: ticket and security checks, waiting area
Ground floor: customs area, platforms

rechts at right
Glasdach über westlichem Bahnsteig, 1994
Glazed roof over western platform, 1994

die insgesamt 135 Millionen Pfund betragen. Der Schutz empfindlicher Untergrundbauten, die beengte innerstädtische Situation und die Forderung, U- und Regionalbahn mit einem Passagieraufkommen von bis zu 10 000 Menschen pro Stunde weiter betreiben zu können, erschweren den Bau enorm. Dennoch wird der Waterloo International Terminal termingerecht fertig.
Da Großbritannien das Schengen-Abkommen nicht unterzeichnet hat, ist der Bahnhof wie ein Flughafen organisiert: mit strengen Pass- und Sicherheitskontrollen, Wartehallen und separaten Ankunfts- und Abfahrtszonen. Obwohl der neue Terminal baulich mit dem bestehenden Bahnhof verschmilzt, bildet er eine eigene Einheit, die auch von anderen Eigentümern betrieben wird. Seit der Privatisierung der Bahn, die die konservativen Tories unter Margaret Thatcher zu Beginn der 1990er-Jahre durchfochten, existiert in Großbritannien eine Vielzahl privater Betreiber für Bahn, Gebäude und Schienennetze. Diese Tatsache spielt später auch für die traurige Entwicklung von Waterloo eine Rolle.

Start mit Hindernissen

Zwar sind die Bauarbeiten im Mai 1993 vollendet, Züge rollen jedoch erst mit beträchtlicher Verspätung, da die Arbeiten am privat finanzierten Eurotunnel nicht termingerecht abgeschlossen sind. Dies liegt unter anderem an der Verdopplung der ursprünglich geplanten Kosten auf fast 15 Milliarden Euro. Am 14. November 1994 läuft der Passagierverkehr von London Waterloo International Station nach Paris Gare du Nord, Brüssel-Midi und Lille Europe endlich an.
Doch schon kurz nach der Inbetriebnahme des Bahnhofs kommt es zu einem baulichen Desaster: Einige Gläser der Oberlichter brechen und fallen auf die Bahnsteige. Verletzt wird glücklicherweise niemand. Anfang der 1990er-Jahre ist Verbundglas für Überkopfverglasungen in England noch nicht vorgeschrieben und so kommt ESG mit einer Glasstärke von 10 mm zum Einsatz. Verbundglas wird aus Angst vor Terroranschlägen der IRA

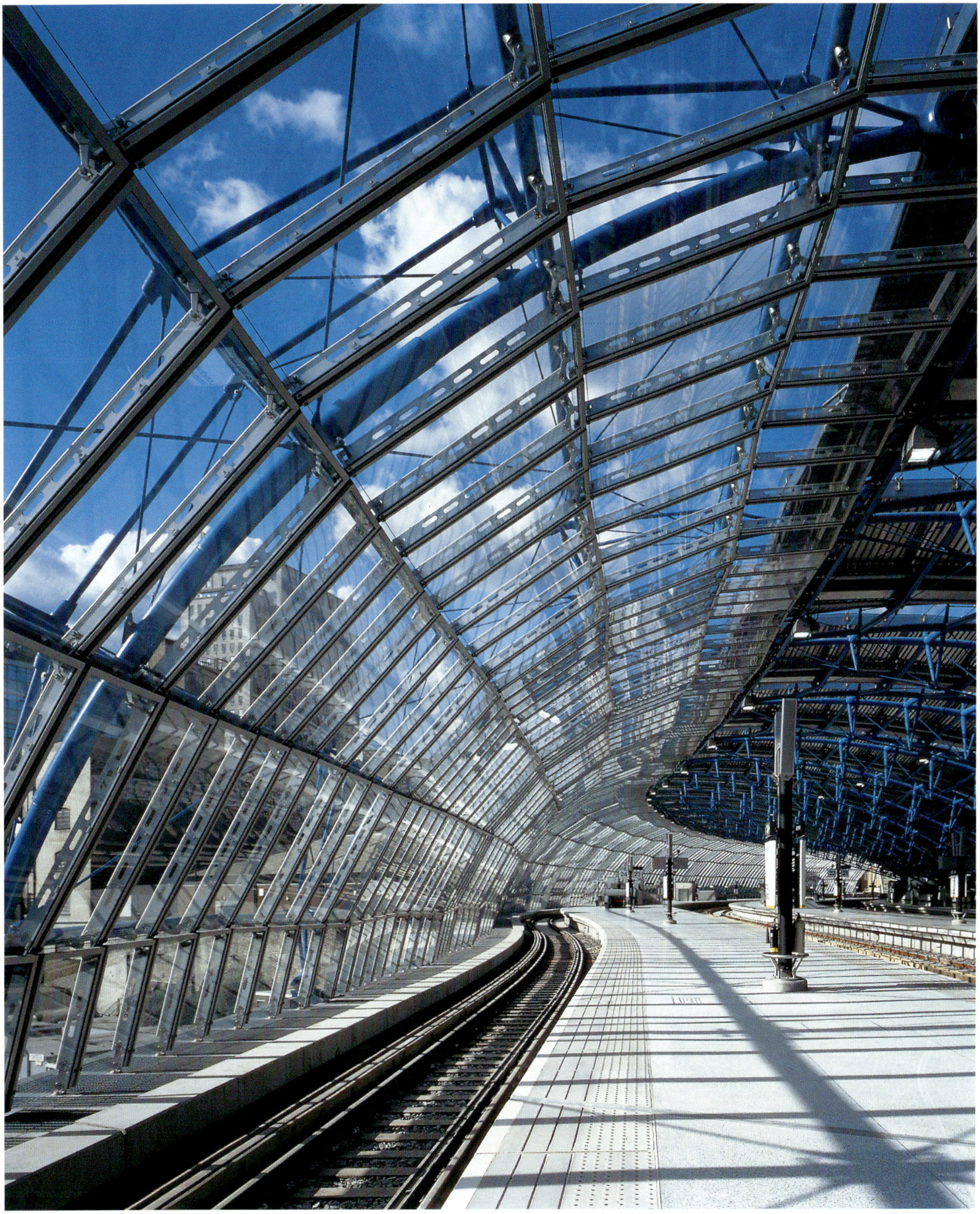

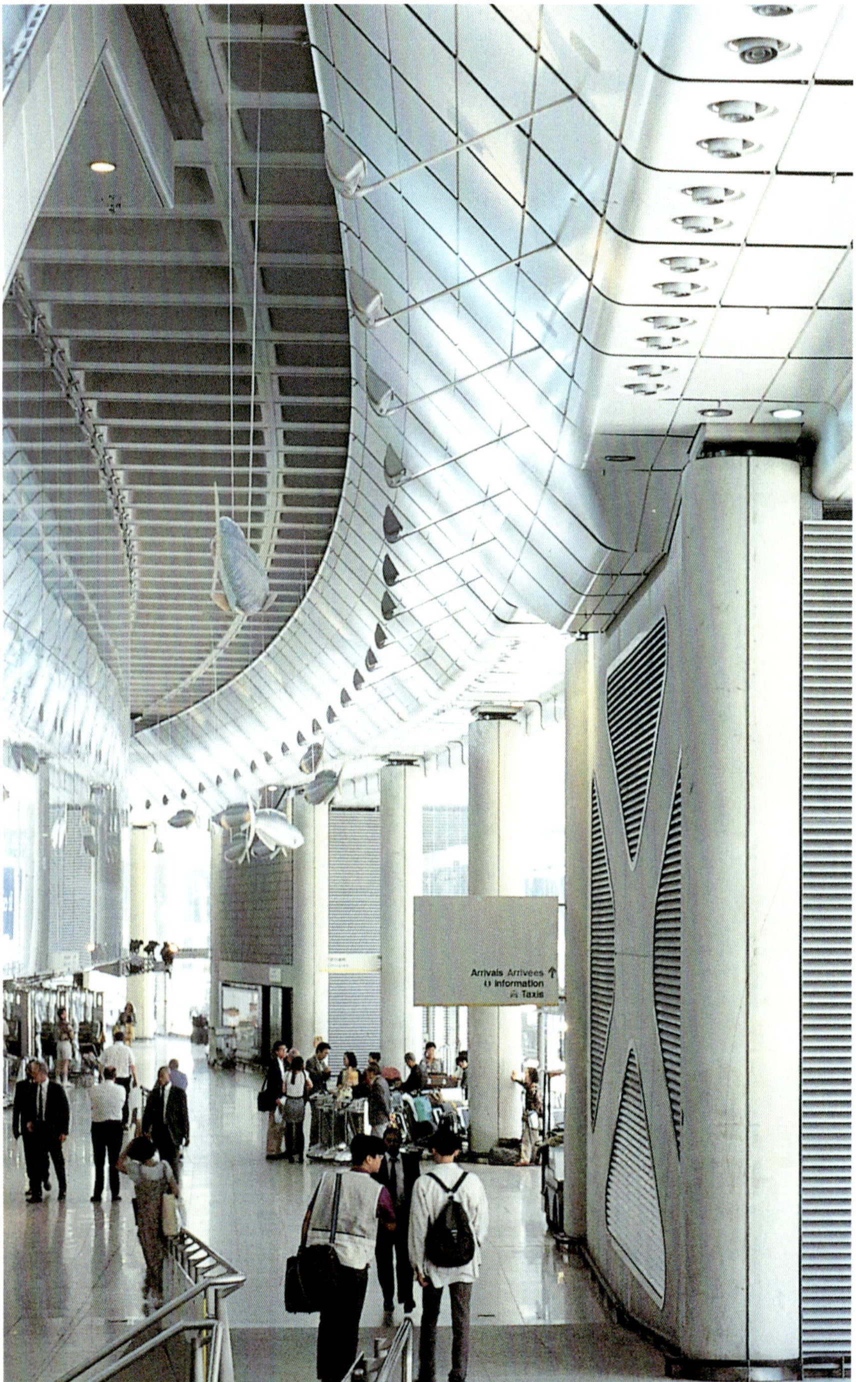
Arrivals Arrivées ↑
Information
Taxis

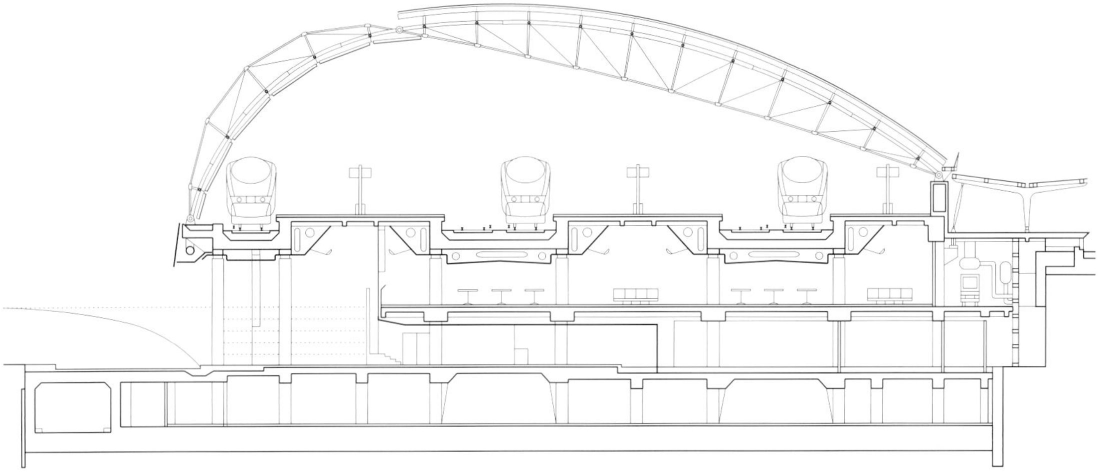

links at left
Bahnhofshalle, 1994
Station concourse in 1994

rechts at right
Schnitt Maßstab 1:500
Section scale 1:500

bewusst ausgeschlossen, weil man befürchtet, dass bei einer Explosion innerhalb des Bahnhofs große Glasteile in die Luft fliegen und verheerende Schäden anrichten könnten. Mittlerweile ist bekannt, dass bei der Herstellung von ESG geringe Verunreinigungen im Glasgemenge die Bildung von Nickelsulfid zur Folge haben können. Diese Nickelsulfid-Einschlüsse dehnen sich bei Erwärmung aus und können zu kleinen Rissen und schlimmstenfalls zum Spontanbruch der Scheibe führen. Die Gläser in Waterloo sollten daher mit einer innenseitig angeklebten Transparentfolie nachgerüstet werden. Dazu kommt es allerdings nie, und ein Provisorium, ein mechanischer Schutz aus Stoff, stört über Jahre den Blick auf die Dachkonstruktion. Zur Verunsicherung der Fahrgäste führen zudem die in der Presse ausführlich gemeldeten Pannen im Tunnel; aber auch die desolate Infrastruktur der Bahn auf der englischen Seite ist ein Problem. Verspätungen und Unregelmäßigkeiten im Fahrplanablauf dämpfen schnell die Begeisterung. Und so transportiert der Eurostar statt der kalkulierten 45 Millionen Fahrgäste in den ersten drei Betriebsjahren nur knapp fünf Millionen Personen. Erst nachdem 2003 der erste Schienenabschnitt für Hochgeschwindigkeitszüge eröffnet und die Reisenden mit 300 statt 160 km/h vom Tunnelende bis in den Norden von Kent gelangen, steigt die Akzeptanz langsam an. Die letzten Kilometer bis nach London ruckelt der moderne Zug aber weiterhin auf Englands alten Schienen dahin.

Mit dem High Speed One nach St. Pancras

Aus diesem Grund entschließt sich die Eurostar Group, ihre Züge nach St. Pancras fahren zu lassen. Der Bahnhof im Norden von London eignet sich besser für den Ausbau des Hochgeschwindigkeitsschienennetzes, das bis 2025 auch Leeds, Manchester und Birmingham einbinden soll. Und so entsteht der zweite Gleisabschnitt der Schnellstrecke High Speed One für den Eurostar mit Endstation St. Pancras. Nach dessen Fertigstellung wird Waterloo International nicht mehr gebraucht. Am 13. November 2007 rollt

oben above
Skizzen Verbindungsdetails
Sketches of joint details

unten below
Innenraum des leer stehenden Terminals, 2011
Interior of deserted terminal, 2011

der letzte Zug von dort in Richtung Brüssel. Seither steht der Bahnhof leer. Zwar kann die Eurostar Group seit der Eröffnung von St. Pancras International nach eigenen Angaben den Umsatz in den ersten sechs Wochen um 20 % steigern und einen Marktanteil von 70 % vermelden, ein Vorschlag zur sinnvollen Nutzung von Waterloo aber bleibt aus. Daran besteht auch kein Interesse, denn die Gruppe ist nicht Eigentümer des Gebäudes. Dieses fällt an BRB (Residuary) zurück, eine staatliche Gesellschaft, deren Eigentümer das Verkehrsministerium ist. In den drei Jahren nach der Schließung verschlingt der einst hochgejubelte Prestigebau 4,1 Millionen Pfund an Steuergeldern nur für den Unterhalt.

Zukunftsweisender Bau mit ungewisser Zukunft
Seither werden von unterschiedlichsten Seiten Überlegungen angestellt, wie Waterloo künftig am besten zu nutzen sei. Viele dieser Ideen gleichen Traumvorstellungen, die kaum ernst zu nehmen sind. Fest steht jedoch, dass der angrenzende Regionalbahnhof Bedarf an langen Bahnsteigen hat, die das Einfahren von Zügen mit zwölf statt bisher zehn Wagen erlauben. Zunächst erscheint das Zusammenlegen der beiden Bahnhöfe als naheliegendste und einfachste Lösung. Bei genauer Betrachtung aber wird klar, dass das organisatorische Zusammenführen enorme Umbaumaßnahmen nach sich ziehen wird, denn die Bahnsteige liegen ebenso wie die Zugänge auf unterschiedlichen Höhen. Wartehallen und ein Großteil der unterirdischen Flächen blieben funktionslos. Die Bahnsteige müssten ausreichend Raum für ankommende und abfahrende Reisende bieten. Auch die Anbindung an Schalterhalle und U-Bahn wäre zu lösen. Zwar hat der Bezirk Lambeth einen ausführlichen Schriftsatz mit Planungsvorgaben zur Umgestaltung verfasst, doch sind derzeit weder Network Rail, das den Regionalbahnhof betreibt, noch BRB (Residuary) finanziell in der Lage, das Projekt anzugehen. Selbst der vom Parlament bereits verabschiedete Beschluss, nur einen Bahnsteig für den Regionalverkehr wieder in Betrieb zu nehmen, lässt sich derzeit nicht finanzieren. So steht Waterloo International eher für schlechte Planung und die jüngste Wirtschaftskrise 2008.
Bis zum Ende des Sommers 2011 fand in einem kurzen Gleisabschnitt und den angrenzenden Bahnsteigen ein temporäres Theaterstück statt. Aufgeführt wurde »Die Eisenbahnkinder« von Edith Nesbit. Die Geschichte erzählt von einer Familie, die in Armut gerät, nachdem der Vater zu Unrecht eingesperrt wird. Bei Nesbit geht die Geschichte gut aus, denn die Kinder gewinnen die Gunst eines reichen Gentleman, der sich als Eisenbahndirektor entpuppt, und den Vater aus der Haft und die Familie aus der Armut holt. Ob sich eine ähnlich positive Wendung für den Veranstaltungsort ergeben wird, ist offen. Vielleicht findet sich auch hier ein Geldgeber, der den Bahnhof wieder zum Leben erweckt. Das Ende der Geschichte des einstigen internationalen Bahnhofs Waterloo ist noch nicht geschrieben.

In the early 1990s, Britain is suffering from a long recession, with high levels of unemployment and inflation. The building sector is particularly hard hit. Many young architects see no prospects and leave the country. All the more astonishing in this light, therefore, is the implementation of the new Waterloo International Terminal next to the existing regional station. Plans have been

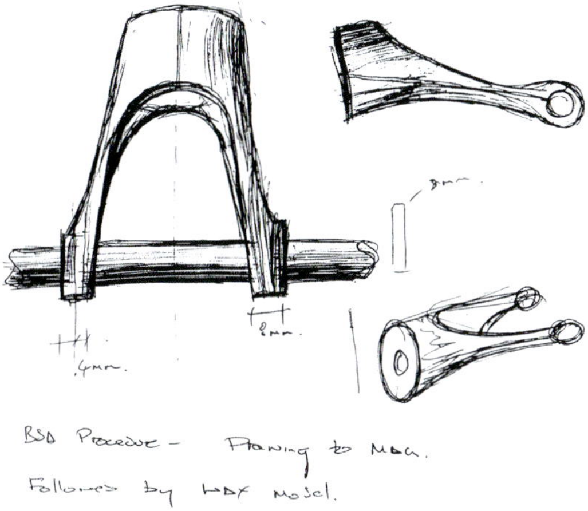
4mm.
BSD Procedure – Drawing to MAG.
Followed by LDX model.

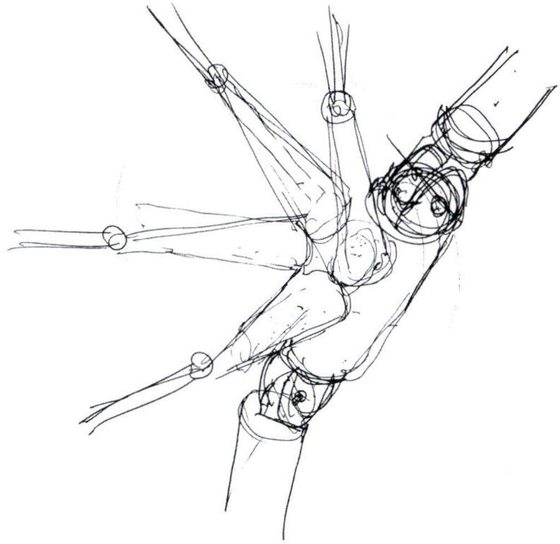

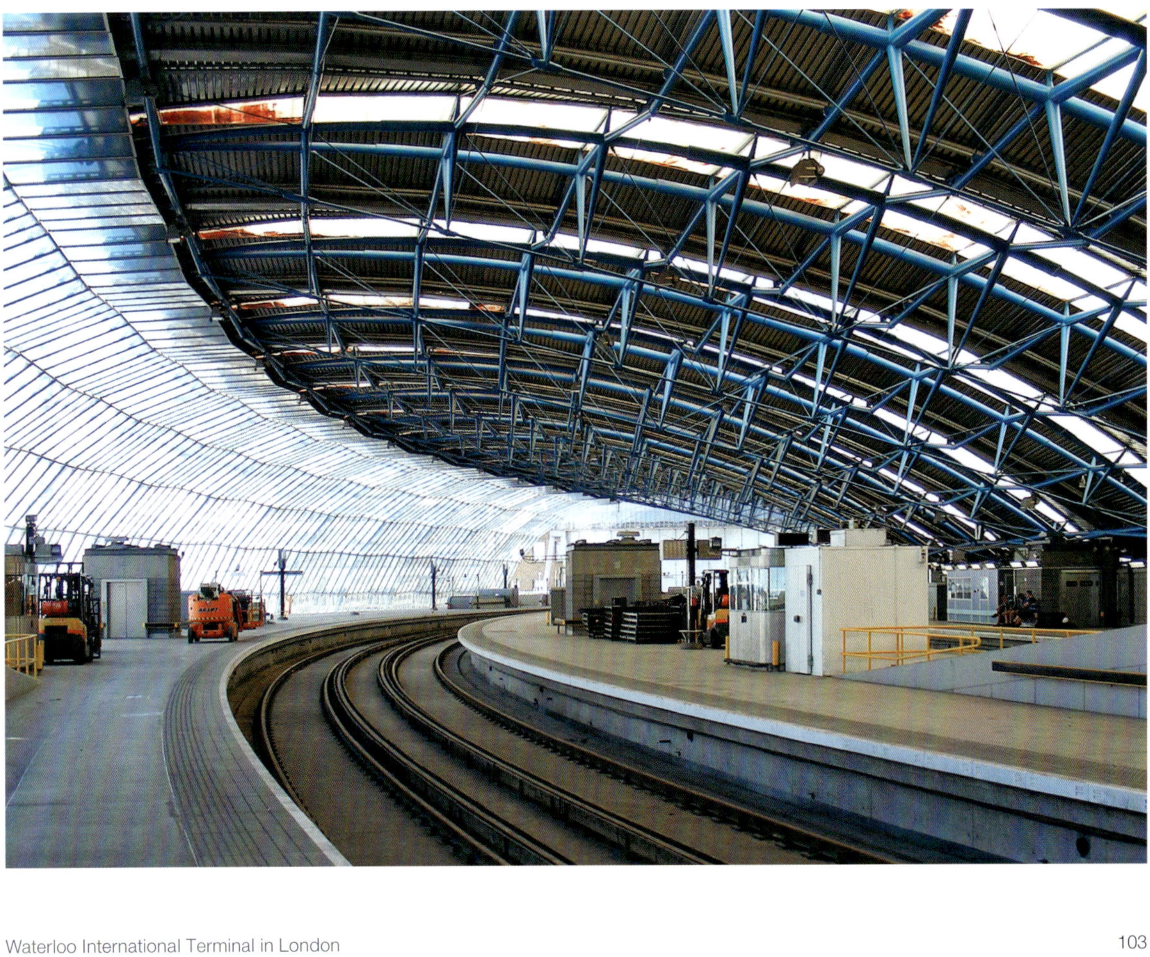

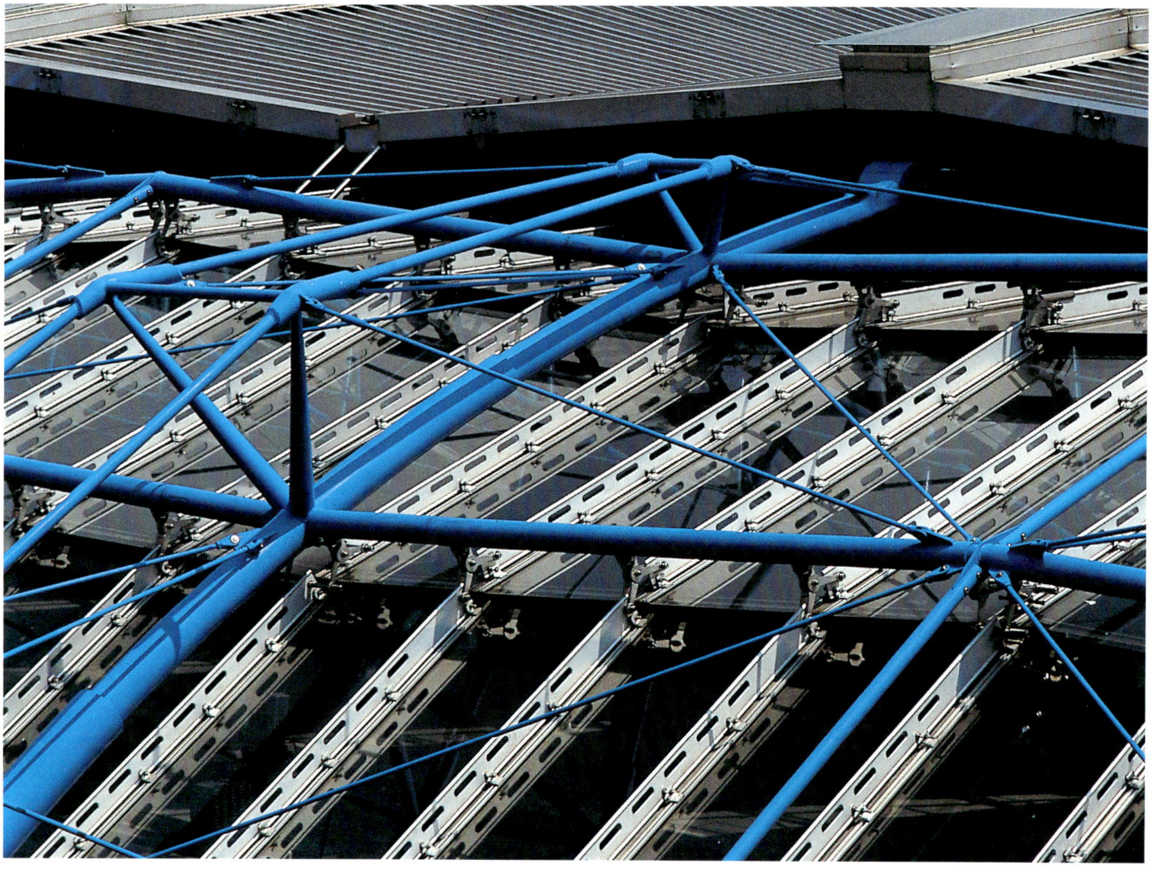

Glasdach, 1994
Glazed roof in 1994

drawn up for Eurostar trains to run through the new Channel Tunnel to Paris and Brussels. People make their way to Waterloo to study the details: the triangulated trusses; the latticework that runs below the roof covering to the east and above the covering to the west; and the aluminium sections – perforated for weight reduction – that bear the 2,520 panes of glass. The most unusual feature, though, is the volumetric form of the terminal, winding its way asymmetrically for 400 metres past the buildings of Lambeth.

In 1993, Waterloo International Terminal is a sensation, one of the most important expressions of the high-tech era. The planning takes five years. Together with structural engineer Anthony Hunt, Grimshaw Architects develop a building whose main volume is below ground; and it is there that 90 per cent of the £135 million construction costs are incurred. Waterloo International is completed on schedule. Although joined to the existing station, the new terminal is an entity of its own. It is also operated by different owners – circumstances that are to play a role in the unfortunate developments the station later undergoes.

Although construction of the terminal is completed in May 1993, trains begin to run only after more than a year, since work on the privately financed Channel Tunnel is not finished on time. This is partly the outcome of an explosion of costs, which have roughly doubled to almost €15 billion. Finally, on 14 November 1994, the first passengers are conveyed from Waterloo Station to Paris, Brussels and Lille. Shortly after the station is taken into operation, however, a constructional disaster occurs: a number of the toughened glass roof lights break and fall on to the platforms below. In the early 1990s, laminated safety glass does not have to be specified for overhead glazing in Britain. A layer of fabric is installed as a provisional means of protection, but this impairs the view of the roof for years. Further irregularities and the desolate state of Britain's ageing rail network quickly dampen enthusiasm. In its first three years of operation, the Eurostar carries scarcely five million passengers instead of the 45 million originally projected.

The Eurostar Group decides to start running its trains from St Pancras instead, which is in the north of London and thus better situated for the planned high-speed link-up with the north of England. A section of tracks is laid to connect St Pancras to the Eurostar High Speed One line, and soon Waterloo International is relegated to insignificance. On 13 November 2007, the last train pulls out of the terminal, bound for Brussels.

The now-deserted Waterloo International is operated by BRB (Residuary), a company owned by the UK Department for Transport. In the three years following its closure, the maintenance of the former prestige structure alone costs the British taxpayer £4.1 million. Alternative uses are considered. The adjoining regional station needs longer platforms, for example, but it soon becomes clear that a link-up would require enormous conversion measures. The borough of Lambeth has drawn up plans for how it could be done, but neither Network Rail (which operates the regional station) nor BRB (Residuary) is financially in a position to tackle the project.

In 2011, part of the deserted station is used to stage a play based on Edith Nesbit's classic children's book *The Railway Children*. The story, which tells of a family that falls into poverty after the father is wrongly accused of espionage and is imprisoned, has a happy ending. Whether the location will experience a similarly positive turn of events remains to be seen.

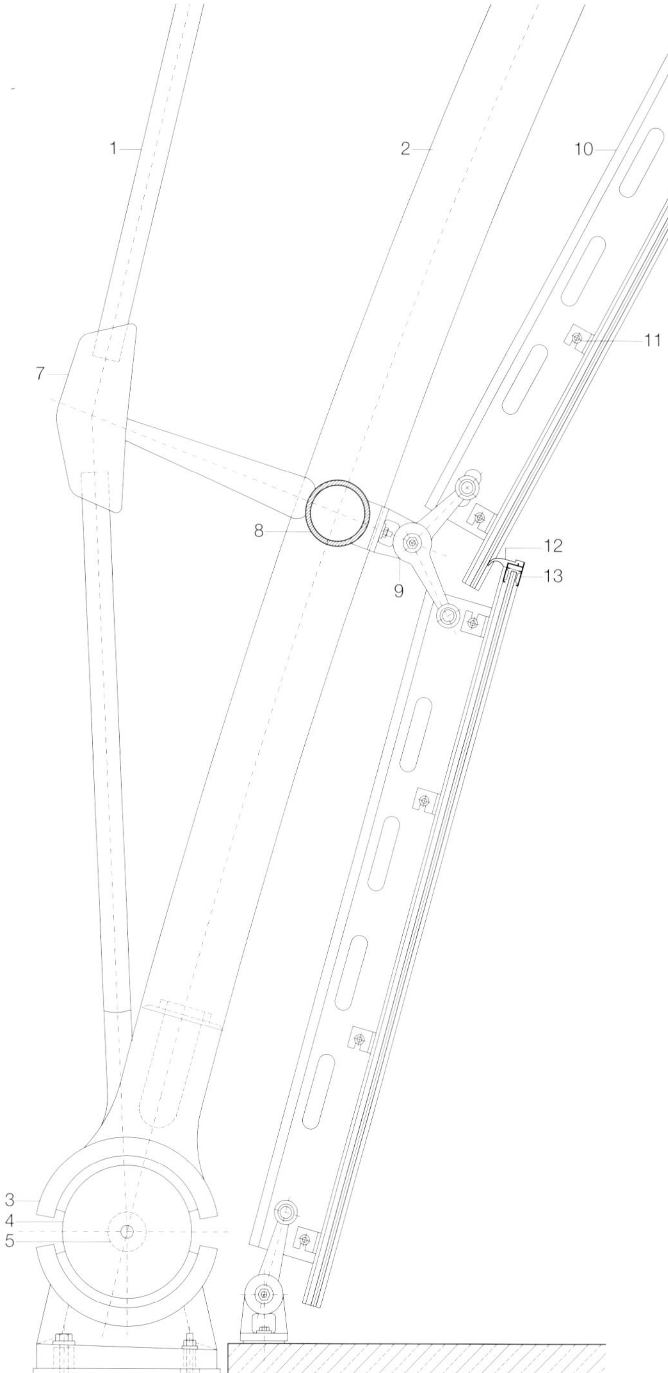

links at left
Detail Fußpunkt und Gelenk des Dreigurtbogens Maßstab 1:20
1 Stahlstab ∅ 75 mm
2 Stahlrohr ∅ 228 mm
3 Gelenk Stahlguss
4 Abdeckplatte Edelstahl 15 mm
5 Gelenkbolzen Edelstahl ∅ 100 mm
6 Stahlrohr ∅ 219 mm
7 Knoten Stahlguss
8 Stahlrohr ∅ 168 mm
9 Gelenk Edelstahlguss
10 Aluminiumstrangpressprofil perforiert
11 ESG 10 mm
12 Dichtungsprofil Neopren
13 Glashalteprofil Aluminium

Detail of foot and hinged joint of triangulated truss scale 1:20
1 ∅ 75 mm steel rod
2 ∅ 228 mm steel tube
3 cast-steel hinged joint
4 15 mm stainless-steel cover plate
5 ∅ 100 mm stainless-steel hinge bolts
6 ∅ 219 mm steel tube
7 cast-steel node
8 ∅ 168 mm steel tube
9 cast-stainless-steel hinged joint
10 perforated extruded aluminium section
11 10 mm toughened glass
12 neoprene seal
13 aluminium glazing strip

rechts oben above right
Dachgelenk, Ansicht und Aufsicht Maßstab 1:20
Roof hinge: elevation and plan scale 1:20

rechts unten below right
Detail Fußpunkt Maßstab 1:20
Detail of foot scale 1:20

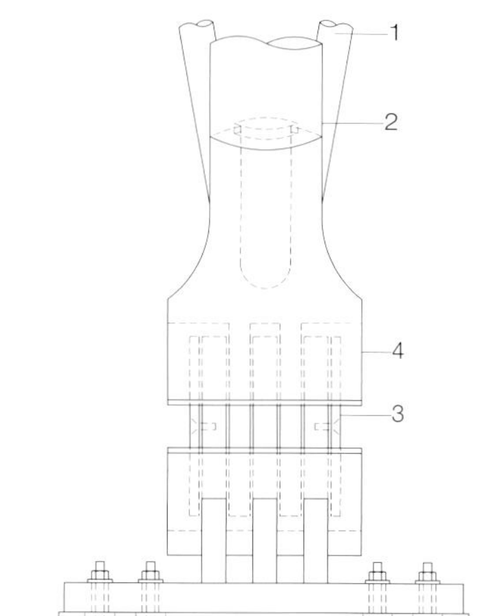

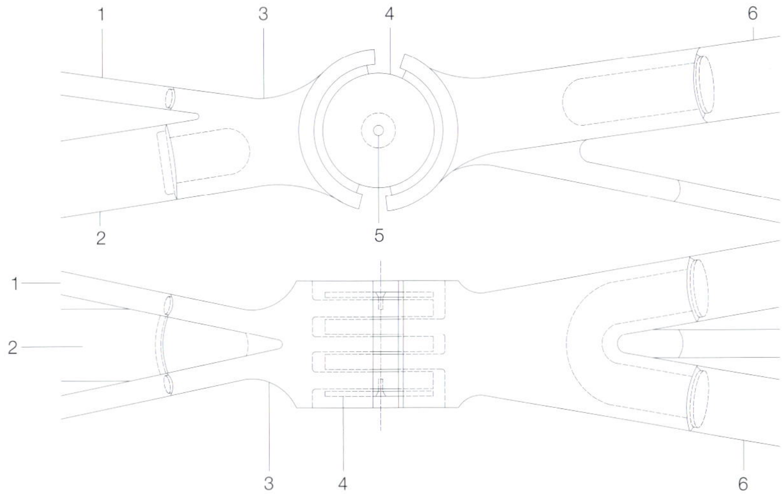
1
3
4
6
2
5
1
2
3
4
6

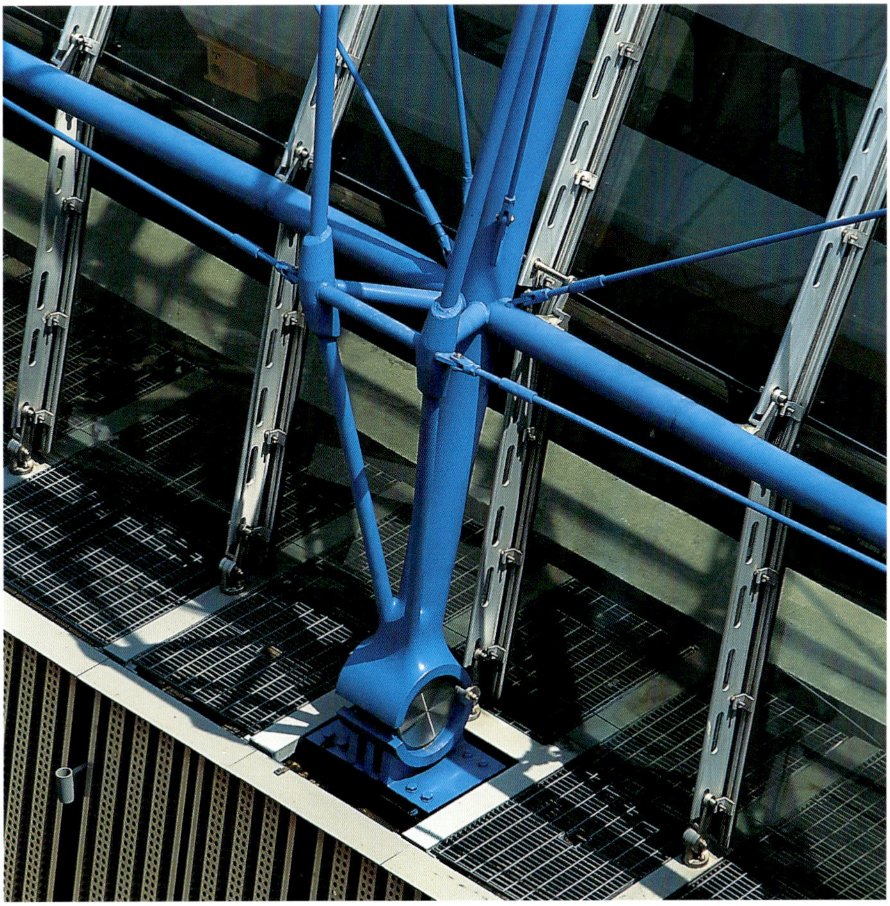

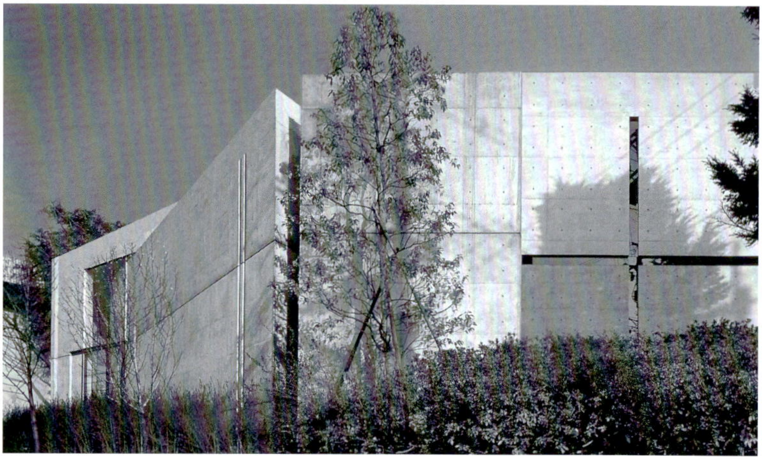

Architekt Architect Tadao Ando

Kirche des Lichts in Ibaraki
Church of Light in Ibaraki

Christian Schittich / Keiko Arima

Ende der 1980er-Jahre, als Tadao Ando seine Kirche des Lichts in Ibaraki, einem kleinen Ort inmitten des unendlichen Siedlungsbreis zwischen Kioto und Osaka vollendete, schien Japan noch viel weiter weg von uns als heute. Die Globalisierung hatte deutlich weniger um sich gegriffen, die Billigfliegerei war noch nicht etabliert, und ein Flugticket von Frankfurt nach Tokio kostete – gemessen am Geldwert – etwa den vierfachen Preis. Gleichzeitig befand sich das Land am Ende seiner »bubble economy«, jener spekulativen Wirtschaftsblase, die den Kurs des Yen nach oben trieb und Japan für Ausländer unermesslich teuer machte. Wer sich damals als Individualreisender in das Reich der aufgehenden Sonne verirrte, hatte stets einen konkreten Grund. In den einfachen Herbergen dort traf der Gast auf Anhänger fernöstlicher Kampfsportarten, die gekommen waren, um sich in ihrer Disziplin fortzubilden, auf religiös Motivierte, die im buddhistischen Kloster meditierten und gelegentlich auch auf einzelne Architekturinteressierte. Diese aber wurden weniger durch die aktuellen Strömungen angelockt, die heute zahlreiche Studentenexkursionen nach Japan bringen, sondern von seiner großartigen traditionellen Baukunst: von den erhabenen Ise-Schreinen mitten im dichten Wald, der seit Bruno Taut berühmten kaiserlichen Villa Katsura in Kioto, von den uralten Tempeln in Nara, nicht zuletzt aber auch von den nicht minder eindrucksvollen Wohn- und Bauernhäusern, die man in ländlichen Regionen noch immer fand. In dieser Zeit, als Architekturzeitschriften aus Kostengründen noch überwiegend in Schwarz-Weiß produziert wurden und die schnelle Information über das Internet noch unvorstellbar schien, tauchte in den Fachpublikationen immer häufiger der Name eines Entwerfers auf, der erstmals 1976 mit einem winzigen Wohnhaus aus Sichtbeton auf sich aufmerksam gemacht hatte: Tadao Ando. Dieser hatte sich als Lastwagenfahrer und Profiboxer versucht, bevor er als Autodidakt die Architektur für sich entdeckte.

Meister des Raums, Meister des Materials

Ando fasziniert die Fachwelt von Anfang an durch seinen eigenen unverwechselbaren Stil, den ein meisterhafter Umgang mit Licht und Material auszeichnet. Formal orientiert sich der Architekt aus Osaka, der seine Kenntnisse überwiegend durch die eigene Anschauung auf Reisen oder das Studium von Fachliteratur bezieht, an der europäischen Moderne. Dabei gelingt es ihm wie kaum einem anderen Gestalter, Prinzipien – und eben keine formalen Merkmale – der japanischen Tradition in die Gegenwart zu übertragen. Das gilt für die Behandlung von Licht und Schatten ebenso wie für die des Raums, für den Bezug der Häuser zur Natur und das bei Ando wie in der Tradition so wichtige Erlebbarmachen der Jahreszeiten. Auch in der Wegeführung, die bei ihm selten direkt verläuft, sondern den Besucher durch einen gezielten Umweg an das Gebäude heranführt, wird dies sichtbar. Vor allem sein ausgesprochenes Gespür für den Raum, das die Abbildungen seiner kleinen Bauwerke erahnen lassen, aber niemals wiedergeben können, verstärken bald das Verlangen vieler Bewunderer aus dem Westen, Tadao Andos Werk vor Ort zu erleben. Das trifft auch auf die Kirche des Lichts in Ibaraki zu. 1989 vollendet, beeindruckt diese in Publikationen nicht zuletzt durch ihre zeichenhafte Bildsprache mit dem strahlenden Lichtkreuz und verhilft dem Architekten endgültig zu internationalem Ruhm. An nur wenigen seiner Bauten lassen sich die Gestaltungsmerkmale und Qualitäten

Kirche des Lichts (rechts)
und Sonntagsschule (links)
Church of Light (at right)
and Sunday school (at left)

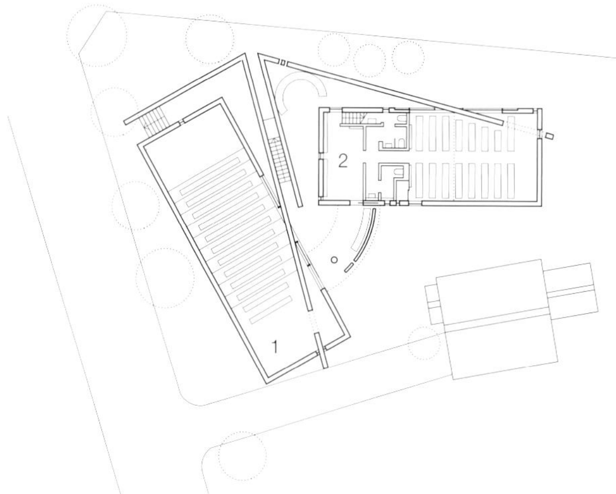

dieses Meisters der Reduktion so klar und unmittelbar erfahren wie hier: die einfachen Geometrien, die im Grundriss stets mit Überlagerungen arbeiten und damit räumliche Spannung erreichen, die rigide Abschottung des Innenraums von der lauten Umgebung außen, die meisterhafte Inszenierung des Lichts, die handwerkliche Perfektion in der Ausführung und nicht zuletzt die Inszenierung seines Materials, des Sichtbetons.

Renaissance des Sichtbetons

Ando entdeckt den Baustoff für sich in einer Zeit, als er im Westen unverkleidet selbst unter Architekten kaum mehr geduldet ist, denn ab dem Ende der 1970er-Jahre muss das Material als Sündenbock für den überschäumenden Unmut der Gesellschaft an einer zur Monotonie erstarrten Moderne herhalten. Ausdrücke wie Betonbunker oder Betontristesse werden – meist unreflektiert – zu Synonymen für eine menschenverachtende Architektur. Einerlei, ob die kritisierten Objekte aus dem grauen monolithischen Material selbst oder aus Stahl und Glas errichtet sind.

Inspiriert allein von seinen Vorbildern wie Louis Kahn oder Le Corbusier nähert sich Ando dem Sichtbeton vollkommen unbefangen und gewinnt ihm darüber hinaus gänzlich neue Qualitäten ab. Er überträgt das Rastermaß der japanischen Reisstrohmatten von etwa 180 × 90 cm auf die Schaltafeln, um damit die Wandflächen zu gliedern. Gleichzeitig strukturiert er sie mit den präzise angeordneten und scharf herausgearbeiteten Löchern, die die Schalungsanker hinterlassen – ein Gestaltungsprinzip, das schon Louis Kahn Anfang der 1960er-Jahre bei seinem Salk Institute im kalifornischen San Diego angewandt hat. Erst Tadao Ando aber gelingt es, dieses Prinzip, das mittlerweile längst zum gängigen Repertoire bei Sichtbeton gehört, in der Architektur zu verankern, denn er verleiht seinen Oberflächen zusätzlich eine besondere, beinahe samtige Anmutung, die schon bald weltweit Bewunderer und damit auch zahlreiche Nachahmer findet. Die Qualität seines Betons und sein Rezept dazu werden Anfang der 1990er-Jahre rasch zum Mythos. Schnell kursieren Legenden und Gerüchte, die zusätzlichen Nährstoff erhalten, als der Meister anfängt, junge Absolventen (die deutlich billiger sind als Handwerker) die ausgeschalten Betonoberflächen von Hand

oben above
Lageplan
1 Kirche, 1989
2 Erweiterung Sonntagsschule, 1999
Site plan
1 Church, 1989
2 Expansion, Sunday school, 1999

rechts at right
Kirche des Lichts
Church of Light

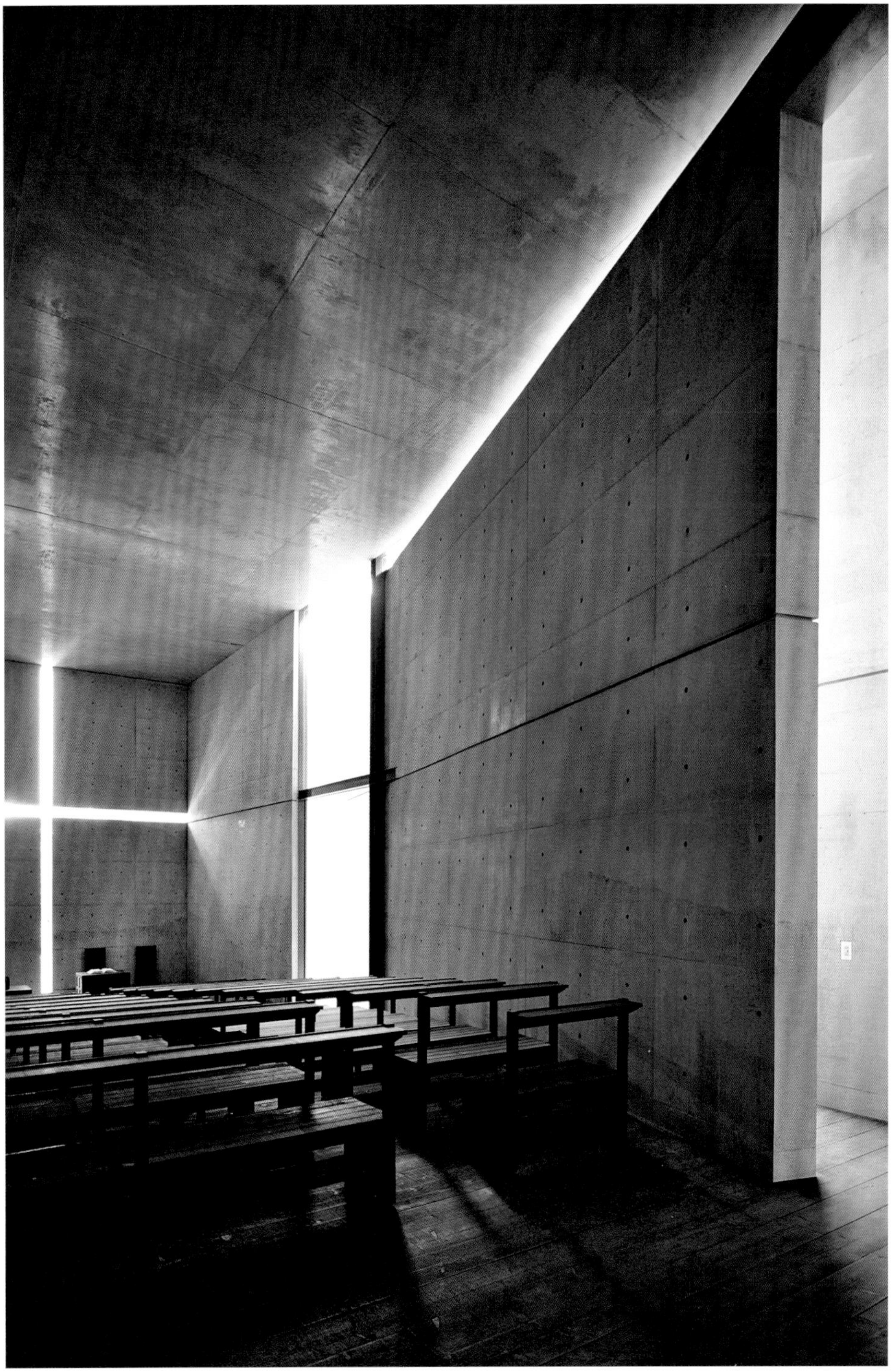

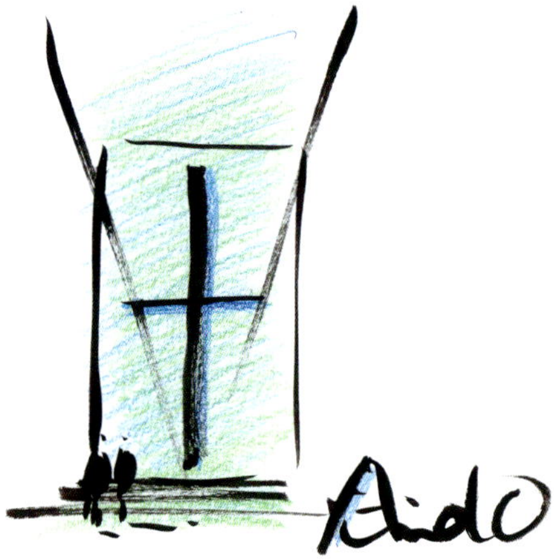

abschmirgeln zu lassen. Gleichzeitig hütet er das Rezept für die anschließende Imprägnierung wie ein Geheimnis. Mit seinem Vorbild und der beinahe mystischen Qualität seiner Architekur verhilft Ando dem Sichtbeton zu einer Renaissance, die bis heute anhält. Seine Art, die Wände zu gliedern, ist längst zum allgemeinen Standard geworden, auch wenn die Avantgarde nach neuen Ausdrucksmöglichkeiten sucht. Im Zuge eines neuen Materialbewusstseins tritt der Beton wieder in der ganzen Vielfalt seiner Erscheinungsformen ans Licht: sinnlich rau durch die Verwendung grober Schalbretter oder nachträglich mechanisch bearbeiteter Oberflächen, glänzend poliert, mit Ornamenten versehen oder mittels Pigmenten eingefärbt.

Vom Helden zum Klassiker

Tadao Ando aber, der längst mit allen renommierten Auszeichnungen bis hin zum Pritzker-Preis (1995) dekoriert wurde, bleibt seinem Stil treu und greift bis heute überwiegend auf das gleiche formale Repertoire zurück. Im Laufe der Jahre jedoch werden die Aufträge zahlreicher und immer größer. Dabei sieht sich der Architekt mit demselben Problem konfrontiert wie viele erfolgreiche Kollegen, die ihren eigenen Stil kultivieren. Ando ist einst als Meister der Askese mit kleinen, direkt erfahrbaren und sehr sinnlichen Bauwerken bekannt geworden. Die gleichen Kriterien und Gestaltungsmerkmale, die einem winzigen Wohnhaus oder einer Kapelle ihre besondere Ausstrahlung verleihen, lassen sich nicht ohne Weiteres auf immer größere und oftmals kommerzielle Bauaufgaben (wie das beinahe 1000 m lange, multifunktionale Omotesando-Hills-Projekt in Tokio) übertragen, ohne drastisch an Kraft zu verlieren. Schon bei vielen seiner zahlreichen Museen wiederholen sich die Formen, die Geometrien verselbstständigen sich. Gelegentlich kehren sich dabei gar seine ursprünglichen Qualitäten in das Gegenteil um, wenn die stets ähnlichen Muster erschöpft sind und die Raumfolgen keine Überraschung mehr bieten.

Neben manchen – noch immer gehobenen – Standardlösungen, wie sie der internationale Erfolg wohl zwangsweise mit sich bringt, besticht Ando aber nach wie vor durch eindrucksvolle Entwürfe. Zuletzt mit dem Umbau der Punta della Dogana (2009) in Venedig oder seinem jüngsten Museum auf

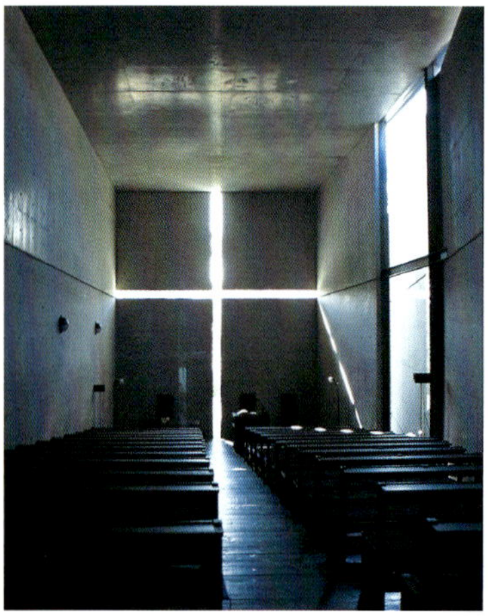

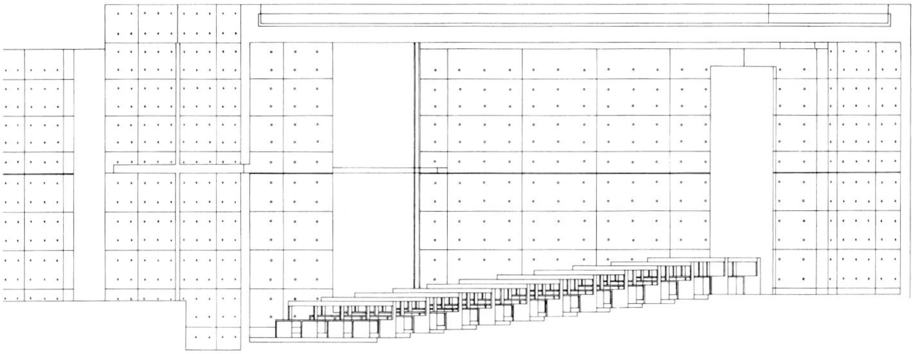

der japanischen Insel Naoshima für den Künstler Lee Ufan (2010). Am gleichen Ort hatte er zuvor schon im Zuge eines Revitalisierungsprojekts sein bekanntestes Museum realisiert sowie seine Meisterschaft im Umgang mit Holz anhand eines kleinen Ausstellungsbaus für eine Lichtinstallation von James Turrell unter Beweis gestellt. Ando ist in der ersten Liga der Architektenschaft etabliert, der einflussreiche und bewunderte Held von damals aber konnte er nicht bleiben. Seine kleine Kirche des Lichts indes hat gut 20 Jahre nach ihrer Fertigstellung nichts von ihrer ursprünglichen Ausstrahlung und Faszination verloren und wird noch immer von Unmengen von Architekturtouristen besucht. Auch für Ando selbst hat sie innerhalb seines Werks einen besonderen Stellenwert. Die stilisierte Skizze mit dem Kreuz ist längst zu seiner zweiten Unterschrift geworden, mit der er Bücher oder persönliche Schriftstücke signiert. Auch für uns hat er sie vor einigen Monaten noch einmal zu Papier gebracht, als wir ihn gebeten haben, etwas für unser Jubiläumsheft »50 Jahre DETAIL« zu zeichnen (Abb. links oben).

Christian Schittich

When Tadao Ando was completing his Church of Light in Ibaraki in the late 1980s, Japan seemed a lot farther away than it does now. Globalization had not yet reached its current scale, low-budget air travel hadn't caught on, and a flight from Frankfurt to Tokyo cost four times what it does today. At the same time, the country's economy was in the end stages of a speculative bubble that continuously drove up the value of the yen, making Japan prohibitively expensive for foreigners. Any tourists one came across were likely to be fans of Far Eastern martial arts, devotees of Buddhism, or serious architecture buffs. The latter came to see the country's brilliant traditional architecture, not the modern styles that draw so many student groups today. It was at that time that Tadao Ando, a self-taught architect who had begun to attract interest in 1976 with a tiny residential house of exposed concrete, was increasingly gaining recognition as a designer.
Ando's style is characterized by a unique mastery of light and material. Like no other designer, the Osaka architect has succeeded in adapting

links oben above left
Skizze von Tadao Ando zum 50-jährigen Jubiläum von DETAIL
Tadao Ando's sketch for DETAIL's 50th anniversary

links unten below left
Kirche des Lichts
Church of Light

oben above
Längsschnitt Kirche mit Wandabwicklung
Church, longitudinal section, interior elevation

the principles – not the formal characteristics – of Japanese architectural tradition to the present. These principles are evident in his treatment of light, shadow, and space, as well as in the way his structures relate to their natural surroundings and reflect the seasons. They also manifest themselves in his preference for indirect, often roundabout physical approaches to his structures.

Ando's uncanny feeling for space can only be hinted at, never adequately conveyed, by photographs of his little buildings. Still, such pictures have awakened in many of his Western admirers a desire to experience the oeuvre of Tadao Ando firsthand. This was particularly true of the images published of the Church of Light in Ibaraki, completed in 1989. The church's impressive character unfolded readily on the page, thanks to the semiotic imagery of the radiant cross of light. It also helped catapult the architect to international stardom.

Like few other Tadao Ando buildings, the Church of Light lets the viewer experience the design characteristics and qualities of this master of reduction in a clear and immediate way: the simple geometries paired with layering in the floor plans to achieve spatial tension; the complete walling-off of the interior from the busy outside world; the masterful dramatization of light; the perfection of craftsmanship in construction; and, last but not least, the celebration of his material, exposed concrete.

Ando discovered this building material at a time when, in its exposed form, it had fallen from grace in the West, even among architects. In the late 1970s, society was increasingly at odds with a modernism that had degenerated into monotony, and exposed concrete had become a symbol of its malaise. Declaring buildings "concrete bunkers" or lamenting "dreary concrete wastelands" became shorthand for the rejection of an architecture that seemed to express contempt towards humanity.

Inspired by his heroes, such as Le Corbusier and Louis Kahn, Ando approached exposed concrete in a completely unprejudiced way – and in doing so, revealed entirely new qualities within it. He applied the grid dimensions of Japanese rice straw mats to concrete formwork to organize wall surfaces. At the same time he structured them with exactly set and precisely modelled anchor bolt holes – a design principle previously employed by Louis Kahn in his Salk Institute in San Diego in the early 1960s. It was Tadao Ando, however, who established it firmly in the architectural mainstream, not least thanks to the particularly smooth and silky appearance of his concrete surfaces, which soon found admirers and numerous imitators worldwide. By the early 1990s the quality of his concrete and his closely guarded formula for treating it had become the stuff of legend.

Through his pioneering work and the near-mystical quality of his buildings, Ando contributed to an ongoing renaissance of exposed concrete. His way of structuring walls set a new standard. As a new awareness of the material has emerged, exposed concrete has once more appeared in a multitude of forms: sensual and coarse with rough formwork, or sleek with surfaces subjected to successive mechanical treatment – polished to a sheen, adorned with ornamentation, or tinted with pigments.

For all his successes and his stream of prestigious awards, including the Pritzker Prize in 1995, Tadao Ando has nevertheless remained true to his style and, for the most part, has retained the same formal repertoire. In the

Kirche, Grundriss mit Perspektive
Church, floor plan with perspective

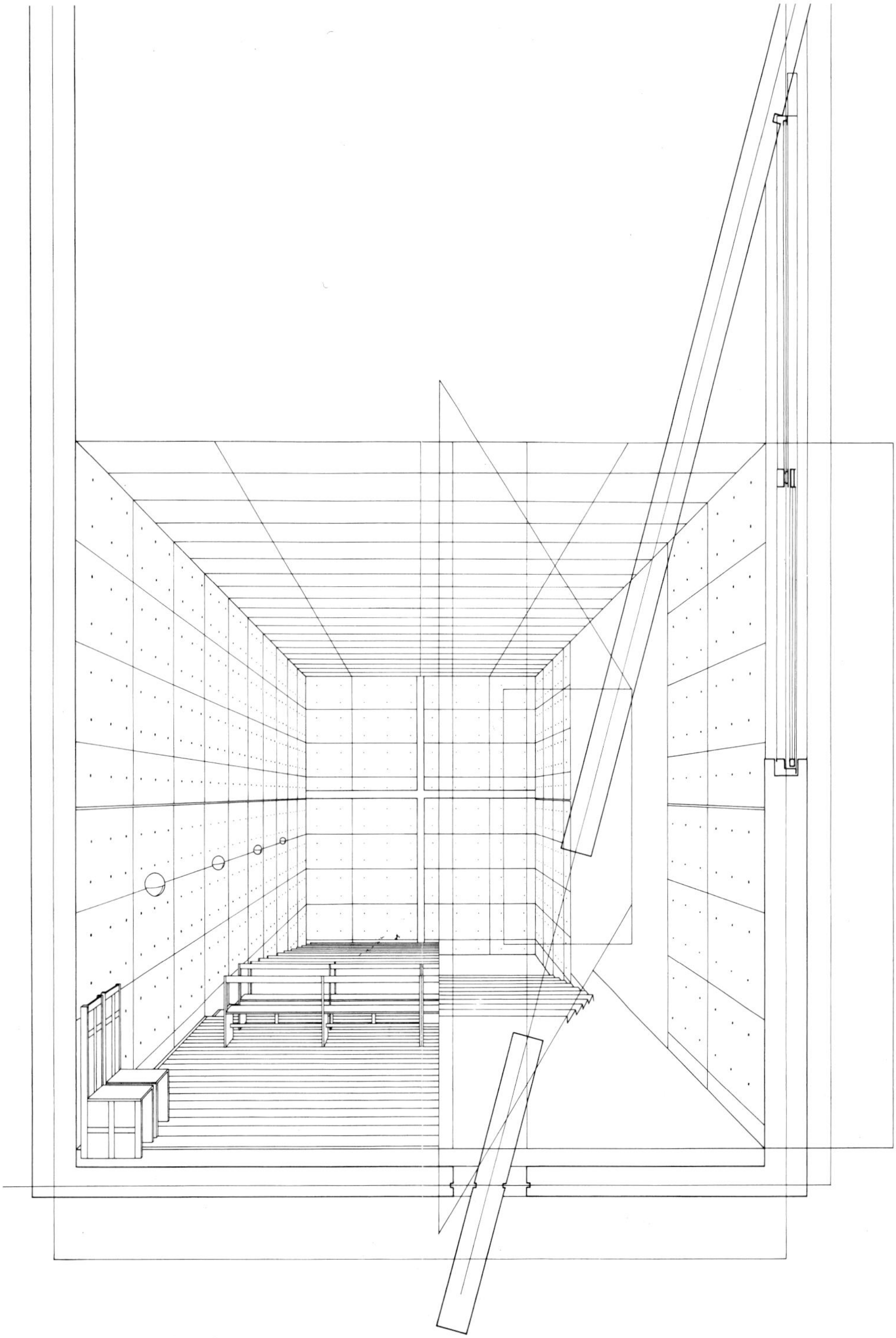

course of time, however, his projects have become more numerous and ever larger in scope. Like other successful architects who have cultivated their own personal style, he is faced with a dilemma: his reputation as a master of asceticism is founded on small buildings that are experienced viscerally and that have a very sensual character. On the other hand, the criteria and design characteristics that imbue a small house or chapel with an aura all its own do not lend themselves readily to being applied to ever larger and often commercial projects without a dramatic loss of expression. A certain repetitiveness of forms is already making itself felt in Ando's various museums, with geometries taking on a life of their own. Occasionally, there is even a reversal of his original qualities, as when recurring patterns are exhausted and spatial sequences no longer offer room for surprise. Aside from some standard solutions – still of admittedly high quality – that are the obvious price of international success, Ando nonetheless continues to deliver stunning designs, most recently in the restoration of the Punta della Dogana in Venice (2009) or his latest museum on the Japanese island of Naoshima for the artist Lee Ufan (2010).
Ando is now firmly established in the top tier of architects, though he is no longer the unassailable hero he once was. His little Church of Light, in contrast, has lost none of its original flair and power. Even Ando himself accords it a special place within his own oeuvre. The stylized sketch with the cross has long since become his second signature. And indeed, when we asked him to provide a sketch for our special 2011 anniversary edition celebrating 50 years of DETAIL, that is what he drew (ill. p. 112 above left).

Eine Kirche zum Beten

Für die meisten Japaner – nur etwa ein Prozent der Bevölkerung sind gläubige Christen – ist eine Kirche vor allem eine Einrichtung, um im westlichen Stil heiraten zu können. Tadao Ando hatte bereits zwei Hochzeitskapellen in Kobe (Chapel on Mount Rokko, 1986) und auf Hokkaido (Church on the Water, 1988) gebaut, bevor er 1989 mit der Kirche des Lichts der kleinen

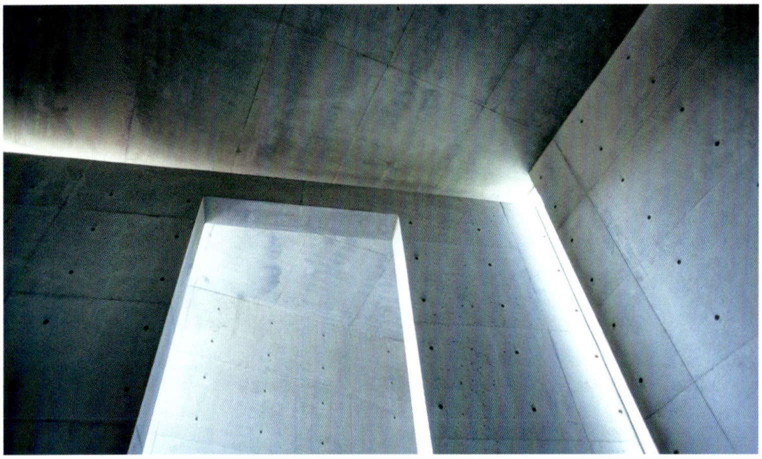

Kirche des Lichts
Church of Light

protestantischen Gemeinde von Ibaraki, auf halbem Weg zwischen Kioto und Osaka gelegen, einen Raum für Andacht und Gottesdienst schuf. Pfarrer Noboru Karukome hatte sich ein erdverbundenes Gotteshaus an der Straße gewünscht, in dem sich die Kirchengemeinde versammeln kann. 1987, als die Planung beginnt, befindet sich Japan auf dem Höhepunkt einer Spekulationsphase und stellt wirtschaftliche Interessen über alles andere. Dem entgegengesetzt zeichnen sich Tadao Andos damalige Bauwerke als Orte der Stille und Kontemplation aus. In einer Zeit der schnell wechselnden Moden – die Postmoderne wird gerade vom Dekonstruktivismus verdrängt – wählt der Architekt aus Osaka einen eigenständigen Weg. Bei der Kirche des Lichts in Ibaraki schottet er den Sakralraum durch karge Betonwände von der lauten Außenwelt ab und macht das Licht zum wesentlichen Gestaltungselement – ganz im Geiste romanischer Zisterzienserklöster wie der berühmten Abtei Le Thoronet.
Mit welch knappem Budget Ando bei der Planung der Kirche zurechtkommen muss, sieht man dem fertigen Gebäude nicht an. Es besteht im Wesentlichen aus einem Quader, der sich wiederum aus einem dreifachen Würfel zusammensetzt, und von einer frei stehenden Wandscheibe diagonal in einem Winkel von 15° durchdrungen wird. Sie trennt das Weltliche vom Sakralen und lässt den Eingangsbereich entstehen. In der Kirche fällt der Fußboden aus rohen Eichendielen zu der 6 × 7 m großen Altarwand hin ab, die von 25 cm schmalen Schlitzen in Form eines Kreuzes durchschnitten wird.

Sichtbeton mit neuem Ausdruck

Beton ist ein dickflüssiges, breiiges Material, das durch die chemische Reaktion von Zement und Wasser seine Festigkeit erlangt. Ansprechende Architektur kann daraus nur geschaffen werden, wenn seine Schwere, Härte und Textur einen Ausdruck erhalten. In Japan gibt es viele herausragende Handwerker für den Stahlbeton- und den Schalungsbau sowie die Bewehrungsarbeiten. Die Verwendung des Sichtbetons ging hier Schritt für Schritt mit der modernen Architektur einher und hat unterschiedlichen Ausdruck gefunden, beispielsweise mit Schalungsmethoden wie »Ukizukuri«, wobei Schaltafeln mit eingeschnitzten Oberflächen die wellenförmige Maserung

des Holzes akzentuieren, oder »Mukuita Honzane«, eine Schalung, die aus einzelnen massiven Brettern der japanischen Zeder oder Kiefer besteht. Ungeachtet solcher Trends verwendet Tadao Ando den Beton als glatte Oberfläche, greift aber auf das präzise Können der einheimischen Handwerker zurück. Deren Streben nach dem vollendeten Detail und nach Perfektion ist ein Vermächtnis aus der langen Holztradition des Landes. Heute zeigt sich diese Tradition auch als Abbild der Schalung im Beton. Tadao Andos Verwendung des Sichtbetons ist einer der Höhepunkte in dem beständigen Bemühen, das Potenzial des Stahlbetons zum Ausdruck zu bringen. Er inszeniert dabei nicht die rohe Kraft des Materials, sondern schafft raffinierte Reminiszenzen an die traditionelle Architektur seines Landes.
Beim Sichtbeton ist die Qualität der Oberfläche maßgeblich von der Genauigkeit der Schalung abhängig. Ando sieht die Löcher, die die Schalungsanker hinterlassen, als wichtiges Gestaltungselement und gibt diese millimetergenau vor. Die deutlich kleineren Löcher der Nägel, die die Schalung zusammenhalten, fallen bei Andos Wänden zwar kaum auf, aber auch zu deren Lage macht er den Handwerkern ganz präzise Angaben. Ebenso verwendet Ando bei der Kirche des Lichts wie bei seinen anderen Bauten sehr viel Energie auf die unsichtbaren Details, um ansprechende Oberflächen zu erzielen. Dabei bezieht er sich auch auf den Geist der mit Papier bespannten Schiebetüren (Shoji) im traditionellen japanischen Teehaus, bei denen die handwerkliche Präzision beim Bau der hölzernen Rahmen auf der Oberfläche nicht mehr sichtbar, aber spürbar bleibt. Die auf einem Raster basierenden gleichmäßigen Muster erzeugen ein abstraktes Bild von den hellen und dunklen Tönen des Lichts. Auch in Tadao Andos Architektur dienen die Wände dazu, Lichtstimmungen durch Reflexion und Schattenwurf wiederzugeben. Das klare harte Licht, das von den Wänden reflektiert wird, akzentuiert dabei die Ankerlöcher und verleiht der Oberfläche einen expressiven Ausdruck. Genau wie die ausgefeilten Handwerkstechniken in der alten japanischen Architektur das vollendete Detail verhüllen, werden Andos Betonwände von einer unsichtbaren Sinnlichkeit geprägt. Mit seinem Streben nach Perfektion bei einem einfachen, fast primitiven Material aus Zement, Kies und Wasser hat der Architekt die gestalterischen Ausdrucksmöglichkeiten für Beton nachhaltig erweitert.

Eine Sonntagsschule als Erweiterung

Etwa zehn Jahre nach der Fertigstellung seiner berühmten Kirche des Lichts erhielt Ando die Gelegenheit, seinen mittlerweile zum Klassiker avancierten Bau um eine Sonntagsschule zu erweitern. Neben ihrer eigentlichen Funktion als Unterrichtsraum dient diese mittlerweile auch als Empfangsbereich für Besucher und als Versammlungsstätte für die Gemeindemitglieder. Die Grundkomposition der Ergänzung lehnt sich an die des Ursprungsbaus an. Ebenso wie die Kirche basiert auch der Baukörper der Sonntagsschule auf einem Quader, der von einer Mauer in einem 15-Grad-Winkel durchdrungen wird. Durch diese schräg gestellten Wände entsteht eine Klammer zwischen den beiden Gebäuden, die sie zu einem Paar zusammenschließt. Erst im Inneren erkennt man, dass hier – anders als bei dem kontemplativen Kirchenraum – ein Lebensraum für Gläubige und Kinder entstanden ist, an dem sie sich außerhalb des Gottesdienstes versammeln und verschiedenen Aktivitäten nachgehen können. Deshalb ist das Innere der Schule im

oben above
Sonntagsschule
Sunday school

unten below
Entwurfszeichnung
Sonntagsschule
Sunday school plan

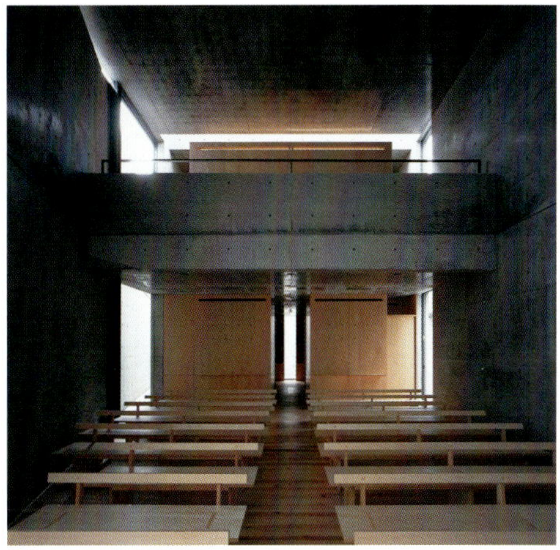

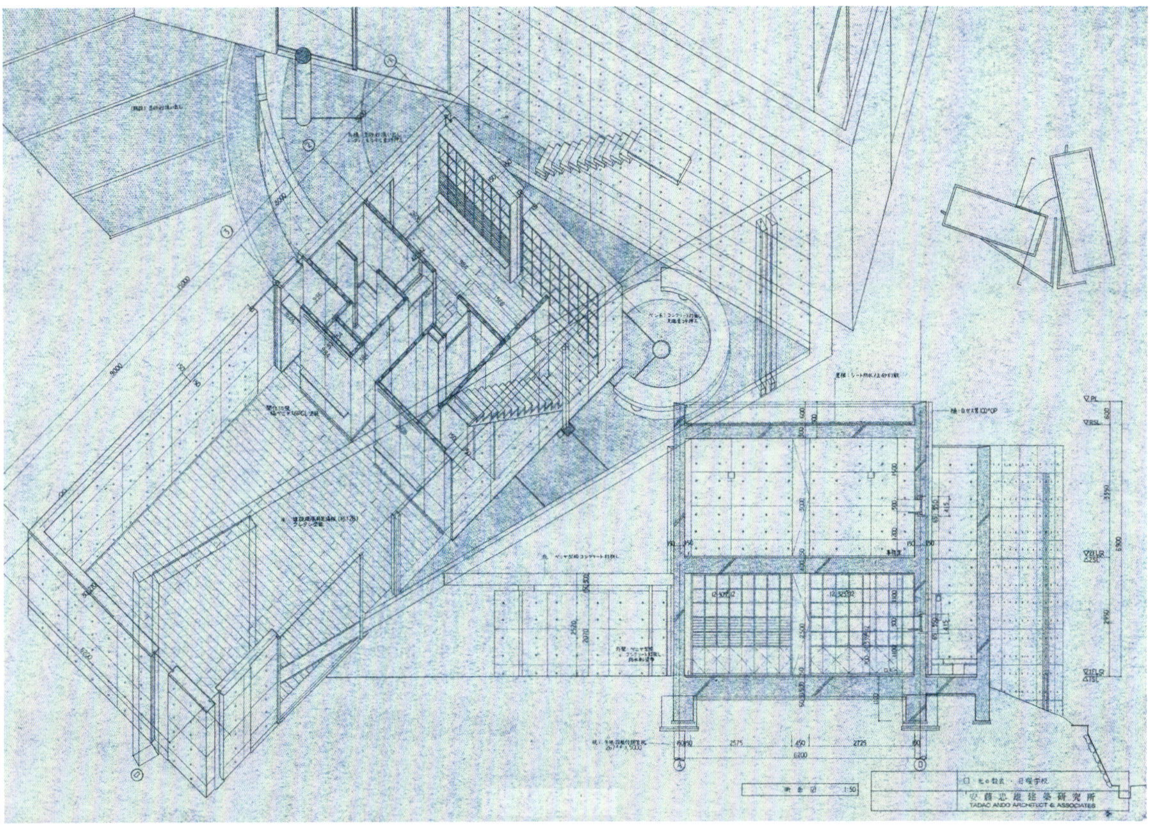

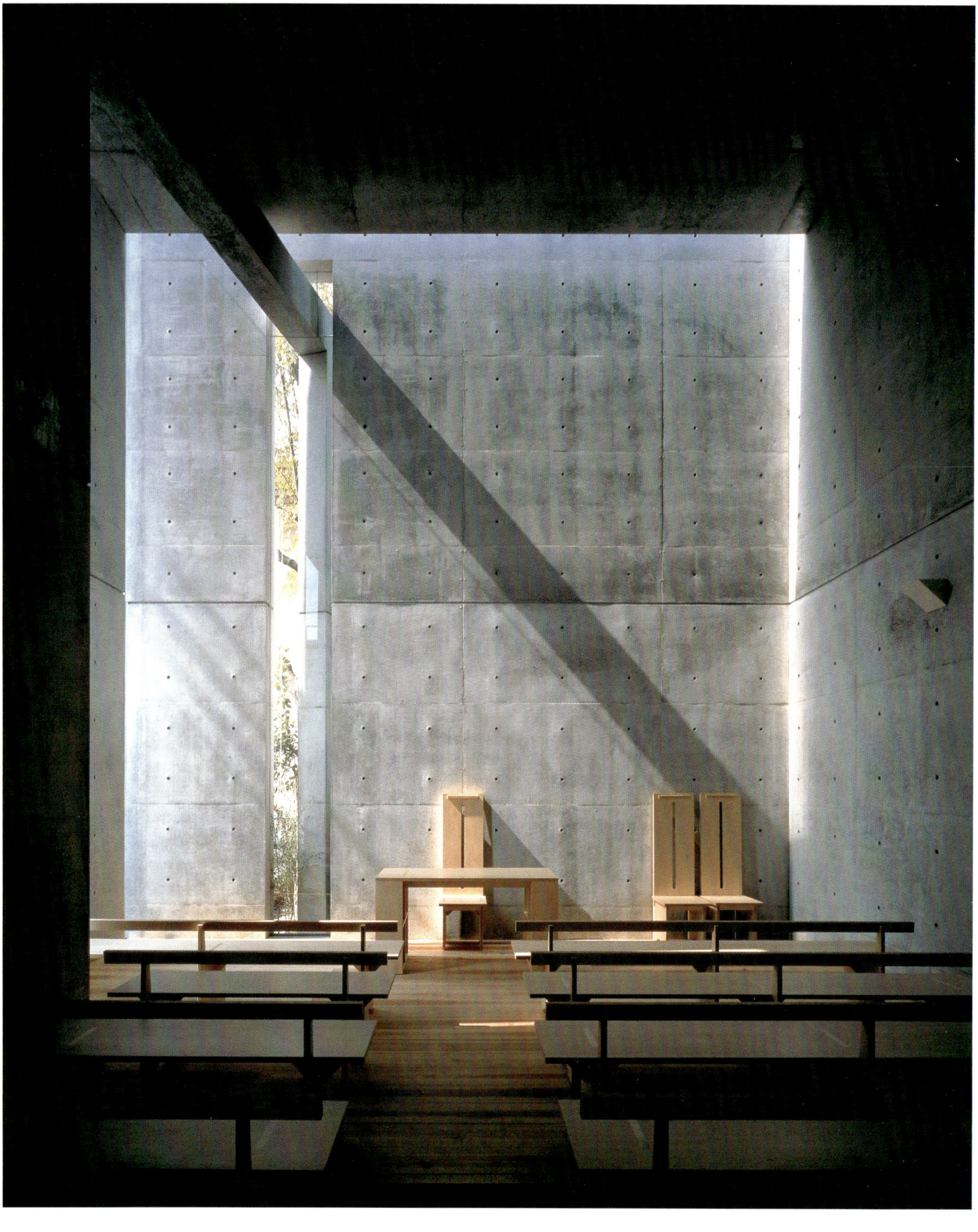

Kirche des Lichts in Ibaraki

Sonntagsschule
Sunday school

Kontrast zu der harten Betonschale in weichen Holztönen gehalten und von gezielt eingesetztem Licht durchflutet. Die Böden sind aus Zedernholz gefertigt, wie es damals noch im Gerüstbau eingesetzt wurde. Eindrucksvoll zeigen sich auch die Möbel aus Furnierschichtholz, die in ihrer minimalistisch schlichten, sorgfältigen Ausführung und mit ihren haptischen Qualitäten Besucher wie Kinder gefühlsmäßig ansprechen.
Licht spielt wieder eine entscheidende Rolle. Deutlich weniger sparsam eingesetzt als in der Kirche, dringt es hier durch die horizontalen Schlitze unter der Decke in den Versammlungsraum und verleiht den Betonwänden einen sinnlichen Ausdruck.
Über 8000 Besucher pro Jahr – in der Mehrzahl Architekturtouristen – kommen heute in die Kirche. Sie werden alle freundlich empfangen, auch wenn das für die kleine Gemeinde große Einschnitte bedeutet. Um die Situation zu entschärfen, wurde die Anlage 2010, rund 20 Jahre nach der Eröffnung, um ein Pfarrhaus erweitert. Dieses enthält neben der Wohnung des Pastors auch Gemeinderäume. Alle drei Gebäude bilden einen Hof und verdeutlichen eindrucksvoll Tadao Andos Fähigkeit, bestehende Konzepte weiterzustricken und zu einem neuen Ganzen zu fügen. Im Gegensatz zu den beiden älteren Baukörpern erhielt das Pfarrhaus eine gebogene Fassade aus Holz. Auch heute hat Tadao Andos Kirche des Lichts nichts von ihrer ursprünglichen Ausstrahlung und Faszination verloren. Sie wird von ihrer protestantischen Gemeinde und ihrem Pastor Noboru Karukome außerordentlich geschätzt und ist längst zum Architekturklassiker und Touristenmagneten avanciert.

Keiko Arima

For most Japanese – only about one per cent of the population consists of practising Christians – a church is, above all, a place for Western-style weddings. Tadao Ando had already built two wedding chapels, one in Kobe (Chapel on Mt. Rokko, 1986) and another in Hokkaido (Church on the Water, 1988), before creating the Church of Light, a space for reflection and worship for the small Protestant community of Ibaraki, situated midway between Kyoto and Osaka. Their pastor, Noboru Karukome, had requested a house of worship with a connection to the earth and situated along the road where the community could congregate.
When planning began in 1987, Japan was at the apex of its "bubble economy" – a speculative phase in which economic interests reigned supreme. In stark contrast, Tadao Ando's buildings of the time represent places of silence and contemplation. In times of rapidly changing styles – postmodernism was in the process of being replaced by deconstructivism – Ando chose an independent path. For the church in Ibaraki, he closed off the sanctuary from the cacophonous exterior with austere walls of concrete and turned light into the paramount design element, very much in the vein of Romanesque Cistercian monasteries such as the famous Thoronet Abbey. The church doesn't betray the severely limited budget that Ando was constrained by during planning. The building consists of a rectangular shape made of three cubes diagonally intersected at a 15-degree angle by a freestanding wall. The wall separates the secular and the spiritual and creates the entrance area. In the interior of the church, the unfinished oak floor

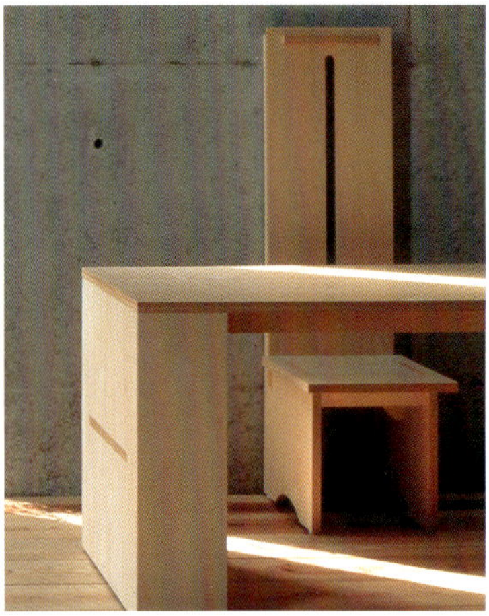

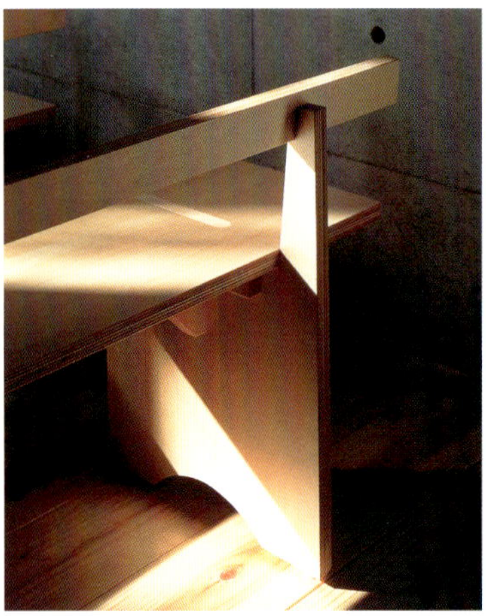

boards slope towards the 6-by-7-metre altar wall with its 25-centimetre-wide longitudinal incisions that form a cross.

Concrete is a viscous, pulpy material that becomes solid in a chemical reaction between cement and water. It can be used to create appealing architecture only if its heaviness, rigidity and texture are given a certain expression. In Japan, there are many exceptional craftsmen who deal with reinforced concrete, building formwork, and reinforcement work. Here, the use of exposed concrete proceeded step by step in unison with modern architecture and its various forms of expression.These include formwork methods such as *ukizukuri*, in which formwork receives carvings that accentuate the (wave-like) structure of wood, or the *mukuita honzane* formwork made of solid boards of Japanese cedar or pine. Regardless of such trends, Tadao Ando employs concrete as a smooth surface, yet draws on the skills and precision of indigenous craftsmen. Their striving towards perfection in every detail is an inheritance from the country's long tradition of woodworking. Today this tradition is being applied to the refinement of concrete surfaces. Tadao Ando's use of exposed concrete is among the milestones in the continuous effort towards expressing the potential of reinforced concrete. He doesn't dramatize the material's raw strength, but instead creates sophisticated references to the traditional architecture of his home country.

In exposed concrete, surfaces depend closely on the precision of formwork. Ando considers the holes created by anchor bolts an important design element, planning their position down to the millimetre. The much smaller holes produced by nails connecting the formwork are hardly visible in his walls; still, he provides craftsmen with precise information on their position.

In the Church of Light, as in his other buildings, Ando invested significant energy on the invisible details required to create appealing surfaces. Here, he evokes the spirit of the paper-lined sliding doors (*shoji*) of traditional Japanese tea houses. The precision of craftsmanship that went into building the wooden frames is no longer visible along these surfaces, but can be felt. The grid-based and homogeneous patterns produce an abstract, light-and-dark-hued image of light itself. In Tadao Ando's architecture, the walls, too, serve to reflect the moods of light. The clear and hard light thrown back by the walls accentuates the anchor bolt holes and gives the surfaces a unique expressiveness. Recalling the sophisticated craftsmanship of historic Japanese architecture and the way it obscures the perfect detail, Ando's concrete walls are characterized by an invisible sensuality. By striving for perfection in a simple, almost primitive material consisting of cement, gravel and water, the architect lastingly expanded the means of expression in designing concrete forms and surfaces.

Some ten years after completing his Church of Light, by then recognized as a masterpiece, Ando was given the opportunity to add a Sunday school to his work. Aside from its function as a classroom, it now serves as a visitor entrance and as a meeting room for members of the congregation. The basic configuration of the addition recalls the original building: the volume of the Sunday school is rectangular and intersected by a wall angled at 15 degrees. However, while the church is separated from the environment, this light-flooded room is open towards the exterior.

More than 8,000 visitors, most of them architectural tourists, visit the church every year. All of them receive a friendly welcome, despite the strain on the congregation. To ameliorate the situation, the complex was expanded further in 2010 by the addition of a parsonage. This includes not only the pastor's living quarters, but also communal rooms. All three buildings surround a courtyard. The complex impressively displays Ando's ability to further develop existing concepts and integrate them into a new whole. Unlike the two older buildings, the new parsonage received a curved facade made of wood. With this material, too, Ando has proven his mastery, as in the case of the small exhibition space for a light installation by James Turrell on the Japanese island of Naoshima, where he also completed his latest museum for the artist Lee Ufan in 2010.

Today, more than 20 years after its original completion, Tadao Ando's Church of Light has lost none of its original radiance and flair. Its Protestant congregation and pastor Noboru Karukome hold it in very high regard, and it has long since become an architectural classic and tourist magnet.

links at left
Möblierung Sonntagsschule
Sunday school furnishings

unten below
Kirche (1989) und Pfarrhaus (2010)
Church (1989) and parsonage (2010)

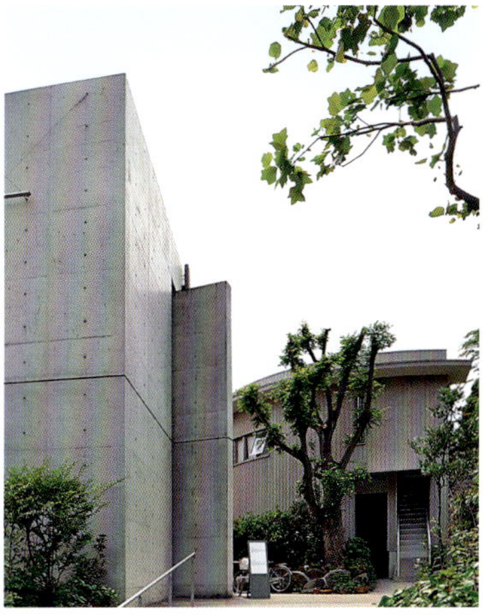

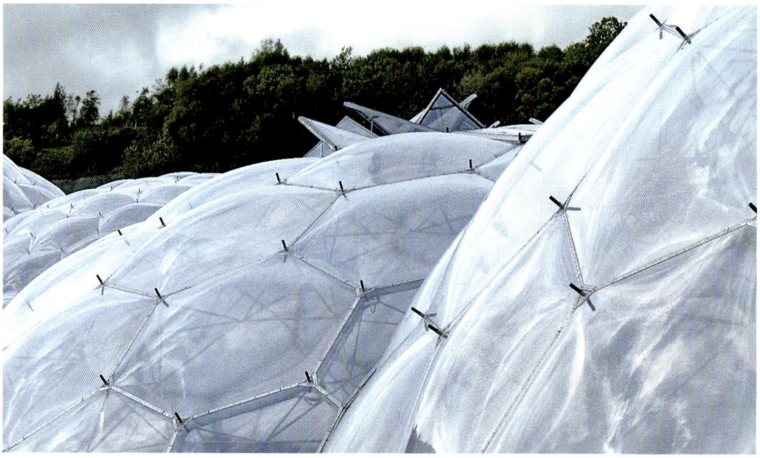

Architekten Architects Nicholas Grimshaw & Partners
Tragwerksplaner Structural engineer Anthony Hunt Associates

Eden Project in St Austell

Eden Project in St Austell

Heide Wessely

Gewächshaus »Rainforest«, 2011
Rainforest biome, 2011

Das idyllische Cornwall liegt auf der südwestlichsten Spitze der britischen Insel und ist beliebt wegen seines milden Klimas, den wildromantischen Landschaften, steilen Klippen, herrschaftlichen Landhäusern und aufwendig angelegten Gärten. Cornwall ist aber auch eine der ärmsten Regionen der Europäischen Union. Wer nicht auf das reiche Erbe adeliger Vorfahren bauen kann, hat es schwer. Die Arbeitslosenquote ist hoch, die Bruttowertschöpfung beträgt nur 68 % gegenüber dem Rest des Königreichs. Dies ist nicht erst seit der letzten Finanzkrise so, Cornwalls Wirtschaft kränkelt schon lange. Aber zum Glück gibt es Lichtblicke – einer ist das Eden Project.

Kupfer und Zinn

Schon in der Bronzezeit war Cornwall von großer Bedeutung, denn dort wurde das für die Herstellung von Bronze notwendige Zinnerz gefördert. Handelswege führten bis in das heutige Nordafrika. Auch die Entdeckung von Kupfer brachte der Gegend Wohlstand. Seinen Höhepunkt erreichte der Bergbau in der zweiten Hälfte des 19. Jahrhunderts, als Kupfer aus Cornwall rund 50 % des Weltmarkts bediente. Der wirtschaftliche Niedergang setzte zu Beginn des letzten Jahrhunderts ein, als die einfach zu fördernden Metallvorräte erschöpft und die Preise dem weltweiten Wettbewerb nicht mehr standhalten konnten. Mitte des 17. Jahrhunderts war mit der Entdeckung und Förderung von Kaolinerde der Grundstein für die Herstellung von weißem Porzellan gelegt. Kaolin wird auch heute noch in vergleichsweise geringen Mengen abgebaut – jedoch kaum mehr für die Porzellanproduktion, sondern in erster Linie als Bleichmittel für Papier. Die zahlreichen aufgelassenen Kaolinsteinbrüche reißen allerdings tiefe Wunden in die Landschaft, weshalb die Region den Spitznamen »Clay Country« erhielt.

Stahl und Glas

Einer dieser ehemaligen Steinbrüche namens Bodelva beherbergt heute die gigantischen Gewächshäuser des Eden Projects. Tim Smit, englischer Archäologe und Gartenliebhaber, hatte den Traum, dem stillgelegten Steinbruch neues Leben einzuhauchen. Da ihm der Bahnhof Waterloo in London von Nicholas Grimshaw gut gefiel, wandte er sich 1995 an das Büro und bat

unten below
Gewächshauskuppeln (»Biome«) kurz nach Fertigstellung, 2001
The biomes shortly after completion, 2001

rechts at right
erster Entwurf der Gewächshäuser (1995), die an den Waterloo International Terminal erinnern
Initial design of greenhouse structure (1995), reminiscent of Waterloo International Terminal

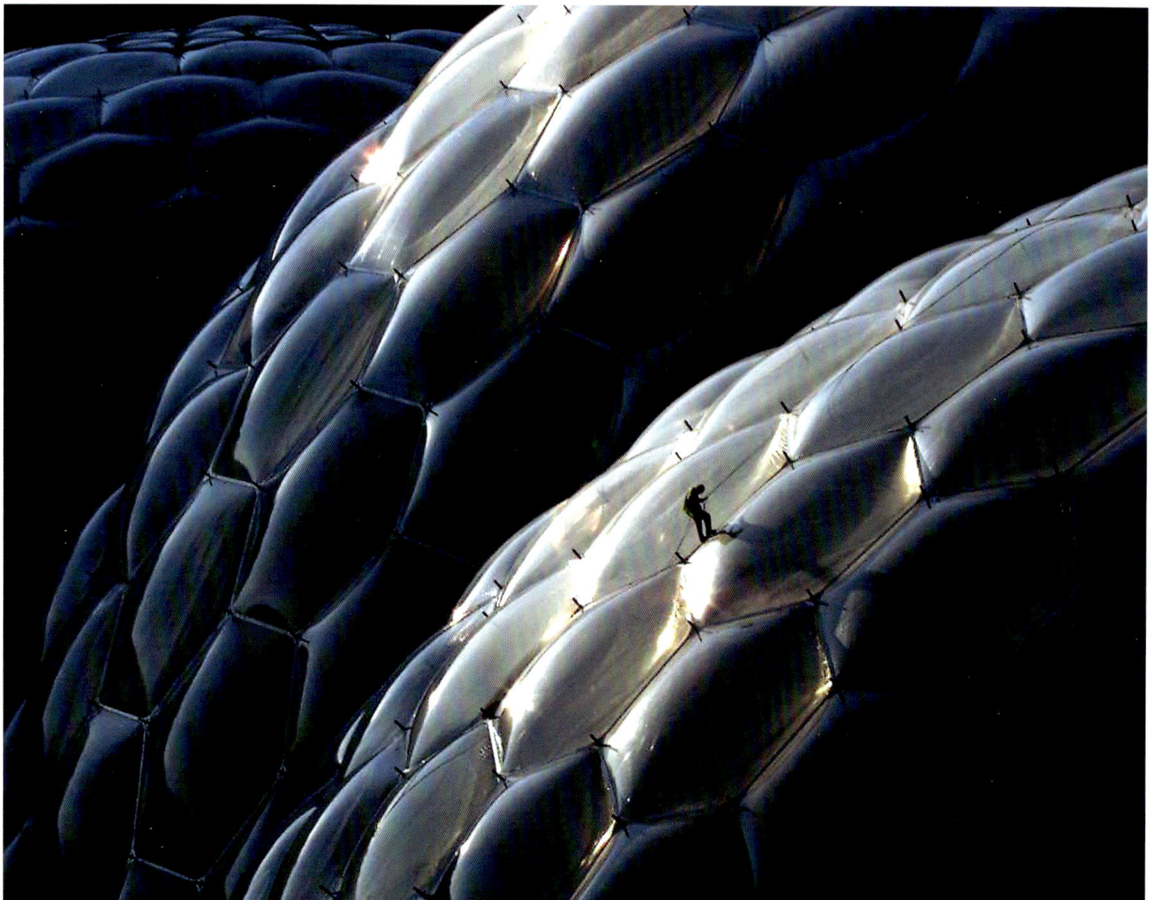

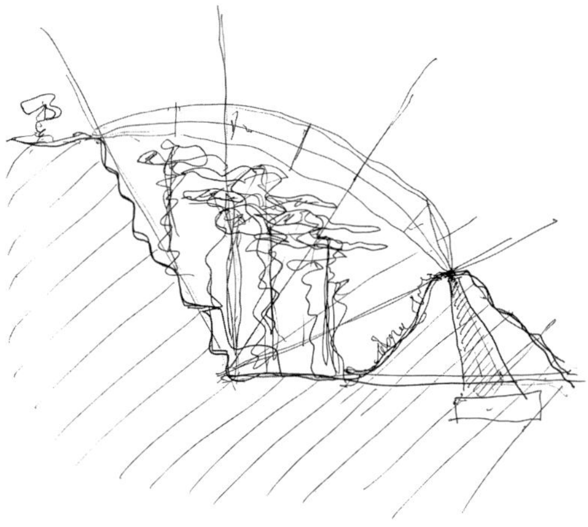

um einen ähnlichen Entwurf. Zu diesem Zeitpunkt waren weder Umsetzbarkeit noch Finanzierung geschweige denn das Architektenhonorar geklärt. Mit dem Vorschlag eines auf gebogenen Fachwerkträgern ruhenden Glasdachs, das sich gegen den Steinbruch lehnt, bewarben sich Architekt und Bauherr bei der Millenniumskommission. Für Projekte zur Jahrtausendwende hatte die britische Regierung 1,3 Milliarden Pfund zur Verfügung gestellt, mit denen insgesamt 222 Projekte zu jeweils 50 % finanziert wurden.

Kunststoff und Stahl

Erst in der weiteren Bearbeitung stellte sich heraus, dass der tonige Untergrund des ehemaligen Steinbruchs nicht ausreichend tragfähig war, um die Lasten eines Glasdachs aufzunehmen. Zudem wären die Kosten enorm gewesen. Die intensive Zusammenarbeit mit dem Tragwerksplaner Anthony Hunt führte schließlich zu der Idee einer aufgelösten zweischaligen Stahlkonstruktion in Form geodätischer Kuppeln: Die äußere Schicht basiert auf einer Hexagonalstruktur, die innere auf Drei- und Sechsecken.
Um die Geometrie der Riesenkuppeln leichter bewältigen zu können, sind die Hexagone in sich gewunden, die Metallstäbe verschieden lang. Dem Hersteller Mero gelang dank computergesteuerter Fertigungsmethoden eine hochgradig präzise Vorfertigung. So waren von den vielen Tausend Knoten – Stahlkugeln mit bis zu sechs Bohrungen an unterschiedlichen Stellen – am Ende nur zwei überzählig.
Die Lastabtragung des leichten, in sich steifen Tragwerks erfolgt linear entlang des gesamten Gewächshausumrisses. Gedeckt ist es mit ETFE-Kissen, die sich problemlos an die gewundenen Hexagonalfelder anpassen. Das Material war zuvor nie in diesen Abmessungen eingesetzt worden; Kenndaten zur Elastizität gab es nicht, sie mussten erst an 1:1-Modellen ermittelt werden. Auch zur Dauerhaftigkeit lagen keine verlässlichen Erfahrungswerte vor, weil der Baustoff erst seit knapp 20 Jahren existierte. So war die Wahl zwar ein Wagnis, bewegte aber dank der weitaus niedrigeren Kosten die Millenniumskommission dazu, das Projekt mit 86 Millionen Pfund zu unterstützen. Die restlichen 50 % wurden über Kredite und Fördergelder der EU beschafft sowie zu einem geringen Anteil von privaten Spendern beigesteuert.

oben above
Lageplan ohne temporäres Zelt (1–4: 2001, 5: 2006)
Maßstab 1:4000
1 Gewächshaus »Rainforest«
2 Verbindungsbau mit Cafeteria und Shop
3 Gewächshaus »Mediterranean«
4 Besucherzentrum
5 Bildungszentrum »The Core«
Site plan without the temporary tent (1 to 4: 2001, 5: 2006)
scale 1:4000
1 Rainforest biome
2 Linking tract with cafe and shop
3 Mediterranean biome
4 Visitors' centre
5 The Core educational centre

unten below
Blick auf »The Core«, Besucherzentrum, Gewächshäuser, temporäres Zeltdach
View of the Core, visitors' centre, the biomes and the temporary tent roof

Vögel und Pflanzen

Heute, zehn Jahre nach der Eröffnung, schimmern die über Kompressoren aufgepumpten Kissen klar und sauber wie am ersten Tag – erstaunlich, denn die Dächer werden nie manuell gereinigt. Auch anfangs befürchtete Schäden durch Vandalismus oder Hagel gab es nicht. Gänzlich unvorhergesehen jedoch war der Angriff von Möwen, die auf der Suche nach geeigneten Nistplätzen begannen, die Kissen zu attackieren. Sieben davon zerpickten sie mit ihren Schnäbeln. Ein Falke sollte die Möwen verjagen, fiel ihnen jedoch zum Opfer. Vertreiben ließen sich die Vögel schließlich durch akustische Signale. Zur Nistzeit ertönen diese nun vorsorglich jedes Jahr.
Auch an der Innenraumwirkung der bis zu 55 m hohen und insgesamt 2,2 ha Fläche umhüllenden Gewächshäuser hat sich nicht viel verändert. Nach wie vor schlägt sich eine hauchdünne Kondenswasserschicht an der heißeren und feuchteren Kuppel nieder. Durch die beiden Luftschichten innerhalb der Kissen aber ist es bedeutend weniger Wasser, als es bei einem Gewächshaus aus Glas wäre. Geändert hat sich der Name des Hauses: Während es früher »Tropical Humid Climate« hieß, nennt es sich heute schlicht »Rainforest«. Die zweite Klimazone, ehemals »Warm Temperate« wurde in »Mediterranean« umbenannt. Dies ist prägnanter und für die Besucher leichter zu verstehen. Die Pflanzen sind dank der guten Lichtdurchlässigkeit des Dachs üppig gewachsen. Kleine exotische Vögel fliegen umher und picken Schädlinge von den Blättern.

Menschen und Bauten

Doch nicht nur die Pflanzen haben sich entwickelt, die gesamte Anlage ist gewachsen. Die enormen Besucherzahlen – statt der erwarteten 500 000 kamen im ersten Jahr 1,8 Millionen – erforderten auch mehr Personal. Und so stieg innerhalb eines Jahres die Belegschaft von 270 auf 500. Für diese Anzahl an Mitarbeitern war die Infrastruktur allerdings nicht ausgelegt: Parkplätze, Büroräume, Cafés und Toiletten mussten nachgerüstet werden. Schon bald nach der Eröffnung der Gewächshäuser im März 2001 erhielten Grimshaw Architects den Auftrag, ein Verwaltungsgebäude zu entwerfen.

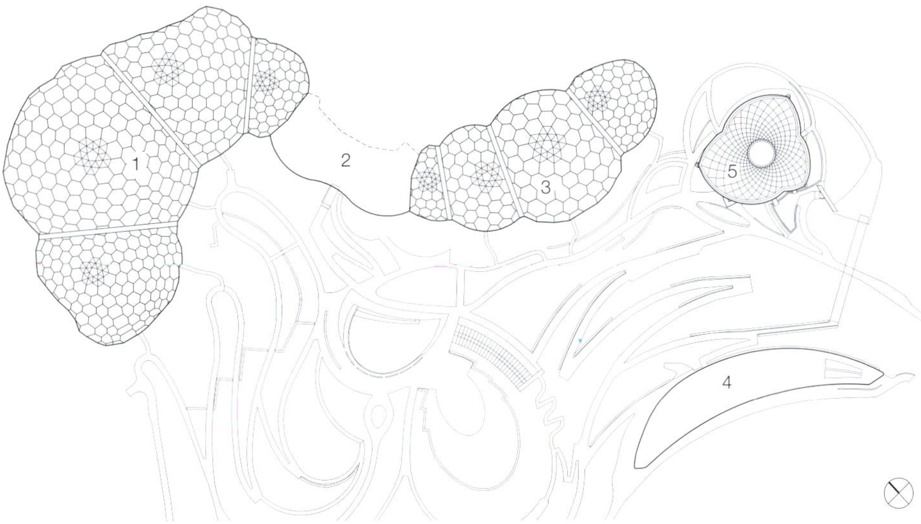
1
2
3
4
5

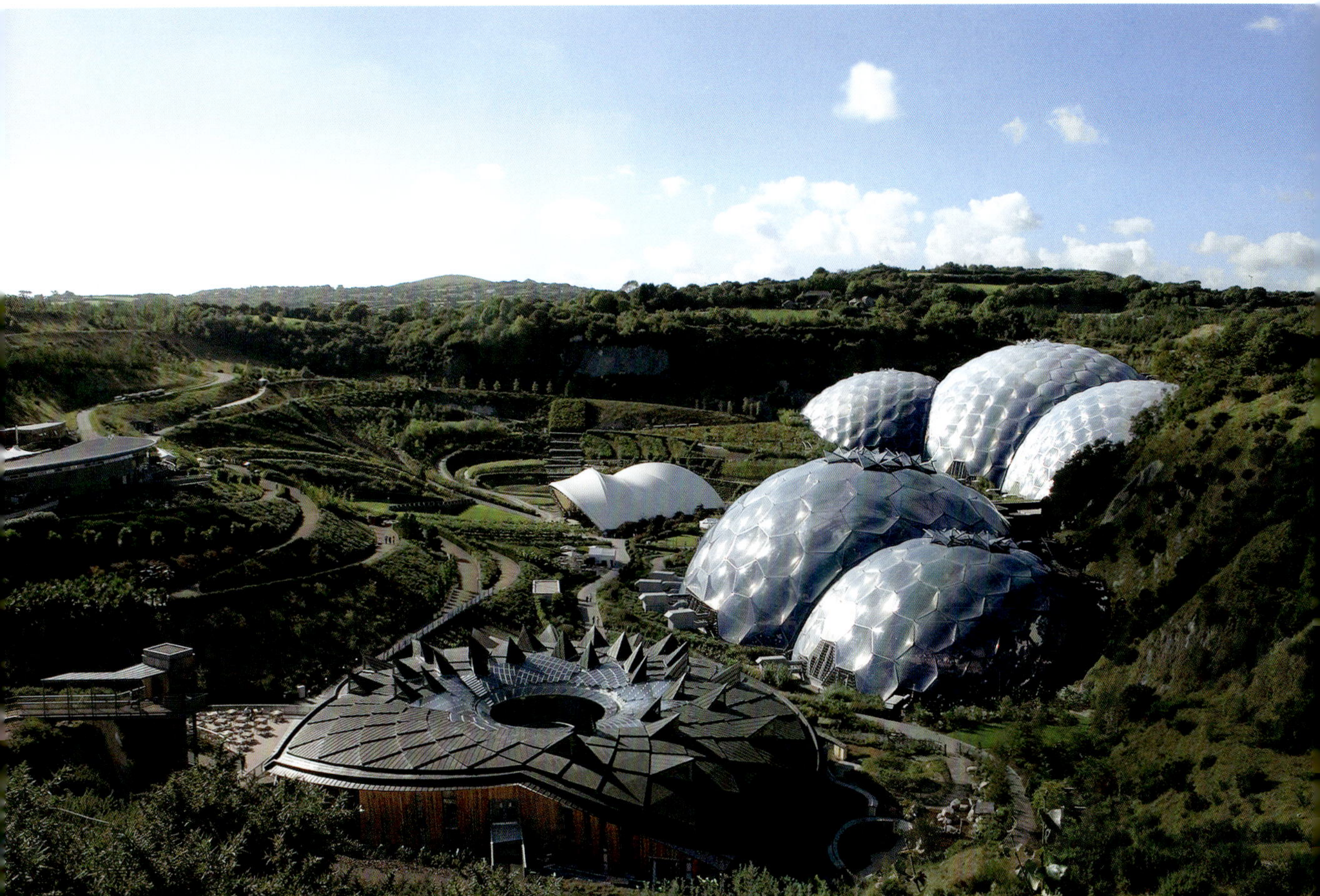

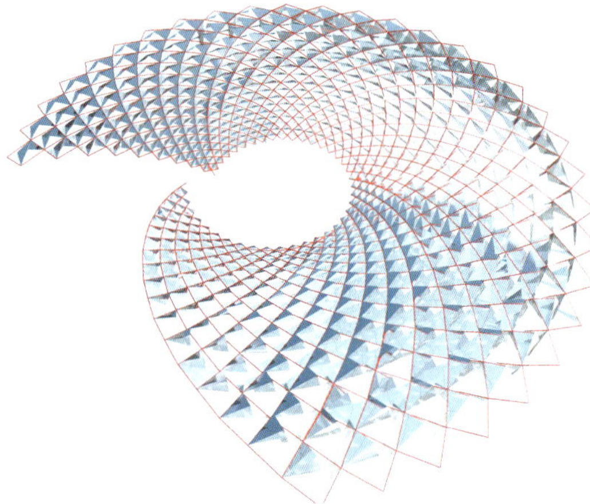

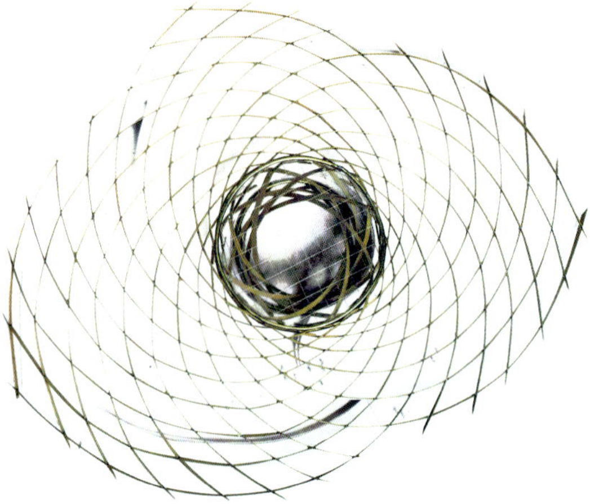

In dem sogenannten Foundation Building, einem Holzbau, der außerhalb des Geländes liegt und 2003 fertiggestellt war, arbeiten heute 145 Angestellte.

Drei Jahre später kam eine Mitarbeiterkantine hinzu. Unauffällig duckt sich das grasgedeckte Haus hinter der kleinsten der südlichen Kuppeln und ist für die Besucher kaum wahrnehmbar. Deutlich wahrnehmbar dagegen ist ein weißes Zeltdach mitten im Zentrum der Gärten, das die Betreiber von Eden ohne architektonische Unterstützung aufstellen ließen. Wo zuvor ein kleiner See angelegt war, überspannt nun eine vorgefertigte Konstruktion eine Eislaufbahn im Winter und Sitzplätze im Sommer. Dass dieses Zelt kein architektonisches Highlight ist und eher aus der Not geboren wurde, gibt auch Jo Elworthy, eine der Direktorinnen, zu. Doch sie hofft, dass in naher Zukunft ausreichend Geld zur Verfügung stehen wird, den Bau zu ersetzen. Ein Glücksfall im Jahr 2003 verhalf Eden zu einem weiteren Gebäude. Die Millenniumskommission sollte aufgelöst werden, und es waren noch Mittel vorhanden. Das Eden Project ist das erfolgreichste aller Millenniumsprojekte, daher wurde es aufgefordert, sich mit einem Entwurf für weiteres Fördergeld zu bewerben. Grimshaw Architects erarbeiteten mehrere Vorschläge. Auf Zuspruch stieß ein kleines Holzmodell für ein Bildungszentrum, dessen Form der Lehre von der Blattstellung (Phyllotaxis) folgt. Die Grundspirale, die sich ergibt, wenn man von unten betrachtet, wie Blätter aus dem Stängel wachsen, zeichnet sich im Dach des neuen Gebäudes deutlich ab. In der Mitte, sozusagen im Stängel des Hauses, das den Namen »The Core« erhielt, steht »The Seed«, eine überdimensionale Granitskulptur, die

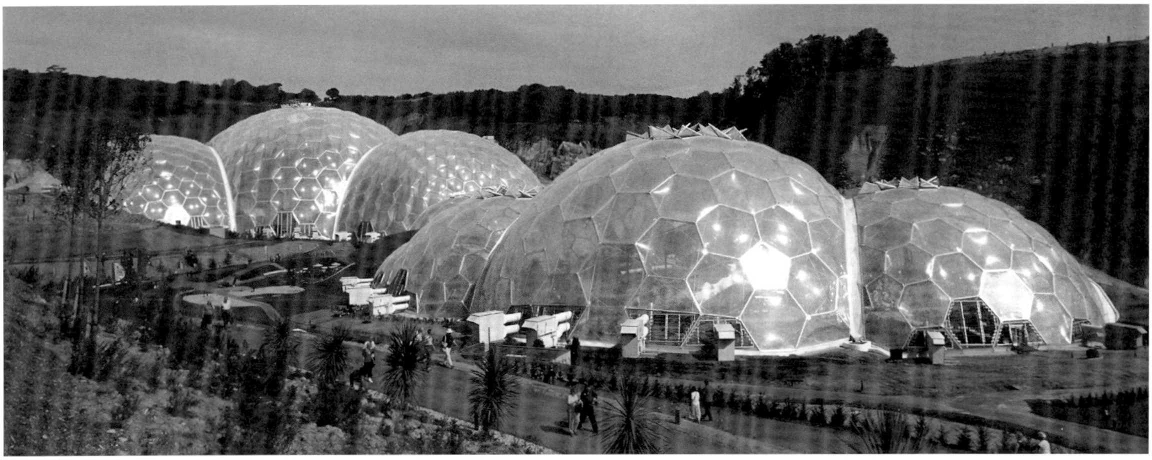

über ein Glasdach von oben belichtet wird. Sie stammt von dem Künstler Peter Randall-Page. Auch ein Café mit Terrasse, Schulungsräume und Flächen für Ausstellungen sind in dem Gebäude untergebracht. »The Core« öffnete im Sommer 2006 seine Pforten.
Die neueste architektonische Errungenschaft ist eine Aussichtsplattform im Gewächshaus »Rainforest«. Seit August 2010 können die Besucher aus schwindelerregenden 45 m Höhe die Pflanzen aus der Vogelperspektive betrachten. Die Plattform soll schon bald durch einen Weg ergänzt werden, der sich über 150 m hinweg zwischen den Baumkronen hindurchschlängelt.
Der Herzog und die Herzogin von Cornwall – Prinz Charles und Camilla – die Eigentümer großer Ländereien in der Region sind, haben im Rahmen der Zehn-Jahres-Jubiläumsfeiern den Anfang dieses Wegs bereits mit einem Bambusstock markiert.
Auch der Bau einer Geothermieanlage ist bereits bewilligt. Die Anlage, die ihre Wärme aus 5 km Tiefe bezieht, soll zukünftig Eden sowie rund 5000 Haushalte in St Austell mit Strom versorgen.

links at left
erstes Holzmodell des Bildungszentrums »The Core«, 2003, Grimshaw & Partners
First wooden model of the Core educational centre, 2003, Grimshaw & Partners

rechts at right
Weiterentwicklung der Dachform
Ongoing development of roof form

oben above
Eden Project, 2001
Eden Project in 2001

Umwelt und Soziales

Bei allen Projekten des Eden Projects stellt Nachhaltigkeit einen wichtigen Aspekt dar. Schon bei der Planung der beiden Gewächshäuser wurde ein kompliziertes Drainagesystem ausgetüftelt, das Regenwasser für die Pflanzenbewässerung und Toilettenspülungen nutzbar macht.
Beim Bau des Bildungszentrums war der verantwortungsvolle Abbau von Kupfer ein wichtiges Thema. Nach ausführlichen Recherchen lieferte

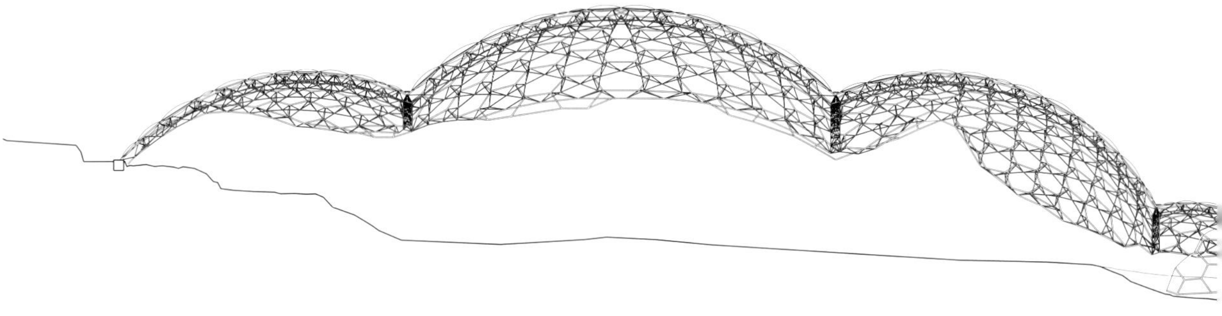

Schnitt Maßstab 1:500
Section scale 1:500

schließlich eine Mine in Utah das Kupfer. Das Holz mit Ökosiegel stammt von einem Schweizer Hersteller. An vielen Stellen trifft der Besucher auf Recyclingmaterialien. Sichtbar sind sie z.B. in den Bodenfliesen aus ehemaligen Heineken-Flaschen, während der Teppichboden sein früheres Dasein als Autoreifen nicht preisgibt. Ein kleiner Aufkleber weist im Café dezent darauf hin, dass man auf einem Recyclingstuhl sitzt, für den in den Sitzflächen und Stuhllehnen Plastiktassen wiederverwendet wurden. Rund 70 % des Abfalls, der im Eden Project anfällt, wird in irgendeiner Form recycelt. Es gibt sogar eine eigene Abteilung, die sich nur mit diesem Thema beschäftigt.

Zu vielen Bereichen bietet Eden Ausstellungen, Seminare und Programme an. Recycling, erneuerbare Energien, ökologisches Bauen, kraftstoffsparende Autos sind ebenso Inhalte wie Kochkurse, Tipps zur Unternehmensgründung oder Blumenschauen. Außerdem werden Konzerte veranstaltet oder Filme gedreht. Aufträge gehen zu 90 % an Firmen und Lieferanten in Cornwall. Auch das soziale Engagement von Eden ist groß. Häftlinge und Obdachlose können sich Fachwissen im Gartenbau aneignen; für Produkte malawischer Frauen werden Vertriebswege gesucht.

Ein Projekt von besonderer Reichweite ist »The Big Lunch«. Jedes Jahr ruft Eden Project ganz England auf, an einem bestimmten Sonntag im Juni ein Essen mit Nachbarn zu organisieren, um soziale Kontakte zu knüpfen und zu pflegen. Das Eden-Team bietet telefonisch oder per E-Mail Unterstützung bei der Organisation. Das Projekt »The Big Lunch« war so erfolgreich, dass die Queen anlässlich der Feiern zu ihrem 60. Kronjubiläum im Jahr 2012 ebenfalls dazu aufruft. Nicht ganz so aufwendig ist das Essen in der Cafeteria organisiert. Doch auch hier folgt das Gastronomiekonzept dem Gedanken, dass gemeinsames Kochen und Essen für das Zusammenleben wichtig sind.

Nach einer Überschwemmung im Sommer 2010 musste das Café auf die Schnelle neu eingerichtet werden. Schwere, lange Dickholzplatten ruhen nun auf unbehandelten Normprofilen aus Stahl und bilden lange Tische und Bänke. An einigen Tischen bereiten die Köche die Speisen zu, an anderen wird gegessen. Völlig zwanglos darf der Besucher zuschauen, wie Pasteten

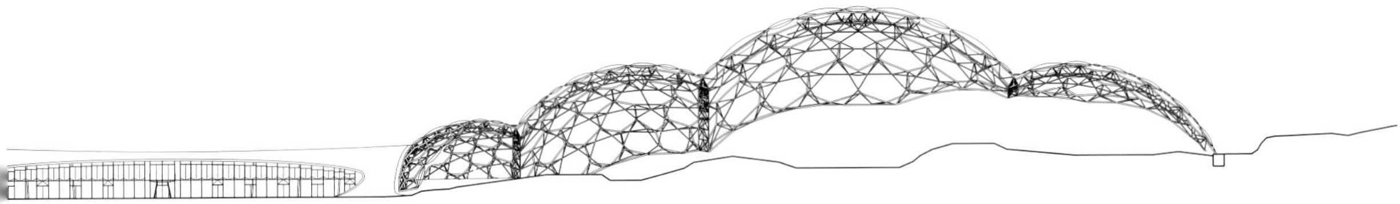

und Gebäckstücke hergestellt werden und sich bedienen. Bevor er das Lokal verlässt, zahlt er an einer Kasse das, was er nach eigenen Angaben verzehrt hat.
Und so hat Eden Project in den vergangenen zehn Jahren nicht nur enorme wirtschaftliche Impulse für die Region gesetzt, sondern auch eine Botschaft an die 12,8 Millionen Besucher ausgesandt: bewusst mit Mensch und Natur umzugehen.

The idyllic county of Cornwall in south-west England is popular for its mild climate and its rugged and romantic landscape. On the other hand, it is also one of the poorest areas of the EU. The level of unemployment is high, and the Gross Value Added is only 68 per cent of that in the rest of the UK. Developments like the Eden Project are, therefore, a ray of hope. As early as the Bronze Age, Cornwall was of great significance for its tin ore, which is needed for making bronze, and trading routes extended as far as north Africa. Similarly, the discovery of copper brought wealth to the region: in the second half of the 19th century, half the world's copper needs were met by Cornish copper. The bubble burst at the beginning of the 20th century, however, when the readily accessible reserves of ore were exhausted and the resulting higher prices were no longer competitive on the world market.
In the mid-17th century, the discovery of kaolin, or china clay, was another source of income, as it formed the basis for the manufacture of white porcelain. Although the material is still extracted, albeit in relatively small quantities, it is now used first and foremost as a bleaching agent for paper. Many of the former quarries are still evident as scars in the landscape, and one of these, by the name of Bodelva, today houses the gigantic botanical gardens of the Eden Project.
The scheme was based on an idea of Tim Smit, an English archaeologist and garden enthusiast who admired Nicholas Grimshaw's Waterloo Station project in London. Smit approached Grimshaw's office in 1995 and requested a similar design, even though the feasibility and funding had not been clarified, let alone the architectural fees. The British government had put up a

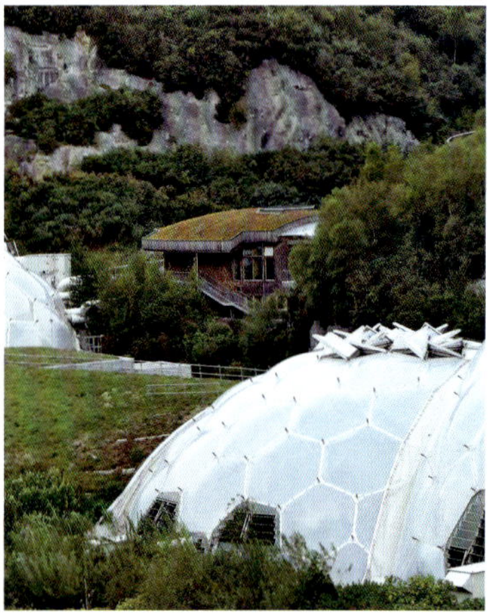

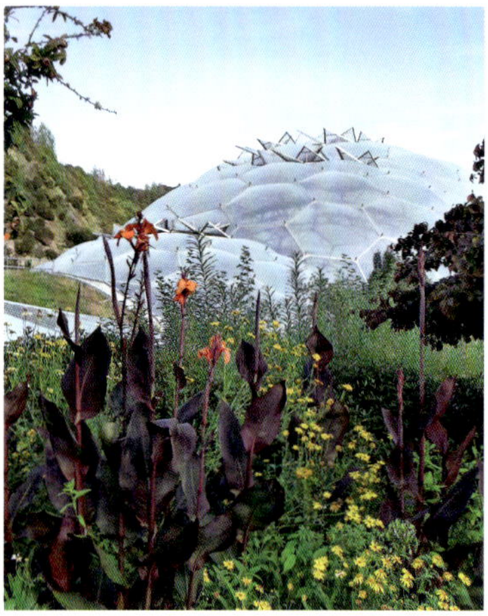

sum of £1.3 billion, amassed from the National Lottery, to allow a 50 per cent funding of projects that celebrated the turn of the millennium. Some 222 schemes were financed in this way.

The architect and client submitted a proposal in the form of a curved trussed girder leaning against the quarry face. In the course of further planning, it was found that the clay-like nature of the ground did not lend it adequate load-bearing capacity for a glass roof and that the costs would have been prohibitive. Intensive collaboration with the structural engineer Anthony Hunt led to the idea of a two-layer steel construction in the form of geodesic domes. The outer skin is based on a hexagonal framework; the inner layer consists of a triangular and hexagonal grid. To master the geometry of the huge domes, the hexagons are in a spiralling form, and the metal members are of different lengths. Thanks to computer-controlled manufacturing by the Mero company, a precise prefabrication was possible. Of the thousands of nodes, consisting of steel spheres with up to six bored holes in various positions, only two were ultimately redundant. Loads are transmitted in linear fashion through the entire lightweight yet rigid roof structure. The covering consists of ETFE cushions inflated by compressors. The cushions fit the hexagonal bays of the curved surface without any problem. The material had never before been used for a project of this scale, though, so that data about its elasticity had to be collected using full-size models. Similarly, since ETFE had existed for barely 20 years, no details on its durability were available. Choosing it as the roofing material, therefore, was something of a gamble. Thanks to the relatively low costs involved, however, the Millennium Commission was moved to support the Eden Project with £86 million. The remaining 50 per cent was raised through loans and grants from the EU and, to a small extent, from private donors.

Today, ten years after the opening of the project, the cushions still shimmer in the light as clearly and cleanly as at the beginning, which is really quite astonishing when one considers the fact that they have never been cleaned manually. Similarly, they have not suffered any damage from vandalism or hailstones. Harm has, however, come from an unforeseen quarter: seagulls in search of nesting places. They pecked holes in seven of the cushions,

links oben above left
Mitarbeiterkantine, Haskoll Architects, 2003
Staff canteen, Haskoll Architects, 2003

links unten below left
eingewachsene Kuppeln des Gewächshauses »Mediterranean« und des Verbindungsbaus, 2011
Domes of the Mediterranean biome surrounded by undergrowth, together with linking tract, 2011

rechts oben above right
eigens für Eden Project entwickelte Piktogramme
Pictographs specially designed for Eden Project

rechts unten below right
große Cafeteria nach der Überschwemmung 2010 mit neuem Gastronomiekonzept
Large cafe after the flood of 2010 with a new gastronomic concept

and even made short work of a falcon that was brought in to drive them off. Today, the roof is kept free of seagulls with the help of an acoustic alarm sounded at nesting time.
Internally, too, little has changed in the ten years since the project was completed. The two pockets of air within the cushions mean that the thin layer of condensation that forms in the warmer, moister domes results in a smaller quantity of water than is produced in a conventional glasshouse. What has changed, however, are the names of the two biomes: from "Tropical Humid Climate" to "Rainforest" and from "Warm Temperate" to "Mediterranean". Thanks to the transparency of the roof, the vegetation has developed luxuriantly, and small exotic birds fly around picking pests from the plants.
Meanwhile, the development has grown. In the first year after its opening, the Eden Project attracted 1.8 million visitors instead of the projected 500,000, and soon the staff had increased from 270 to 500. Eden's infrastructure, of course, had not been designed for such numbers. More parking spaces, offices, cafes, WCs and other facilities were needed.
The Grimshaw office was soon commissioned to design an extension for administrative purposes, and today, some 145 employees work in the Foundation Building, an off-site timber structure that was completed in 2003. Three years later, a canteen was erected, an inconspicuous grass-covered volume created by a local architectural practice.
Easier to spot is a white tent roof that the management put up in the middle of the gardens without architectural assistance. Where there was once a small lake, this prefabricated structure now covers an area with a skating rink in winter and seating in summer. It is acknowledged that the tent is no architectural highlight, and one hopes that funds will soon be made available to replace it.
In 2003, a further building was erected. The Millennium Commission was to be dissolved, but it still had funds available. Since the Eden Project was the most successful of the millennium schemes, Grimshaw Architects were encouraged to submit plans for a development and apply for a further grant. They drew up a number of proposals, and a wooden model for an

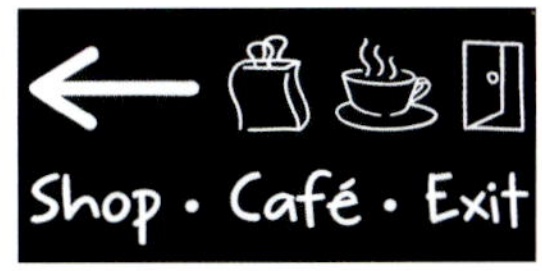

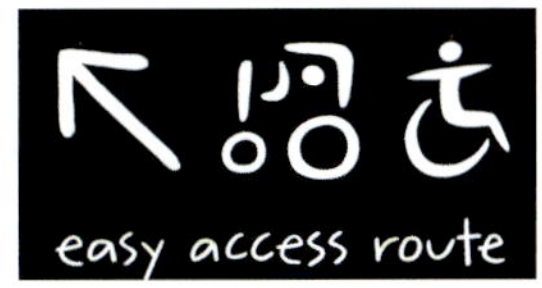

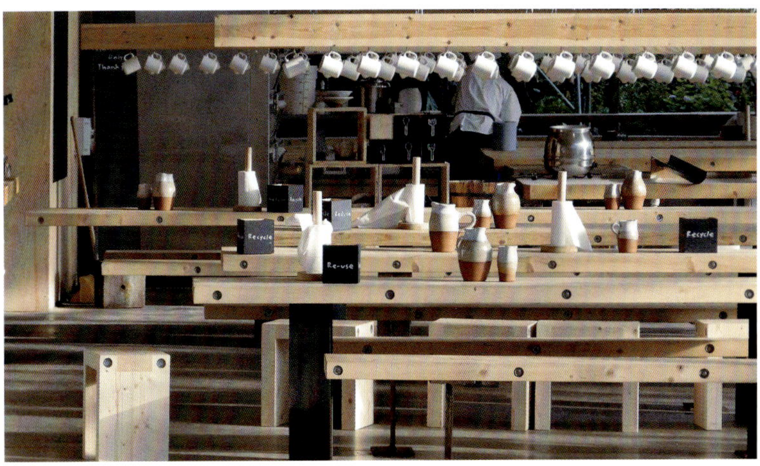

Schnitt Maßstab 1:10

1 Dreigurtbinder aus Stahlrohren ∅ 219,1 mm, 159,6 mm, 101,6 mm
2 Lüftungsrohre PVC mit PE-Clips befestigt
3 Stahlblech gekantet 6 mm
4 Rinne aus Aluminiumpaneelen mit Foliendichtung
5 Stahlschwert 10 mm als Auflager für Rinne
6 ETFE-Kissen dreilagig
7 Klemmprofil Aluminium
8 Absturzsicherung Stahlstab 70 mm
9 Verbindungsknoten Gusseisen
10 Diagonalstab ∅ 89 mm

Section scale 1:10

1 triangular lattice truss: ∅ 219.1 mm, 159.6 mm, ∅ 101.6 mm tubular steel members
2 PVC ventilation duct with polyethene fixing clips
3 6 mm sheet steel bent to shape
4 aluminium panel gutter with sealing sheet
5 10 mm steel plate bracket for gutter
6 three-layer inflated ETFE cushion
7 aluminium clamping strip
8 ∅ 70 mm steel cylinder as safety rail
9 cast-steel node
10 ∅ 89 mm tubular diagonal member

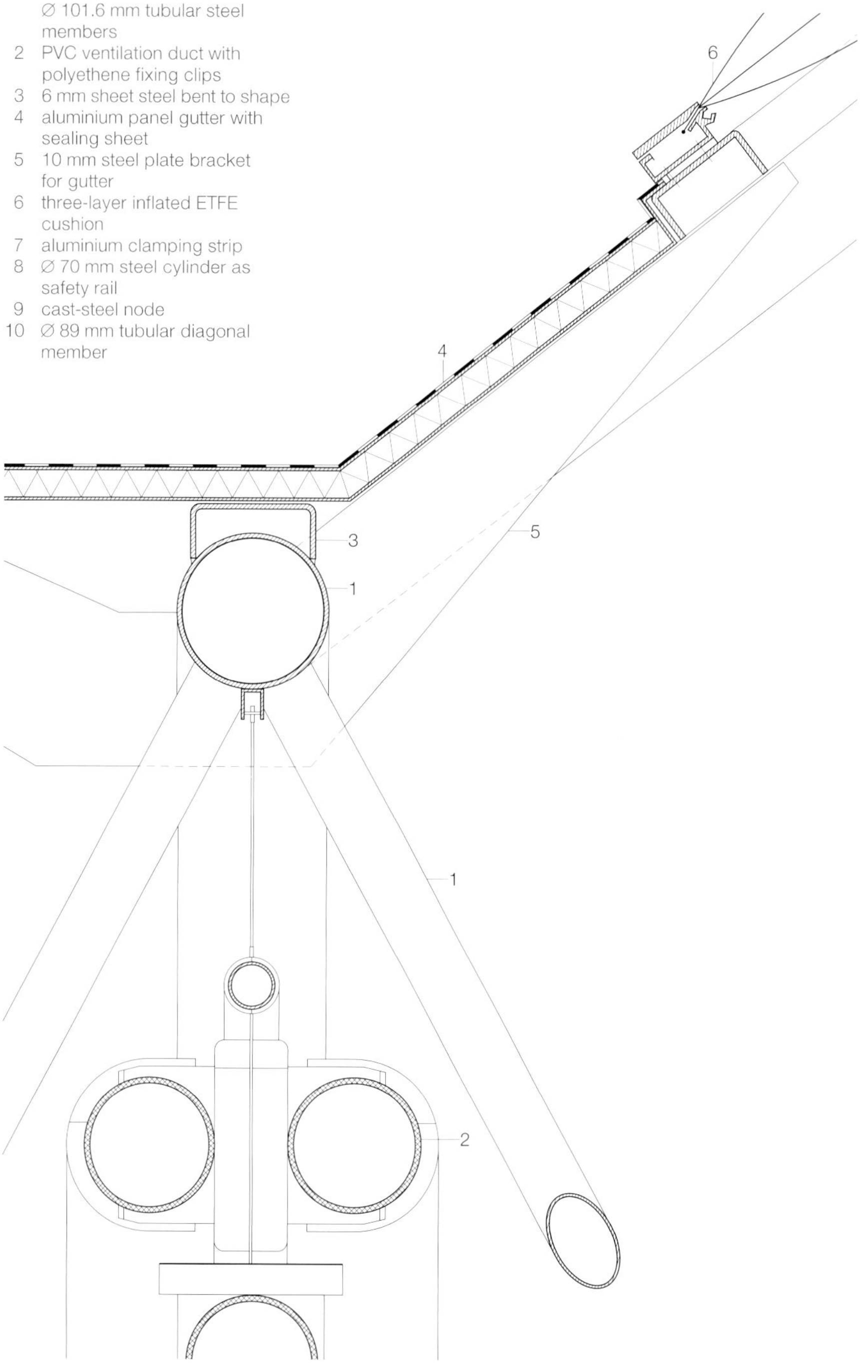

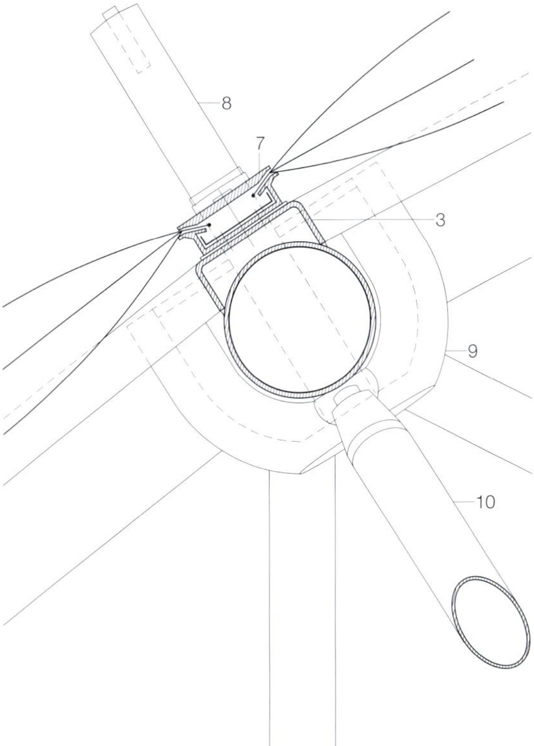

unten below
Aussichtsplattform im »Rainforest«-Gewächshaus, 2011
Rainforest Lookout, 2011

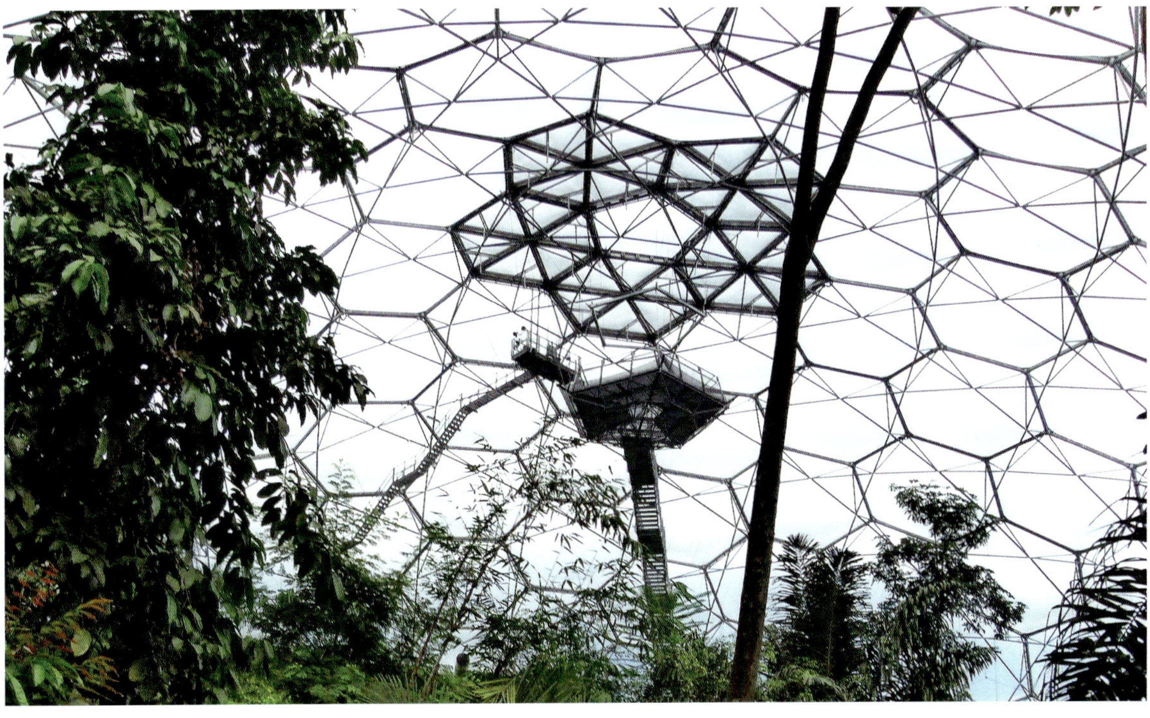

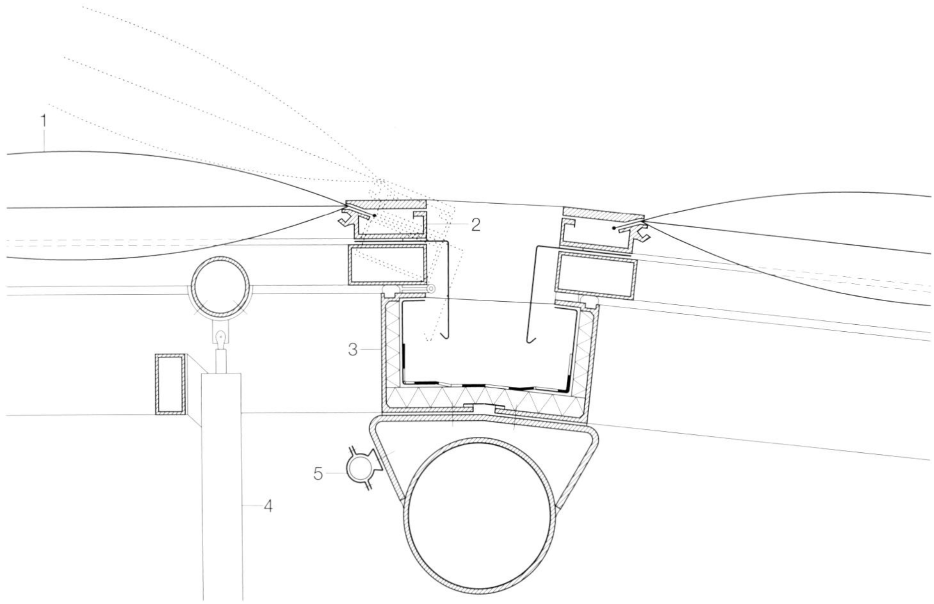

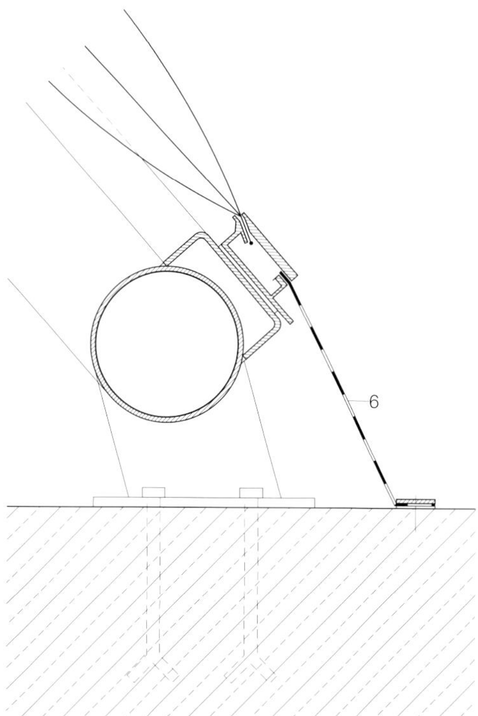

Schnitt Maßstab 1:10
1 ETFE-Kissen dreilagig
2 Rahmen Öffnungsluke Aluminiumstrangpressprofile
3 Rinne aus Folienverbundblech, Wärmedämmung, Stahlprofil
4 Öffnungszylinder pneumatisch betrieben
5 Druckschlauch für Lukenantrieb
6 Randanschluss PVC-Folie mit Flanschbefestigung

Section scale 1:10
1 three-layer inflated ETFE cushion
2 extruded-aluminium frame to opening flap
3 composite sheet-metal and plastic-sheet gutter; thermal insulation, steel section
4 pneumatically operated cylindrical opening shaft
5 high-pressure-air tube for operating flap
6 PVC edge strip fixed to flange

rechts at right
Im obersten Punkt jeder Kuppel sind Entlüftungsklappen angeordnet.
Ventilation hatches are arranged at the highest point of each dome.

educational centre – the form of which reflects plant growth (phyllotaxis) – gained the approval of the commission.
The spiral one sees from below, with leaf-like elements sprouting from a stalk, is evident in the roof of the new building, which is called "the Core". In the middle stands an outsize granite sculpture named "the Seed". Created by the artist Peter Randall-Page, it receives light from above through a glass roof. Also housed in this building are a cafe with a terrace, educational spaces and exhibition areas. The Core opened in summer 2006.
The latest architectural achievement is a viewing platform in the Rainforest biome. Since August 2010, visitors can look down at the vegetation from the heady height of 45 metres. The Rainforest Lookout is soon to be complemented by a walkway that will wind through the treetops over a distance of more than 150 metres. A geothermal plant has also been approved, by means of which heat will be drawn from a depth of five kilometres to supply Eden and 5,000 households in St Austell with electricity.
Sustainability is a key aspect of all the projects here. An intricate drainage system was devised during the planning of the complex that exploits rainwater for cultivating the plants and for flushing the toilets. A responsible extraction of copper was an important theme in the construction of the educational centre, with the metal ultimately being supplied by a mine in Utah. Timber with an ecological seal was imported from Switzerland. At many points, visitors encounter recycled materials. These are evident in the floor tiling, for example, which is made from beer bottles; the carpeting, on the other hand, for which car tyres were used, does not reveal its origins. In the cafe, a little label is the only indication that people are sitting on chairs from recycled material: plastic cups from the large cafe between the two biomes were used to make the seats and backs. Roughly 70 per cent of the refuse accruing in Eden is reused in some form or other, and a department was created there expressly to deal with the subject of recycling.
The project regularly stages exhibitions, seminars and other programmes on many themes related to recycling, renewable forms of energy, ecological construction and energy-saving cars, to name just a few. In addition, concerts and cooking courses are held and films made here. Ninety per cent of Eden's budget flows to Cornish firms and suppliers. There is a high degree of social commitment as well; for example, prison inmates and homeless people can acquire a knowledge of horticulture here, and Eden was the originator of the Big Lunch, an annual event in which the whole of Britain is encouraged to share a Sunday meal with neighbours to foster a sense of community. This programme has been so successful that the Queen will make the same appeal in June 2012 on the occasion of her Diamond Jubilee.
After floods in the summer of 2010, the cafe had to be quickly refurnished. Long, thick planks of wood were used as tabletops and benches. These rest on untreated standard steel sections. The cooks prepare food on certain tables, while people dine at others. On leaving, visitors pay on an honour basis for what they have consumed. The system seems to function well. Over the past ten years, Eden has not only been an enormous economic stimulus for the region, but it has also imparted a powerful message to its 12.8 million visitors: namely that they should treat nature and their fellow men with greater awareness and respect.

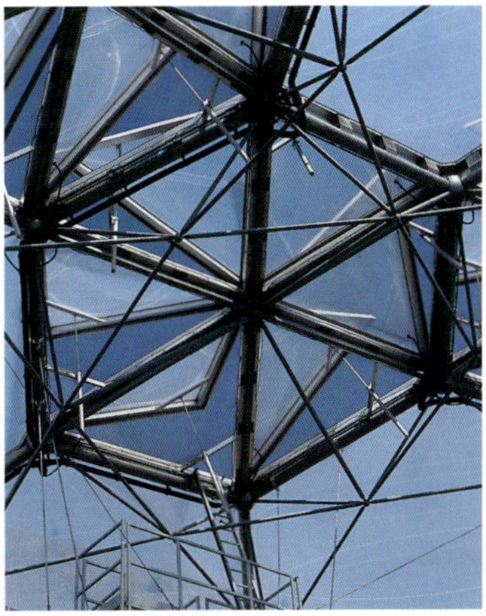

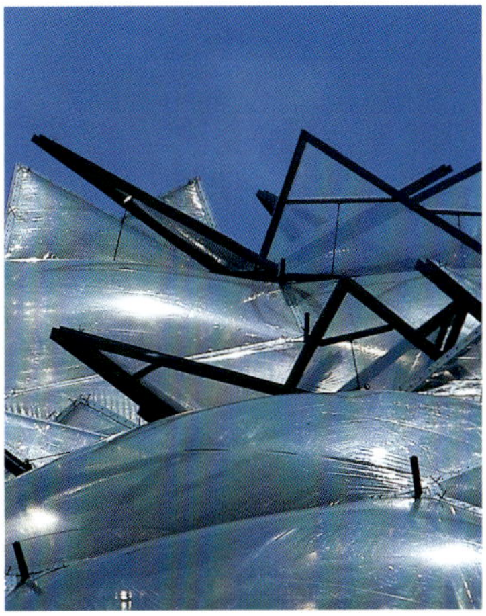

Projektdaten
Project data

Glaspavillon am Broadfield House in Kingswinford
Glass Pavilion at Broadfield House in Kingswinford
Architekten Architects Design Antenna, Richmond, Brent G. Richards, Robert Dabell
Tragwerksplaner Structural engineers Dewhurst Macfarlane & Partners, London, Tim Macfarlane, Gary Eliot, David Wilde
Fertigstellung Completion 1994
▸ DETAIL 01/1995, 01–02/2011

Ladenpassage »Hanse Viertel« in Hamburg
The "Hanse Viertel" Shopping Arcade in Hamburg
Architekten Architects von Gerkan, Marg und Partner, Hamburg, Meinhard von Gerkan, Volkwin Marg
Mitarbeit Collaborators K. Staratzke (Projektleitung project management), R. Niedballa (Bauleitung site management), B. Albers, O. Dorn, B. Kiel, B. Gronomeyer, A. Buchholz-Berger, R. Henning, H. Nolden, K. Maas, H. Ueda, S. Peters, R. Rack
Tragwerksplaner Structural engineers Schwarz + Dr. Weber, Hamburg
Betriebstechnik Building engineering HL-Technik GmbH, Hamburg
Lichttechnik Lighting technology Bartenbach, München
Fertigstellung Completion 1980
▸ DETAIL 01/1982, 03/2011

Olympiagelände in München Olympic Ensemble in Munich
Architekten Architects Behnisch & Partner, Stuttgart, Günter Behnisch, Fritz Auer, Winfried Büxel, Erhard Tränkner, Karlheinz Weber
Tragwerksplaner Structural engineers Leonhardt, Andrä und Partner, Stuttgart; Frei Otto, Stuttgart
Landschaftsplanung Landscape planning Günther Grzimek, Kassel
Fertigstellung Completion 1972
▸ DETAIL 04/1972, 08/2000, 05/2008, 04/2011

Diözesanmuseum in Eichstätt Diocesan Museum in Eichstätt
Architekten Architects Karljosef Schattner, Jörg Homeier, Eichstätt
Mitarbeit Collaborator Andreas Fürsich
Fertigstellung Completion 1982
▸ DETAIL 03/1983, 05/2011

Wohnanlage Genter Straße in München
Genter Strasse Housing Development in Munich
Architekten Architects Otto Steidle und Partner, München; Doris und Ralf Thut, München
Tragwerksplaner Structural engineers Büro für Baustatik Dieter Herrschmann, München
Fertigstellung Completion 1972
▸ DETAIL 01/1974, 06/2011

Kirche St. Pius in Meggen
St. Pius Catholic Church in Meggen
Architekt Architect Franz Füeg, Solothurn, mit Gerhard Staub
Mitarbeit Collaborator Peter Rudolf
Tragwerksplaner Structural engineer Marcel Desserich, Luzern
Fertigstellung Completion 1966
▸ DETAIL 03/1967, 07–08/2011

Hongkong and Shanghai Bank in Hongkong
Hongkong and Shanghai Bank in Hong Kong
Architekten Architects Foster Associates, London
Tragwerksplaner Structural engineers Ove Arup & Partners, London
Fertigstellung Completion 1985
▸ DETAIL 04/1986, 09/2011

Waterloo International Terminal in London
Waterloo International Terminal in London
Architekten Architects Nicholas Grimshaw & Partners, London, Nicholas Grimshaw, Neven Sidor, Davis Kirkland, Ursula Heinemann
Tragwerksplaner Structural engineers Anthony Hunt Associates, Cirencester, Tony Hunt, Alan Jones, Mike Otlet, David Dexter
Fertigstellung Completion 1993
▸ DETAIL 04/1995, 05/1995, 10/2011

Kirche des Lichts in Ibaraki
Church of Light in Ibaraki
Architekt Architect Tadao Ando
Fertigstellung Completion 1989
▸ DETAIL 03/1991, 07/1999, 11/2011

Eden Project in St Austell
Eden Project in St Austell
Architekten Architects Nicholas Grimshaw & Partners, London
Mitarbeit Collaborators Andrew Whalley (Projektleitung project management), Joylon Brewis, Michael Pawlyn, Perry Hooper, William Horgan, Oliver Konrath
Tragwerksplaner Structural engineers Anthony Hunt Associates, Cirencester
Haustechnik Building engineers Ove Arup & Partners, London
Landschaftsarchitekten Landscape architects Lano Use Consultants, London
Fertigstellung Completion 2001
▸ DETAIL 05/2001, 12/2011

Autoren
Authors

Keiko Arima
Einige Jahre als Redakteurin bei DETAIL Japan tätig, bevor sie sich 2008 in Tokio als Publizistin und Kuratorin selbstständig machte. Sie gründete nach der Tsunami-Katastrophe im März 2011 das Netzwerk »Creative for Humanity«. www.creativeforhumanity.com
Worked as an editor at DETAIL Japan for a number of years until becoming an independent publicist and curator in Tokyo in 2008. She founded the Creative for Humanity network in response to the tsunami disaster in March 2011. www.creativeforhumanity.com

Oliver Herwig
Studium der Germanistik, Amerikanistik, Geschichte und Kunstgeschichte an der Universität Regensburg, am Williams College und an der University of Illinois. 1994–1997 Redakteur in Tübingen; seit 1997 freier Journalist.
Studied German and American studies, history and art history at Regensburg University, Williams College and the University of Illinois. Editor in Tübingen from 1994 to 97; freelance journalist since 1997.

Frank Kaltenbach
Architekturstudium an der Universität Stuttgart und der Arizona State University Phoenix. Er ist Architekt und seit 1998 Redakteur bei der Zeitschrift DETAIL.
Studied architecture at the University of Stuttgart and Arizona State University. The architect has been an editor at DETAIL since 1998.

Julia Liese
Architekturstudium an der Universität Stuttgart und der Tampere University of Technology. Volontariat bei der Zeitschrift DETAIL, seit 2006 Redakteurin bei DETAIL.
Studied architecture at the University of Stuttgart and Tampere University of Technology. After a traineeship at DETAIL magazine, she became an editor at DETAIL in 2006.

Roland Pawlitschko
Architekturstudium in Karlsruhe und Wien. Er ist Architekt, Ausstellungsmacher und Architekturkritiker für verschiedene Zeitschriften und Tageszeitungen.
Studied architecture in Karlsruhe and Vienna. He works as an architect, exhibition organizer, and architecture critic for various journals and newspapers.

Christian Schittich
Architekturstudium an der TU München. Anschließend sieben Jahre Büropraxis, seit 1991 in der Redaktion der Zeitschrift DETAIL, ab 1992 als Redakteur, seit 1998 als Chefredakteur.
Studied architecture at Munich University of Technology, followed by seven years of practical experience. He joined the staff of DETAIL in 1991, becoming an editor in 1992 and editor-in-chief in 1998.

Heide Wessely
Architekturstudium an der University of East London. Sie ist Architektin und seit 1999 Redakteurin bei der Zeitschrift DETAIL.
Studied architecture at the University of East London. The architect has been an editor at DETAIL since 1999.

Bildnachweis
Picture credits

Nicht nachgewiesene Fotos stammen aus dem Archiv der Architekten oder aus dem Archiv der Zeitschrift »DETAIL, Zeitschrift für Architektur«. Trotz intensiver Bemühungen konnten wir einige Urheber der Fotos und Abbildungen nicht ermitteln, die Urheberrechte sind aber gewahrt. Wir bitten um dementsprechende Nachricht.

Photos without credits are from the architects' own archives or the archives of *DETAIL, Review of Architecture* magazine. Despite intense efforts, it was not possible to identify the copyright owners of certain photos and illustrations. Their rights remain unaffected, however, and we request them to contact us.

Seite 8, 15 Brigida González, Stuttgart
Seite 11, 13 Dennis Gilbert, London
Seite 12 oben, 18, 19 Christian Schittich, München
Seite 12 unten Alan Williams Photography

Seite 20, 22, 27 Waltraud Krause, Frankfurt
Seite 21 Gerhard Aumer, Hamburg
Seite 23, 24 Julia Liese, München

Seite 28, 48, 50 Schlaich Bergermann und Partner, Stuttgart
Seite 31 Max Prugger, München
Seite 33, 35 Heinz Gebhardt, München
Seite 36, 42/43 Frank Kaltenbach, München
Seite 39 Jan Cremers, München
Seite 41 Maria Mühlberger, München
Seite 44 Margita Jocham, München
Seite 45 links dpa/Picture-Alliance
Seite 45 Mitte, rechts Martin Hangen, München
Seite 46 Thilo Brunner, München

Seite 52, 54, 56 Sigrid Neubert, München
Seite 57 Pressestelle Diözese Eichstätt
Seite 58 Jörg Homeier, Eichstätt
Seite 59 Klaus Kinold, München

Seite 60, 65–67, 69 Frank Kaltenbach, München
Seite 63, 64 Klaus Kinold, München
Seite 68 Klotz, Heinrich: Vision der Moderne. München 1986, S. 313

Seite 70, 73, 77, 78 Frank Kaltenbach, München
Seite 75 Otto Pfeifer, Luzern

Seite 80, 82 Margita Jocham, München
Seite 83, 87, 89 Ian Lambot, GB-Wiltshire
Seite 86, 90, 92 One Space Limited, Hongkong
Seite 95 Frank Kaltenbach, München

Seite 96, 100, 104, 107 Christian Schittich, München
Seite 97 Michael Dyer, London
Seite 99 John Reid, Jo & Peck, GB-Newport
Seite 103 James Hatts/London-SE1.co.uk

Seite 108, 120, 122 Shigeo Ogawa, Tokio
Seite 110, 119 oben Shinkenchiku-sha, Tokio
Seite 112, 117 Christian Schittich, München
Seite 123 Keiko Arima, Tokio

Seite 124, 131, 134, 135, 137, 139 Heide Wessely, München
Seite 126 Simon Burt/Apex Photo Agency

Impressum
Imprint

Redaktion Editors
Christian Schittich (Chefredakteur Editor-in-Chief),
Cornelia Hellstern (Projektleitung Project Manager),
Sandra Leitte

Redaktionelle Mitarbeit Editorial services
Kathrin Enke, Michaela Linder, Almut Schmidt

Zeichnungen Drawings
Institut für internationale Architektur-Dokumentation
GmbH & Co. KG, München

Covergestaltung Cover design
Cornelia Hellstern

Herstellung/DTP Production and layout
Simone Soesters

Druck und Bindung Printing and binding
Aumüller Druck, Regensburg

Herausgeber Publisher
Institut für internationale Architektur-Dokumentation
GmbH & Co. KG, München
www.detail.de

ISBN 978-3-920034-59-1